MINISTÉRIOS DA MULHER *na Igreja*

DOMICIANO FERNÁNDEZ

MINISTÉRIOS DA MULHER *na Igreja*

Edições Loyola

Título original:
Ministerios de la mujer en la Iglesia
© Domiciano Fernández
© Editorial Nueva Utopía, Madrid, 2001
ISBN 84-87264-95-6

PREPARAÇÃO: Maurício B. Leal
REVISÃO: Renato da Rocha
PROJETO GRÁFICO: Maurélio Barbosa

Edições Loyola
Rua 1822 nº 347 – Ipiranga
04216-000 São Paulo, SP
Caixa Postal 42.335 – 04218-970 – São Paulo, SP
(11) 6914-1922
(11) 6163-4275
Home page e vendas: www.loyola.com.br
Editorial: loyola@loyola.com.br
Vendas: vendas@loyola.com.br

ISBN: 978-85-15-03482-6

SUMÁRIO

terceira parte

A questão da ordenação sacerdotal da mulher

PRÓLOGO

O livro que apresento hoje aos leitores, resultado de não pequenas vicissitudes, não é uma improvisação de um tema de atualidade. Acreditava poder enviá-lo à imprensa no outono de 1990. No entanto, os problemas e os resultados de meu livrinho *Dios ama y perdona sin condiciones* (Desclée de Brouwer, Bilbao, 1989) privaram-me da tranqüilidade necessária para terminar esta nova obra, que também poderia ser polêmica. Durante muitos anos, e em diversos centros eclesiásticos, apresentei este assunto como tema opcional ou como seminário de pesquisa.

Nunca pretendi limitar a questão ao problema da ordenação sacerdotal da mulher. Embora a admissão ou exclusão da mulher do sacerdócio seja um tema importante, não é o único nem se pode esperar que receba na Igreja católica uma solução imediata, se não mesmo a própria rejeição. Existem, porém, outros ministérios, ordenados e não-ordenados, que podem ser conferidos à mulher, e até hoje, depois de muitas petições de diversos organismos autorizados enviados a Roma, não se conseguiu quase nada. E penso que será preciso começar por aquelas tarefas e ordens sagradas que não apresentam problemas especiais, como o leitorado, o acolitado e o diaconato.

A partir de certo princípio, minha atitude foi estudar e investigar tais questões sem preconceitos e sem tomar partido, de antemão, por nenhuma opção concreta, sobretudo no problema da possível ou não-possível ordenação sacerdotal da mulher. Sem pressa e sem interesses pessoais de qualquer espécie, comecei a estudar a questão na Sagrada Escritura e na tradição da Igreja, valendo-me das monografias e de amplos estudos feitos por outros autores sobre esses temas e confrontando as fontes sempre que me foi possível. Rapidamente me convenci de que não existia uma dificuldade dogmática séria que impedisse a ordenação sacerdotal da mulher. Não existem argumentos sérios extraídos da Sagrada Escritura, na qual não se delineia tal questão. Os argumentos teológicos deduzidos de que o sacerdote representa Cristo homem e da aliança nupcial entre Cristo e sua Igreja, dos quais nos ocupamos no capítulo VII, não me parecem convincentes. Os argumentos que com tanta freqüência foram apresentados pelos Santos Padres e pelos teólogos fundados na inferioridade, na incapacidade e na impureza da mulher são inadmissíveis e deviam deixar a nós, cristãos, cheios de rubor e de vergonha.

Resta um fato importante: a tradição bimilenária da Igreja universal, tanto do Oriente como do Ocidente. É preciso estudar com atenção esse fato e reconhecer todo o seu valor possível. O peso desse argumento aflora em diversas partes deste livro. Todavia, uma coisa é uma "tradição apostólica" ou "divino-apostólica", e outra um fato, um *factum*, uma práxis introduzida na Igreja desde suas origens, por diversos motivos bem conhecidos e explicáveis. É preciso ponderar atentamente todos os fatores que desde o princípio e ao longo da história consideraram intangível esse fato. Penso, não obstante, que a consideração atenta dele e de suas circunstâncias não nos permite elevá-lo à categoria divina e deduzir dele que a não-ordenação da mulher "faz parte da constituição divina da Igreja" e que "obedece ao plano divino da criação estabelecido por Deus". Uma coisa é a diferença física e psíquica entre homem e mulher, que responde ao plano divino da criação e comporta funções diversas na procriação e em alguns papéis sociais, e outra muito diferente tomar por base essas diferenças para submeter a mulher ao domínio do homem e excluí-la de algumas tarefas eclesiais, apelando para o plano divino da criação. Eu não quisera atribuir ao desígnio de Deus, nem a uma vontade expressa de Cristo, o que nós homens fizemos em matéria de mal.

Neste pequeno livro, desejo oferecer uma informação breve, porém suficiente, acerca dos ministérios da mulher na Igreja e sobre os problemas que essa matéria suscitou e continua a suscitar. Este livro já estava concluído em abril de 1994, antes que se tornasse pública, em 30 de maio, a carta apostólica *Ordinatio sacerdotalis*, de João Paulo II, firmada no dia 22 do mesmo mês[1]. Só me faltava escrever o prólogo e revisar as conclusões gerais.

A carta do papa não diz nada de novo nem afeta as investigações históricas ou bíblicas. O único elemento novo é a vontade decidida do papa de conciliar definitivamente a questão entre os fiéis e a Igreja católica. Em seguida, porém, os comentaristas perguntaram-se: É isto possível, uma vez que não se trata de uma verdade de fé? Que não se trata de uma definição infalível aparece claro pelo próprio teor do documento. Propõe-se esse ensinamento em uma carta apostólica e não em uma constituição dogmática. Apesar do tom solene da carta, evita-se atribuir-lhe o caráter de uma verdade infalível ou de uma definição *ex cathedra*. Por outro lado, o fato de que não constitui uma verdade revelada parece-nos também algo patente a muitos. Não existem argumentos bíblicos. É uma questão alheia à Escritura.

A carta apela para o argumento da tradição e acrescenta que a revelação de Deus se realiza com fatos e com palavras (fit *gestis verbisque*, DV 2). O fato de que na Igreja, desde seus começos, só se tenha conferido o sacerdócio aos homens é interpretado como um indício inequívoco de uma verdade revelada. Sobre isso é preciso dizer que, se é evidente que Deus se revela também nos grandes acontecimentos da história, nem tudo o que se realiza no Antigo e no Novo Testamento traz em si o caráter de uma norma irrevogável da vontade de Deus. Existem muitos pontos frágeis nessa argumentação: a) passa-se demasiado rapidamente de um fato evangélico, a eleição dos Doze, para a práxis eclesial da eleição e da ordenação de bispos e presbíteros, que teve um longo processo de desenvolvimento, nem sempre idêntico, nos primeiros séculos; b) passa-se de um "unicamente" (Jesus escolheu unicamente homens) a um "exclusivamente", e de um "agora" a um "para sempre", acrescentando ao fato da eleição dos Doze um caráter de exclusão (das mulheres) e de perpetuidade. Tais notas de exclusão e de perpetuidade não podem ser deduzidas da ação de Jesus. Se se insistisse em demasia na "eleição dos Doze", seria necessário dizer que só podem ser doze os sucessores dos apóstolos[2].

1. *AAS* 86 (1994) 545-548.
2. Cf. J. MOINGT, *Sur un débat clos* [editorial], *RSR* 82 (1994) 327-328.

Muitos de nós somos de opinião que essa carta apostólica não era necessária nem oportuna. Não era necessária porque o ensinamento que propõe estava claramente expresso em diversos documentos pontifícios ou da Santa Sé. Já em 1970, Paulo VI, ao proclamar Santa Teresa de Jesus "Doutora da Igreja", deu a entender que a mulher não era chamada a exercer "funções hierárquicas" na Igreja[3]. Essa tomada de posição foi se explicitando inequivocamente em Paulo VI desde 1975 e culminou com a declaração *Inter insigniores* em 1976. O próprio João Paulo II repetiu em diversas ocasiões essa doutrina proclamada por Paulo VI. Além do novo Código de Direito Canônico (cân. 1024) e do Catecismo da Igreja católica (n. 1577), podem ser citados aqui dois documentos importantes: *Christifideles laici* (n. 51) e *Mulieris dignitatem* (n. 26). Por conseguinte, a posição e os ensinamentos do papa estavam expostos com clareza meridiana.

Não obstante, não era essa a posição de muitos teólogos e de outros membros da Igreja, nem a postura adotada pelo crescente número de teólogas que se consagraram com grande entusiasmo ao estudo dessa questão. A tese defendida por esses grupos é que não existem objeções dogmáticas para a admissão da mulher à ordenação sacerdotal. Trata-se de uma questão em aberto e de uma norma disciplinar da Igreja que pode mudar e que se esperava que mudasse. Essa era a situação real no campo da teologia dogmática e da exegese bíblica. A decisão da Igreja da Inglaterra de conferir o sacerdócio e o episcopado às mulheres suscitou uma grande comoção na própria Igreja da Inglaterra, na Igreja católica e na ortodoxa. Para evitar qualquer dúvida sobre a posição firme da Igreja católica de não admitir a mulher ao sacerdócio, publicou-se essa carta apostólica, querendo decidir definitivamente a questão, não só na ordem disciplinar mas também na doutrinal.

Compreende-se que o papa não queira mudar uma tradição multissecular e que se mantenha a norma disciplinar de não admitir a mulher ao sacerdócio. O que não parece oportuno nem conveniente é querer fechar a questão doutrinal, quando não existem argumentos suficientes nem se pode demonstrar que pertença ao "depósito da fé". A autoridade do papa em assuntos que não pertencem à revelação limita-se ao valor dos argumentos aduzidos. Neste documento, não se oferecem novos argumentos, aludindo-se somente aos expostos anteriormente.

---

3. Cf. *AAS* 62 (1970), 593.

De acordo com o testemunho de P. Hünermann, os bispos alemães haviam advertido o papa sobre a "não-oportunidade" da publicação dessa carta[4].

A meu ver, a questão continua em aberto, porém esse documento limita a liberdade de expressão dos bispos católicos e a liberdade de investigação e de expressão dos teólogos, que a Igreja sempre defendeu, ao mesmo tempo em que cria novas dificuldades desnecessárias para o entendimento ecumênico.

A obra que apresentamos não é polêmica. Trata-se em grande parte de uma crônica de fatos e de um resumo breve e inteligível dos resultados de outras investigações históricas mais amplas. Salvo pequenas referências ou comentários, não me pareceu necessário modificar o texto depois da publicação da *Ordinatio sacerdotalis*. Acredito seja preferível deixá-lo como o havia preparado, para que o leitor julgue e corrija o que considerar conveniente.

Meu mais profundo desejo é manter-me fiel ao Evangelho de Jesus: "Se permaneceis na minha palavra, sois verdadeiramente meus discípulos, conhecereis a verdade e a verdade fará de vós homens livres" (Jo 8,31-32). Paulo nos repete que "é para sermos verdadeiramente livres que Cristo nos libertou" (Gl 5,1). "Vós, irmãos, é para a liberdade que fostes chamados" (Gl 5,13), e admoesta os gálatas que não voltem a cair na escravidão dos preceitos e de antigas observâncias. Recordo uma frase de Santo Agostinho que me impressionou na primeira vez em que a li: "Vox veritatis non tacet"[5], a voz da verdade não cala; não clama com os lábios, mas dá gritos que partem do coração. Só Deus é a Verdade: "Eu sou o caminho, a verdade e a vida" (Jo 14,6). Desejo proclamar essa centelha de verdade que creio haver descoberto no Evangelho. Espero que os dados e reflexões oferecidos nesta obra possam servir para uma serena consideração da questão da participação da mulher nos ministérios da Igreja e para encontrar melhores soluções em vista do futuro.

Granada, 12 de novembro de 1994

* * *

4. P. HÜNERMANN, Schwerwiegende Bedenken, *Herder-Korrespondenz* 48 (1994) 406. Além disso U. RUH, Lehramt im Abseits, *Herder-Korrespondenz* 48 (1994) 325-327.
5. *In Psalm.* 57, 2; *PL* 36, 675.

Não necessito acrescentar muitas coisas a este Prólogo, escrito há quatro anos. O livro foi julgado antes de ser lido. Somente mais tarde me foi comunicado que, por enquanto, sua publicação não parecia oportuna. Não me proibiam escrever sobre o tema em revistas científicas e, por isso, até 1996, publiquei quatro capítulos em *Proyección* (Granada) e em *Naturaleza y Gracia* (Salamanca), com algumas adaptações exigidas pelo caráter de um artigo de revista[6]. Em 1997, publiquei o artigo Recepción de la *Ordinatio sacerdotalis*, que agora é acrescentado como capítulo X desta obra. Pela mesma razão, a metade da obra foi publicada em revistas e passou por rigorosa censura. Ao tentar novamente agora a publicação da obra completa em forma de livro, fizeram-se diversos retoques em alguns capítulos, foram omitidos alguns parágrafos e acrescentaram-se outros. Entretanto, não me senti na obrigação de mudar de opinião nos pontos fundamentais que então defendia.

O estudo mais profundo da questão e as novas investigações confirmam que não é possível manter como verdade revelada a exclusão da mulher do ministério sacerdotal. Nesta obra, prescindo completamente da oportunidade ou conveniência de proceder, logo a seguir, à sua ordenação sacramental. As discussões e divisões que surgiram na Igreja anglicana por esse motivo aconselham prudência e serenidade. Eu considero principalmente a questão de princípio: se é possível ou não, do ponto de vista teológico, que a mulher possa receber a ordenação sacerdotal. E minha resposta firme e decidida é que não existem objeções sérias que o impeçam.

Nestes últimos anos, a posição oficial da Igreja hierárquica tampouco mudou visivelmente. Depois de grandes esforços para impor uma opinião e fazer calar toda crítica, ultimamente mostra-se mais sensível à opinião contrária e admite que um católico que defenda o sacerdócio da mulher não é um herege[7].

Outra pequena mudança ocorreu com relação à proibição de que a mulher pudesse servir ao altar. A Congregação para o Culto Divino, depois de várias consultas, comunicou aos bispos, com base no cânon 230, 2 do novo CIC, que em suas dioceses, se o julgarem oportuno, poderão permitir que as mulheres sirvam ao altar[8]. Não é muito o que se concede, mas evitam-se críticas a uma práxis muito comum em diversas nações.

6. Os títulos destes artigos estão compilados na Bibliografia geral.
7. Assim opina J. RATZINGER. Cf. *Ecclesia* 2826 (1º fev. 1997) 148.
8. Cf. *Palabra* 354 (1994) 360.

Entre os novos livros e escritos destes últimos anos sobre esse tema, gostaria de destacar o de Karen Jo Torjesen[9]. Além de oferecer uma exposição objetiva e ponderada da liderança das mulheres na Igreja primitiva, aduz alguns dados de inscrições muito sugestivas, nos quais são atribuídas às mulheres funções sacerdotais e episcopais. Não obstante, acredito que a parte mais interessante e importante do livro seja a que mostra como a cultura e os costumes greco-romanos penetraram no cristianismo e influenciaram de modo decisivo na reclusão da mulher ao âmbito do privado e doméstico. Na Grécia, como em Roma, o público, o político pertencem aos varões. A mulher conserva seu protagonismo somente no privado e no doméstico.

Durante os dois primeiros séculos, o cristianismo desenvolveu-se principalmente na esfera privada. Quando os cristãos se separaram do judaísmo, as funções religiosas eram celebradas nas casas ou em família. Porém, desde o princípio do século III, o cristianismo passou a evoluir para uma religião de caráter público, o que é consumado com a conversão de Constantino em princípios do século IV. E, a partir do momento em que o cristianismo penetra na esfera pública, as mulheres começam a perder influência nas tarefas eclesiais (p. 50-51). O sistema greco-romano outorgava às mulheres muito poder na família, porém as afastava da vida política e pública, pois o espaço público era privativo dos homens. O ofício de mestre, por exemplo, era reservado aos varões quando desempenhado em lugar ou escola pública; todavia, as mulheres podiam exercê-lo no âmbito privado de sua casa (p. 53). É evidente que o cristianismo assumiu esses princípios e modelos de comportamento do Império romano (p. 169).

A autora conclui sua introdução ao livro com estas palavras: "Já está na hora em que a Igreja, que pretende ser portadora das boas notícias de Jesus diante do mundo, deixe de trair seu próprio legado essencial da igualdade absoluta" (p. 20). Mantenho a esperança de que, cedo ou tarde, também na Igreja católica serão abertos novos caminhos de participação da mulher nas tarefas eclesiais.

Granada, 29 de junho de 1998,
festa de São Pedro e São Paulo

9. KAREN JO TORJESEN, *Cuando las mujeres eran sacerdotes*, Córdoba, El Almendro, 1996. As páginas indicadas no texto referem-se a essa obra.

Panorama atual da questão

primeira parte

CAPÍTULO I

Como surgiu a questão dos ministérios da mulher em nossos dias

I. Posição tradicional: somente o homem pode ser ordenado sacerdote

Existem problemas teológicos que estão quase sempre no primeiro plano, como o primado do papa, a cristologia, os sacramentos. E há outros que afloram de vez em quando e logo ficam esquecidos e soterrados durante séculos. Pertence a estes últimos o problema dos ministérios da mulher na Igreja. Depois de uma relativa vigência na Igreja dos primeiros séculos, imediatamente se eclipsa durante toda a Idade Média e fica relegado ao esquecimento. Somente de vez em quando os teólogos de ofício ou os canonistas suscitam a questão da possibilidade da ordenação sacerdotal da mulher para resolvê-la, sem qualquer gênero de dúvidas, em sentido negativo.

A questão parecia ter ficado definitivamente resolvida com a publicação do Código de Direito Canônico de 1917 por Bento XV. O cânon 968 afirma taxativamente: "Somente o homem batizado recebe validamente a sagrada ordenação". Pouco se podia esperar dos papas seguintes, Pio XI e Pio XII, muito embora este último fosse muito sensível aos problemas do tempo.

A sociedade, porém, havia evoluído e as mulheres ocupavam postos importantes nos diversos estamentos da sociedade civil. Surgiram algumas investigações históricas sobre o ofício das *viúvas e diaconisas* na Igreja antiga. As Igrejas protestantes, que não admitem o sacramento da ordem, não encontravam dificuldades especiais em confiar o cargo de "pastor" ou "presidente" da comunidade às mulheres, já que se trata de um ministério que provém da comunidade e não de uma "potestade sagrada" que se recebe mediante um sacramento. Em 1944, pela primeira vez, conferiu-se a ordenação sacerdotal a uma mulher na Igreja anglicana, à qual se seguiram imediatamente muitas outras. A reação de Roma e dos teólogos católicos foi contrária a essa prática. Consideravam-na uma aberração ou uma heresia. Entretanto, a tendência a favor dos ministérios ordenados e não-ordenados da mulher ia crescendo e tornou-se inigualável quando entraram em ação os diversos movimentos feministas. O problema afetava também a Igreja católica.

2. Mudança de mentalidade na sociedade e na Igreja

Como ocorreu com freqüência nos últimos séculos, os primeiros estímulos para o progresso e uma mudança de mentalidade não partiram da Igreja, mas sim do mundo secular. O movimento de emancipação e promoção da mulher foi mais rápido na sociedade civil do que na Igreja. No começo desse movimento, no decurso do século passado, a Igreja apareceu mais como reacionária do que como promotora. Também é verdade que as aspirações da mulher dessa primeira época referiam-se mais à ordem social e política do que à eclesial. Aspiravam, por exemplo, a poder votar, a poder exercer cargos públicos, a poder trabalhar em condições iguais às dos homens. Até há pouco, em diversas regiões da democrática Suíça, as mulheres não tinham direito a votar. E em nossos dias, na Irlanda do Norte, custou muito sangue obter o direito de todos os cidadãos ao voto.

Depois da Segunda Guerra Mundial, o movimento feminista avançou rapidamente. Suas pretensões já não se limitavam à ordem sociopolítica, mas compreendiam também a familiar. Depois do livro de Betty Friedan *A mística feminina*, publicado em 1963 (trad. espanhola, Madrid, 1975), surgiram diversos movimentos de libertação feminina[1]. Em 1967, a declaração da ONU sobre os direitos

1. Cf. M. RILEY, *Transforming Feminism*, Kansas City, 1989; ANA MARIA PINEDA, La mujer se piensa a si misma: de la cólera a la liberación, in *Algunas mujeres nos han sobresaltado*, Madrid, 1993, p. 77-78.

da mulher, que tendia a eliminar toda discriminação injusta por razão de sexo, estabeleceu um marco importante na promoção de um feminismo novo. Todavia, nem tudo podia ser remediado com declarações ou novas leis. Era preciso criar paulatinamente uma nova mentalidade e uma nova práxis na sociedade para o desenvolvimento integral da mulher. Isso requer tempo.

Algo se movia também no campo eclesiástico, muito embora com maior lentidão. A encíclica *Casti connubii*, de Pio XI, de 1930, não apresentava outro âmbito de ação para a mulher a não ser o próprio lar ou o convento. Pio XII manifestou maior sensibilidade e abertura com relação ao *status sociológico* da mulher. Em um discurso de 1945 a cerca de 1.500 mulheres italianas, falou-lhes da entrada da mulher na vida pública e de sua obrigação de nela participar. Por trás desse discurso estava o medo de uma vitória do comunismo na Itália[2]. Doze anos mais tarde, em um discurso dirigido à União Mundial de organizações femininas, reafirmou a participação da mulher nas tarefas públicas: "Porque, se em outros tempos a influência da mulher se restringia à casa e seu entorno, em nossos dias, quer se queira ou não, estende-se a uma esfera cada vez mais vasta: a vida social e pública, os parlamentos, o jornalismo, as profissões, o mundo do trabalho"[3].

O breve pontificado de João XXIII não lhe permitiu uma mudança efetiva no âmbito eclesiástico. A encíclica *Pacem in terris*, que publicou pouco antes de sua morte, confirma a postura aberta com relação à missão da mulher no mundo. Recordemos o parágrafo mais significativo:

> Impõe-se à consideração o fato por demais conhecido do ingresso da mulher na vida pública: mais acentuado talvez em povos de civilização cristã; mais tardio, mas já em escala considerável, em povos de outras tradições e culturas. Cada vez mais cônscia da própria dignidade humana, a mulher não tolera mais ser tratada como um objeto ou um instrumento, reivindica direitos e deveres coerentes com sua dignidade de pessoa, tanto na vida familiar como na vida social[4].

A convocação do Concílio Vaticano II foi um fato decisivo, que abriu o caminho a novas perspectivas.

---

2. PIO XII, *Discursos y radiomensajes II*, Madrid, 1953, p. 41.
3. PIO XII, 24 de abril de 1957; cf. *Ecclesia* 17 (1957) 1158.
4. JOÃO XXIII, *Pacem in terris*, *AAS* 55 (1963) 267; em edição mais acessível, *Ocho grandes mensajes*, Madrid, BAC Minor n. 2, 1971, n. 41, p. 221.

3. O Vaticano II

Já durante a preparação do concílio, sentiu-se a necessidade de aceitar a colaboração dos seculares, principalmente nos temas do matrimônio e em outros que se referiam às relações da Igreja com o mundo. Vencendo não poucas resistências da cúria, o papa João XXIII autorizou o convite a diversos especialistas seculares para colaborarem na elaboração dos esquemas. Pela primeira vez na história da Igreja, uma mulher (Rosemarie Goldie) fazia parte de uma comissão preparatória do concílio. Depois de falecido João XXIII, seu sucessor Paulo VI nomeou dezenove auditoras para a terceira etapa do concílio, gesto que surpreendeu não poucos. No começo da quarta e última etapa, em 17 de setembro de 1965, a associação feminina Aliança Internacional Joana D'Arc dava a conhecer que havia pedido ao concílio o reconhecimento do "caráter diaconal" do serviço prestado por muitas mulheres na Igreja, bem como a revisão de todos os cânones do direito canônico que discriminavam a mulher ou não reconheciam sua dignidade feminina. Segundo a agência KIPE-Concile, à dita petição acrescentava-se: "Se a Igreja sabiamente, e no momento adequado, decidisse chamar as mulheres para a dignidade sacerdotal, seriam encontradas mulheres preparadas para responder a tal chamado"[5]. Naquele momento, nada se fez, nem a favor nem contra.

Entre os documentos conciliares, os que mais diretamente se ocupam da promoção da mulher são a constituição sobre a Igreja no mundo atual (*Gaudium et spes*, GS) e o decreto sobre o apostolado secular (*Apostolicam actuositatem*, AA). A primeira constata que a "mulher, onde quer que ainda não o tenha conseguido, reclama a igualdade de direito e de fato com o homem" (GS 9) e proclama que "toda forma de discriminação nos direitos fundamentais da pessoa, quer seja social, quer cultural, por motivos de sexo, raça, cor, condição social, língua ou religião, deve ser vencida e eliminada, por ser contrária ao plano de Deus" (GS 29).

No decreto sobre o apostolado secular, reconhece-se que "em nossos dias as mulheres têm uma participação cada vez maior em toda a vida da sociedade", por isso "é de suma importância sua participação igualmente crescente nos diversos campos do apostolado da Igreja" (AA 9).

---

5. Este e outros dados foram extraídos do livro de M. ALCALÁ *La mujer y los ministerios en la Iglesia*, Salamanca, 1982, p. 17-30 [25].

Quanto ao que concerne aos ministérios eclesiais, não se superou a postura tradicional. A constituição sobre a Igreja restabelece o diaconato permanente masculino, sem fazer menção, por mínima que seja, ao diaconato feminino (cf. *Lumen gentium* [LG] 29). No decreto sobre os presbíteros, reserva-se o sacerdócio aos varões[6]. Nas famosas "Mensagens do concílio à humanidade", de 8 de dezembro de 1965, dia da clausura, quando se dirige às mulheres, afirma-se que "chegou a hora em que a vocação da mulher deve ser cumprida em sua plenitude", porém não se faz qualquer alusão à possível participação da mulher nos ministérios eclesiais[7]. Deseja-se eliminar toda discriminação da mulher na sociedade, porém isso ainda não funciona nem na Igreja.

Com o Vaticano II mudaram muitas coisas, abriu-se a passagem para um novo conceito de Igreja e verificou-se uma mudança de mentalidade quanto às relações entre a Igreja e a sociedade e a cultura, que deixava entrever uma nova atitude com relação a certas normas demasiado restritivas. Entretanto, não mudaram as normas que proibiam à mulher o acesso aos ministérios ordenados. Nem sequer foi deixado um resquício aberto para o diaconato. Tal situação hermética não desanimou os teólogos e menos ainda as numerosas e entusiastas feministas que se haviam proposto acabar com as discriminações da mulher na Igreja e na sociedade.

Quanto aos ministérios ordenados, eis as questões principais: Pode-se afirmar que é de *direito divino* a exclusão da mulher do ministério sacerdotal? Quais os argumentos bíblicos ou da tradição que dão seu aval a essa opinião? Era a ordenação das *diaconisas* na Antiguidade um verdadeiro sacramento ou somente um sacramental? Impunha-se um estudo sério, desapaixonado e imparcial da questão. Foi a tarefa empreendida na década pós-conciliar.

4. Período pós-conciliar. Postura da Cúria Romana

No período que se segue ao Vaticano II é preciso distinguir quatro diferentes âmbitos no desenvolvimento da questão:

---

6. No decreto *Presbyterorum ordinis*, não se exclui expressamente a mulher das ordens sagradas, dando-se, no entanto, por suposto que somente os homens podiam ser sacerdotes e a eles é dirigido o documento.

7. Cf. *AAS* 58 (1966) 13-14; *Concílio Vaticano II, Constituciones. Decretos. Declaraciones*, Madrid, BAB n. 252, 1966, p. 738-740.

1. A posição da Cúria Romana.
2. Os movimentos feministas e petições das bases.
3. Os sínodos dos bispos.
4. As investigações teológicas.

Por ora, vamos nos deter na abordagem da posição da Cúria Romana. Os demais âmbitos serão tratados ao longo desta obra.

Nos documentos que emanaram da Santa Sé para dar cumprimento às disposições e orientações do concílio, prevalece um retrocesso em muitos aspectos já no pontificado de Paulo VI, e muito mais ainda desde o começo do pontificado de João Paulo II.

No *motu proprio* de Paulo VI *Sacrum diaconatus ordinem*[8], de 1966, no qual são determinadas as condições da restauração do diaconato, não se menciona, absolutamente, o diaconato feminino. O mesmo ocorre com a Instrução para a exata aplicação da constituição litúrgica *Sacrosanctum concilium*, de 1970, na qual se estabelece que, "segundo as normas litúrgicas da Igreja latina, não se permite que as mulheres (meninas, esposas, religiosas) sirvam o altar, mesmo que se trate de templos, casas, conventos e instituições de mulheres"[9]. É-lhes permitido fazer as leituras bíblicas, exceto o Evangelho, tocar o órgão, dirigir o canto etc. Essa instrução degenerou em um rubricismo e um rigor exagerados.

Essa tendência regressiva revela-se mais ainda na carta pastoral *Ministeria quaedam*[10], na qual se modifica o *status* teológico das ordens menores e se suprime o subdiaconato. Embora não se trate de ordens sagradas, diz-se expressamente: "A instituição do leitor e do acólito é reservada aos varões, segundo a tradição venerável da Igreja"[11]. Esse documento causou verdadeira decepção em muitos países, porque vinha suprimir os serviços que já estavam sendo cumpridos por muitas mulheres, discriminando-as uma vez mais nas funções exeqüíveis pelos seculares. Houve algumas queixas dos bispos e o próprio Vaticano, em caráter oficioso, publicou uma nota explicativa em 6 de outubro de 1972, na qual cedia um pouco, para polir asperezas. Nessa nota aparece uma distinção-chave sobre a função da mulher na liturgia. Afirma-se que as funções litúrgicas exercidas pela

8. *AAA* 59 (1967) 697-704.
9. Liturgicae instaurationes, *AAS* 62 (1970), 700-701.
10. *AAS* 64 (1972) 529-534.
11. Ibid., p. 533.

mulher são um *serviço* e não uma *investidura oficial* ou uma *instituição canônica*. Ou seja, louvam-se os bons serviços que a mulher exerce no culto, *excluindo*-a, porém, de todo ministério ordenado ou não-ordenado.

A mesma tendência é manifestada na instrução *Immensae caritatis*, publicada em 1973, sobre a distribuição da comunhão pelos leigos[12]. Também aqui fala-se do ofício de distribuir a comunhão, e não de ministério. E relativamente ao diaconato surpreende o fato de que na carta apostólica *Ad pascendum*[13] seja feito silêncio total sobre o diaconato feminino, embora sejam citadas as *Constituções apostólicas* e a *Didascalia*, em que se faz referência aos diáconos. Essas duas obras são os documentos mais importantes dos primeiros séculos sobre as diaconisas.

A declaração da Congregação para a Doutrina da Fé *Inter insigniores* (1976) e a carta apostólica *Mulieris dignitatem*, de João Paulo II (1988), não deixam espaço para dúvida quanto à posição da hierarquia sobre a matéria. Não se trata, todavia, de uma decisão definitiva, razão pela qual pode e deve continuar sendo objeto de estudo.

Em 22 de maio de 1994, festa de Pentecostes, João Paulo II assinava a carta apostólica *Ordinatio sacerdotalis*, que se tornou pública no dia 30 do mesmo mês. Embora não apresente nada de novo, pretende, com ela, encerrar definitivamente a questão. São estas suas palavras:

> Portanto, para tirar toda dúvida sobre um assunto de tamanha importância, que pertence à própria constituição divina da Igreja, em virtude de meu ministério de confirmar os irmãos na fé (cf. Lc 22,32), declaro que a Igreja não tem de modo algum a faculdade de conferir a ordenação sacerdotal às mulheres, e que este ditame deve ser considerado ... definitivo por todos os fiéis da Igreja[14].

Tal intervenção tão enérgica do papa causou um grande impacto, suscitando graves problemas, dos quais não trataremos agora. O cardeal J. Ratzinger fez um amplo comentário teológico dessa carta em *L'Osservatore Romano*, que merece ser lido com atenção[15]. Tampouco faltaram as críticas. H. Bourgeois publicou em *La Croix-L'Événement* (25-6-1994) algumas reflexões muito sensatas. Entre outras coisas, afirmou:

---

12. *AAS* 65 (1973) 265-266.
13. *AAS* 64 (1972) 334-540.
14. *AAS* 86 (1994) 548.
15. Na edição espanhola: 23 (1994) 327-328. Foi publicado também na revista *Claune* 126 (1994) 204-210.

> o aspecto mais importante na carta do Papa é provavelmente sua forma. E é sobre este ponto que se pode refletir respeitosamente. João Paulo II diz um não, um não definitivo à ordenação das mulheres. E isto com certa solenidade, já que o papa usa a fórmula "eu declaro" e apela para sua "missão de confirmar seus irmãos", referindo-se a Lc 22,32. Deve, no entanto, precisamente esta missão, que considero muito importante, em comum com os católicos e com outros muitos cristãos, assumir no presente caso esta forma, com o perigo de dividir? Dir-se-á que o papa é o único juiz dos riscos que daí decorrem e que age em consciência. Sobre este ponto, porém, gostaria de lembrar que o papa não está somente diante de sua consciência e diante de Deus. É também membro da Igreja e não pode pôr entre parênteses, por exemplo, o voto de tantos sínodos diocesanos que em todo o mundo pediram a ordenação das mulheres.

Não devem ser tais votos considerados expressão do *sensus fidei*, do qual são portadores todos os batizados?[16]

16. Sobre esses votos, tratamos especialmente nos capítulos II e III desta obra. Tomamos como referência especial os sínodos dos bispos (cap. III) por sua importância. Relativamente a outras posições críticas de primeira hora, assinalamos as seguintes: Ulrich RUH, Lehramt im Abseits?, HK 48 (1994) 321-323; Peter HÜNERMANN, Schwerwiegende Bedenken. Eine Analyse des Apostolischen Schreibens "Ordinatio sacerdotalis", *Herder-Korrespondenz* 48 (1994) 406-410; Bas VAN ISRAEL, Glosa de actualidad. Sobre las mujeres hay que callar en la Iglesia (libremente, según 1Cor 14,34), *Concilium* 255 (oct. 1994) 931-934; Manuel ALCALÁ, *Mujer, Iglesia, Sacerdocio*, Burgos, Mensajero, 1995, p. 409-427. No capítulo X desta obra tratarei mais amplamente das reações à carta.

CAPÍTULO II

Movimentos feministas e petição das bases

Neste capítulo pretendemos tratar das petições feitas por diversos organismos privados e oficiais em favor da admissão da mulher aos ministérios eclesiais. O material é imenso, e por isso mesmo há necessidade de uma seleção.

I. O clamor das bases

Uma das primeiras petições, e das mais radicais, foi feita pela associação ecumênica holandesa de São Willibrord (St. Willibrord Vereinigung), apresentada em 1967. Pedia-se uma mudança de estruturas para que o homem e a mulher se encontrassem plenamente integrados nas tarefas eclesiais, em plano de igualdade:

> As estruturas [eclesiais] atuais, tipicamente masculinas, deveriam deixar espaço para novas estruturas, em que as contribuições do homem e da mulher se integrem de maneira absolutamente igual. Não se trata, pois, de algumas mudanças meramente exteriores, que digam respeito à distribuição das tarefas. Faz-se necessário o nascimento, na Igreja, de uma mentalidade completamente nova, baseada na profunda convicção da igualdade entre homem e mulher[1].

1. *Femmes et hommes dans l'église, Bulletin d'information*, Bruxelles, 1971, p. 8.

Dois anos mais tarde, a UMOFC (União Mundial de Organizações Femininas Católicas), fundada em 1966 e que conta com cerca de 30 milhões de membros em todo o mundo, tornava públicas diversas petições relativas à mulher. Resumimos o conteúdo de algumas:

— Que se incluam e apliquem-se na legislação da Igreja os direitos fundamentais da pessoa humana que implicam entre mulher e homem a igualdade no cumprimento de sua vocação humana na vida familiar, cívica, social e eclesial.

— Que adquiram força de lei os direitos do homem tal como foram formulados na encíclica *Pacem in terris*.

— Que sejam suprimidas todas as prescrições e medidas que supõem ou indicam discriminação em detrimento da mulher existentes no direito canônico vigente (referem-se ao CIC de 1917).

— Que sejam evitadas as falsas interpretações da Sagrada Escritura e as interpretações paternalistas equivocadas que delas derivam em prejuízo da mulher.

— Que seja reconhecida e normalmente aceita em todas as esferas em que os leigos têm responsabilidade ou tomam parte ativa na vida da Igreja uma colaboração adequada entre homens e mulheres[2].

A Aliança Internacional Joana d'Arc, fundada em Londres em 1911, em um documento firmado em 1969, pedia à Igreja que, "respeitando os direitos e responsabilidades das mulheres cristãs, reconheça como legítima e realizável sua vocação ao sacerdócio...", e solicitava da comissão encarregada da revisão do direito canônico a revisão dos cânones referentes à mulher, a fim de lhe conceder uma posição mais conforme à sua dignidade e oferecer-lhe mais possibilidades para o serviço da Igreja[3].

Em razão de sua importância, é preciso destacar o Congresso das Mulheres Católicas Norte-Americanas de 1975, celebrado por ocasião do Ano Internacional da Mulher, cujo tema foi "Mulheres do futuro: sacerdócio já. Um chamado à ação". Foi celebrado em Detroit e dele participaram cerca de 1.200 pessoas, em sua maior parte religiosas. A Conferência Episcopal dos Estados Unidos declinou do convite. Somente dois bispos assistiram, a título pessoal. O então presidente da Conferência Episcopal, monsenhor Joseph Bernardin, havia publicado alguns

2. Ibid., 7-8.

3. Ibid., 8-9. A mesma petição, embora com algumas emendas, foi apresentada ao sínodo episcopal de 1974.

meses antes um documento sobre o tema no qual defendia a opinião tradicional do direito canônico[4]. Em uma edição subseqüente da imprensa, mostrou-se muito reservado, assegurando que a atual disciplina canônica continuaria vigente, a menos que houvesse um desenvolvimento teológico contrário.

O congresso desenrolou-se com regularidade e entusiasmo. Numerosas religiosas afirmaram publicamente sentir-se com autêntica vocação sacerdotal. Entre as conclusões da assembléia, adotou-se por unanimidade prosseguir o estudo do problema do acesso da mulher ao sacerdócio e criar um clima favorável à mudança de mentalidade. Assim sendo, insistiu-se muito em permanecer em contato com a hierarquia e fazer estudos sérios e objetivos sobre esse ponto, duas propostas que me parecem importantes e muito significativas.

Estas e outras petições revelam que em um setor muito amplo da Igreja católica reina a opinião de que é possível uma mudança de mentalidade. Já não se pensa que a exclusão da mulher para os ministérios ordenados seja *de direito divino*, mas sim que se trata de um problema a ser discutido e estudado. E a mulher deveria, por certo, ser admitida sem delongas aos outros ministérios.

2. Petições de alguns organismos oficiais

As petições seguintes têm maior força, porque provêm de congressos internacionais ou de sínodos das Igrejas de algumas nações.

Um dos mais significativos foi o III Congresso Mundial de Apostolado Secular, celebrado em Roma em 1967. No Congresso, veio à tona o tema do ministério feminino na Igreja, porém Paulo VI, no discurso de clausura, evadiu-se dele, citando palavras de Pio XII: "Tem confiança, Roma, vai em frente. O papa a guia". A sexta conclusão do congresso tratava do posto da mulher na Igreja:

> Considerando que o batismo, ao incorporar os seres humanos, homens e mulheres, a Cristo, os constitui sem distinção alguma como "pessoas no Senhor", e recordando a palavra de Paulo, que condena toda discriminação entre os humanos (Gl 3,28), e com a convicção de que o lugar designado à mulher na Igreja é devido a fatores sociais e culturais e que na maioria dos países a evolução da condição feminina

4. J. BERNARDIN, Le debat sur l'ordination des femmes aux États-Unis, *La Documentation Catholique* 58 (1975) 977-978.

marcha para a perfeita igualdade de direitos entre homem e mulher, o III Congresso Mundial de Apostolado Secular formula seus desejos de ver concedidos à mulher todos os direitos e todas as responsabilidades do cristão no seio da Igreja católica, que se empreenda um estudo doutrinal sério acerca da situação da mulher na ordem sacramental e na Igreja. Além disso, o congresso pede que mulheres competentes tomem parte em todas as comissões pontifícias e que mulheres especialistas sejam consultadas com relação à revisão dos cânones que afetam a mulher, para que a dignidade feminina seja plenamente reconhecida e sejam concedidas à mulher maiores possibilidades no serviço da Igreja[5].

Essa conclusão é moderada e muito matizada. Não se fala de um direito da mulher ao sacerdócio, mas da perfeita igualdade de direitos entre o homem e a mulher e da situação da mulher na ordem sacramental e na Igreja. Evitaram-se expressamente outras formulações mais radicais, como a da Aliança Internacional Joana d'Arc que pedia "fossem concedidos à mulher todos os direitos e responsabilidades outorgados ao homem na Igreja, tanto no laicato *como no sacerdócio*".

Algumas das resoluções do congresso foram aceitas por Paulo VI. Ele havia até mesmo se antecipado a algumas petições com a nomeação, em janeiro de 1967, de uma mulher como secretária do congresso. Mais adiante, várias mulheres passaram a fazer parte de algumas congregações romanas.

3. Resoluções dos sínodos nacionais

As nações que trataram em seus respectivos sínodos do tema dos ministérios da mulher na Igreja foram Holanda, Alemanha, Suíça, Áustria e Bélgica. Sua importância depende de como se desenvolveu o sínodo e de quem votou suas conclusões.

O mais radical e mais escandaloso foi o Concílio Pastoral Holandês[6]. Durante a preparação da quinta assembléia plenária desse sínodo (1969), estudou-se o documento intitulado "Para a frutuosa e renovada atuação do ministério sacerdotal"[7]. As conclusões pareciam muito ousadas, de tal modo que o próprio papa escreveu

5. Cf. R. SANCHÍS, Crónica y documentación del congreso, *Apostolado Laical* 36 (1967) 273-312.
6. Para maiores informações sobre esse concílio, veja-se Manuel ALCALÁ, *El cisma de Holanda*, Madrid, PPC, 1971.
7. Veja-se a tradução francesa desse documento em *Idoc International* 12 (1970) 6-82.

ao cardeal Alfrink, expressando seus reparos e preocupações[8]. A intervenção do papa teve boa acolhida por parte dos bispos da Holanda, os quais, por intermédio de J. Moeller, bispo de Groningen, expuseram à assembléia suas próprias reservas:

> É muito questionável que no *Informe* [sobre o ministério sacerdotal] seja pedida a instituição de realidades que a Igreja católica não aceitou em sua tradição, como seriam a presidência da eucaristia por um secular ou a ordenação no ministério [sacerdotal] da mulher. É suficiente dizer que os fatores histórico-sociais desempenharam um papel nesta tradição? Não existe, além disso, um dado teológico a ser considerado?[9]

Apesar das razoáveis reservas dos bispos, a assembléia, dominada por seculares e sacerdotes, aprovou a seguinte proposição por 72 votos a favor, 12 contra e 24 abstenções:

> É importante que a mulher seja rapidamente integrada em todos os ministérios eclesiais, uma vez que sua nomeação suscita poucos problemas, ou mesmo nenhum. A evolução ulterior deveria ser orientada no sentido de que a mulher desempenhe as funções eclesiais, inclusive a celebração da eucaristia.

Dos nove bispos que integravam a Conferência Episcopal Holandesa, somente um votou a favor, três se abstiveram e cinco votaram contra.

Outro documento importante foi a resolução quarta do *Informe sobre os serviços e ministérios da Igreja* apresentado no Encontro Europeu de Delegados de Conselhos de Presbitérios Diocesanos de Genebra, em 1971. Seu conteúdo é bastante moderado e assim reza: "Quanto à ordenação sacerdotal da mulher, a questão deve permanecer em aberto e amadurecer"[10]. Esta proposição foi aprovada por 38 votos a favor, 6 *iuxta modum*, 14 contra e 4 em branco. Infelizmente não recebeu da hierarquia a atenção de que era merecedora.

É interessante o procedimento adotado pelo Conselho Pastoral Interdiocesano belga de língua flamenga em junho de 1971. Apresentaram uma proposição geral, que não envolve dificuldades: "Todas as tarefas pastorais que podem ser desempenhadas por um secular não-sacerdote deveriam ser acessíveis à mulher". Em

8. Cf. *AAS* 62 (1970) 66-69.
9. Pastoral *Concile van de Nederlande Kerkprovincie VI*, 270-271. Esses dados foram extraídos da obra de Manuel ALCALÁ *La mujer y los ministerios en la Iglesia*, Salamanca, 1982, p. 38-45. Uma exposição mais ampla dos problemas suscitados pelo Concilio Holandês pode ser encontrada na obra citada do mesmo autor *El cisma de Holanda*, p. 127-158.
10. Cf. L. ACEBAL, Peticiones al Sínodo de los consejos presbiterales de Europa Occidental, *Sal Terrae*, 59 (1971), 418-453.

continuação, elaboraram uma proposta de caráter mais problemático, em duas versões semelhantes, porém de conteúdo diverso:

a) "O sacerdócio deve ser acessível à mulher, *desde que não haja* contra isso qualquer objeção teológica." Foi aprovada por 31 votos a favor, com 23 contra. Causa-nos estranheza o número elevado de votos negativos.
b) "O sacerdócio deve ser acessível à mulher, *visto não haver* qualquer objeção teológica...". Esta afirmação tão rotunda pareceu inaceitável para a maioria: 23 votos a favor, 38 contra. Neste Conselho, os bispos lá presentes não votaram[11].

No Canadá, deparamos com uma *declaração coletiva* de grande alcance, formulada pela Conferência Episcopal Canadense em 1971. As mulheres católicas do Canadá haviam apresentado a seus bispos cinco recomendações para o sínodo episcopal que seria celebrado em outubro do ano seguinte (1972). Os 65 bispos canadenses aceitaram tais proposições, exceto monsenhor J. Rusnak, bispo auxiliar "ucraniano", de rito oriental, na cidade de Toronto. Citamos as duas que concernem mais diretamente ao nosso tema, a saber:

— Que o próximo sínodo remova todas as barreiras impostas pelo direito canônico contra as mulheres.
— Que as mulheres qualificadas tenham acesso ao ministério[12].

Faz-se uma proposição genérica, sem especificar qual o ministério e sem excluir nenhum. Supõe-se, porém, que para distribuir a sagrada comunhão não se falaria em "mulheres qualificadas".

Anos depois, o sínodo alemão decorreu em um clima de maior serenidade e equilíbrio nos anos de 1972-1975. Havia sido precedido por uma esmerada preparação iniciada em 1969. Não podia faltar o tema dos ministérios da mulher, mas não encontrou o caminho muito desembaraçado. Na quinta Assembléia, em maio de 1974, no informe sobre "Serviços pastorais na comunidade eclesial", haviam sido formuladas algumas propostas explícitas:

— O sínodo pede ao papa a derrogação dos decretos pelos quais são reservados ao homem o leitorado e o acolitado. Pede, além disso, que em toda a legislação do direito canônico sejam levadas em conta a dignidade e a igualdade da mulher.
— O sínodo pede ao papa a admissão da mulher ao diaconato sacramental.

11. Cf. *Femmes et hommes dans l'Église, Bulletin d'Information*, Bruxelles, 1971, p. 14.
12. Cf. *Informations Cath* 17 (1971) 16.

Trata-se de proposições que deviam ser estudadas e votadas. A Assembléia recomendava igualmente à Conferência Episcopal a "criação de uma comissão que estude o problema da situação da mulher na Igreja e na sociedade"[13].

A Conferência Episcopal não estava totalmente de acordo, motivo pelo qual, em uma declaração de 7 de março de 1974, aconselhava uma nova revisão sobre o modo de apresentar o diaconato feminino como sacramento: "Faz-se necessário examinar se esta afirmação é suficientemente sólida, tanto quanto se requer para poder responsabilizar-se por semelhante petição"[14].

Continuou-se o estudo do tema, que foi novamente apresentado na penúltima assembléia, em maio de 1975, modificando o texto: "O sínodo pede ao papa o exame da admissão das mulheres à ordenação diaconal e, neste caso, a aprovação". O novo texto foi aprovado com 227 votos a favor, 13 contra e 6 abstenções.

As razões que moveram os bispos a exigir a nova formulação foram as seguintes:

— Pareceu aos bispos que não estava suficientemente esclarecido na discussão teológica o caráter do antigo diaconato feminino.

— Continuavam em aberto outros problemas sobre o diaconato feminino, de sorte que, muito embora os bispos desejassem um exame profundo desta questão, não acreditavam poder dirigir ainda uma petição formal à Santa Sé[15].

Algo semelhante ocorreu na Áustria, no sínodo celebrado em Viena e encerrado em outubro de 1974. Os bispos transmitiram à Santa Sé as petições relativas ao estudo, licitude e validade da ordenação da mulher, porém eles próprios não se comprometeram, por considerarem que o problema não estava bíblica e teologicamente suficientemente estudado.

Na Suíça, tratou-se dessa questão no Sínodo Interdiocesano encerrado em setembro de 1975. A decisão do sínodo, quanto ao que concerne à ordenação diaconal e presbiteral da mulher, está contida no seguinte texto:

> Desde os começos da Igreja, as mulheres cumpriram diversas tarefas eclesiais. Propõe-se hoje, aqui, o problema da ordenação presbiteral feminina. As reações a esse propósito

---

13. Cf. *Synode* 7 (1973) Ergänzungen, 4-42.
14. Cf. M. ALCALÁ, Obispos y sínodo en Alemania Federal, *Razón y Fe* 187 (1974) 61-75.
15. Cf. Die pastoralen Dienste in der Gemeinde, *Synode* 1 (1975) 55-86; 3 (1975) 87; M. ALCALÁ, *La mujer y los ministerios*, p. 43.

> são ainda duvidosas e até mesmo contraditórias. Isso não impede seu delineamento e seu estudo. Por isso, a assembléia sinodal suíça se alegra com o fato de que a Comissão Teológica Internacional tenha decidido estudar a questão da ordenação sacerdotal da mulher e deseja que semelhante investigação continue. O sínodo pede à Conferência Episcopal que transmita esta petição às instâncias romanas competentes[16].

Posteriormente, o episcopado suíço determinou nomear uma comissão teológica que estudasse "os dados teológicos concernentes aos serviços e ministérios que podem ser outorgados às mulheres na Igreja"[17].

Pode-se observar que são bastante diversificadas as posições das diversas Igrejas locais sobre a admissão da mulher nos diversos ministérios. Entretanto, todas as que tomaram parte na discussão do tema pronunciaram-se a favor da admissão da mulher nas diversas tarefas eclesiais, ou melhor, remeteram-no à Santa Sé para que estudasse a questão e decidisse. Foi nesse ambiente de vacilação e dúvida que Roma, por meio da Congregação para a Doutrina da Fé, decidiu intervir com a declaração *Inter insigniores*.

16. Cf. *Docum. Cath.* 57 (1975) 942.
17. *Docum. Cath.* 58 (1976) 397.

CAPÍTULO III

A questão dos ministérios da mulher nos sínodos dos bispos

O tema dos ministérios da mulher foi discutido em várias ocasiões nos sínodos dos bispos, principalmente nos de 1974 e 1987. Não se obteve nenhuma decisão importante, porém as opiniões dos bispos manifestadas nessas assembléias não carecem de importância. Cada sínodo tem sua história e uma longa preparação que aqui não podemos expor[1].

1. O sínodo de 1971: o sacerdócio ministerial e a justiça no mundo

Este sínodo tinha como argumento geral dois temas díspares: o sacerdócio ministerial e a justiça no mundo e na Igreja. O projeto do tema sacerdotal tinha sido preparado por uma subcomissão da Comissão Teológica Internacional criada por Paulo VI em 1969. A comissão era formada por Carlo Colombo (Itália), Urs

1. P. G. CAPRILE publicou um amplo volume de cada um dos sínodos, ordinários ou extraordinários, celebrados até o presente, em Edizioni La Civiltà Cattolica, Roma. Dado o abundante material neles compilado sem cabeçalho algum nas páginas, seu manejo se torna bastante difícil, apesar dos numerosos índices.

von Balthasar (Suíça), Olegario González de Cardedal (Espanha), M. J. Le Guillou (França), J. Lescrauwaert (Holanda) e Jorge Medina (Argentina), que prepararam um informe equilibrado e formularam seis proposições que resumiam seu conteúdo. Na reunião plenária da Comissão Teológica Internacional, em outubro de 1970, aceitou-se o informe e foram votadas e aprovadas as seis proposições. Não obstante, em Roma não aceitaram esse trabalho e o substituíram rapidamente por outro. Já nesses dois documentos observa-se uma diversidade de terminologia que acentua ainda mais o caráter de serviço ou o caráter sacro. A Comissão Teológica fala de *ministério sacerdotal*, ao passo que o documento romano fala de *sacerdócio ministerial*. Tal diferença de terminologia aparece em não poucos estudos de teólogos e exegetas em relação ao uso da Cúria Romana. Do *Instrumentum laboris* preparado por Roma para o sínodo se depreende o enfoque sobre o sacerdócio expresso por Paulo VI em seus discursos durante o ano de 1971. Não se toca expressamente no tema do ministério da mulher; porém, ao adotar a expressão "sacerdócio ministerial", é evidente que não favorece a inclusão da mulher nesse ministério.

O tema parecia esquecido durante as sessões do sínodo, até que o cardeal George Flahiff, em nome da Conferência Episcopal Canadense, em uma longa intervenção do dia 11 de outubro, afirmou que "seríamos infiéis a nosso dever com mais de metade da Igreja se ao menos não abordássemos o tema", e propôs que o sínodo pedisse ao Santo Padre a criação imediata de uma comissão mista para estudar em profundidade os ministérios femininos na Igreja[2]. Transcrevemos parte de seu discurso:

> Sabemos que a maioria das afirmações de Paulo relativas à disciplina eclesiástica era de índole sociológica e não doutrinal, por exemplo quando insiste em que as mulheres estejam cobertas com véu no templo (1Cor 11,3-16). Não obstante, creio que não exista objeção dogmática para reconsiderar hoje esse problema. Os textos do Vaticano II, por sua vez, contêm afirmações categóricas contra a discriminação da mulher na Igreja. Contudo, temos de reconhecer que muitas mulheres católicas excelentes, tanto quanto outras pessoas, consideram que não se fez um esforço notável para o cumprimento dessa doutrina. Esperam pacientemente a revisão do Código de Direito Canônico e a eliminação de todas aquelas passagens discriminatórias, como um gesto de autenticidade. Com relação ao que se disse a propósito da crescente diversificação dos ministérios na Igreja, não vejo como se possa deixar de propor o problema do acesso da mulher a tais ministérios. Seríamos infiéis a

2. Cf. Operation Synod, *Woman in the Church* 1; cf. G. CAPRILE, *Il Sinodo dei vescovi 1971, Parte prima*, p. 503.

> nosso dever com mais da metade da Igreja, se ao menos não abordássemos o tema... O episcopado canadense convidou recentemente algumas representantes altamente qualificadas das mulheres católicas do Canadá para discutir essa questão. Suas opiniões e aspirações foram claras, construtivas e respeitosas, plasmadas em algumas proposições que aqui apresento, a saber: que o sínodo episcopal peça ao Santo Padre a criação imediata de uma comissão mista (ou seja, composta de bispos, sacerdotes, leigos de ambos os sexos, religiosos e religiosas) para estudar com profundidade os ministérios femininos na Igreja[3].

A importância dessa intervenção salta aos olhos:

— A presença do cardeal arcebispo de Winnipeg, em nome da Conferência Episcopal Canadense.

— As proposições formuladas aos bispos pelas mulheres católicas do Canadá foram aceitas.

— Estas sessões eram presididas por Paulo VI, que anotou essa petição, embora não fosse segui-la. Precisamente no ano anterior (1970), ao proclamar Santa Teresa de Jesus "Doutora da Igreja", havia dito: "A mulher não está destinada a ter na Igreja funções hierárquicas magisteriais ou ministeriais"[4].

Essa intervenção caiu como uma bomba na sala sinodal e teve grande repercussão na imprensa.

Novo delineamento

Quando o assunto parecia adormecido, surgiu novamente na segunda fase do sínodo, quando se abordou o tema da justiça na sociedade e na Igreja. Diversos bispos haviam advertido a discriminação secular sofrida pela mulher na Igreja, uma verdadeira injustiça "dentro da própria casa". Monsenhor S. Carter, arcebispo de Kinston (Jamaica), falando em seu próprio nome, disse: "Deveria ser considerado o problema da admissão da mulher à ordenação, uma vez que não existem razões de ordem teológica contra ela e que as de caráter cultural não podem ser consideradas vigentes na atualidade"[5].

---

3. Ibid.
4. *AAS* 62 (1970) 593.
5. Synodus episcoporum. Assembléia geral 1971, *Comunicado* 13, 12. G. CAPRILE, em *Il Sinodo dei vescovi, Parte secunda*, acrescenta que S. Carter, em outra ocasião, disse "que nas Antilhas seria vista melhor a ordenação sacerdotal de religiosas que a de homens casados" (p. 1056).

Esta e algumas outras intervenções não tiveram tanto eco nem na imprensa nem entre os padres sinodais, por se tratar de um só indivíduo e não apresentar argumentos novos. O que ia tomando corpo era a idéia de formar uma comissão que estudasse a questão seriamente e sem preconceitos. Assim, monsenhor John Gran (bispo de Oslo) desejava que

> se fizesse um estudo sério, de preferência por parte da Comissão Teológica Internacional, sobre a possibilidade da ordenação feminina. Se esta resultar teologicamente aceitável, creio que a Igreja deveria autorizá-la naquelas regiões que o desejassem. Desse modo, pelo menos nessas regiões poder-se-ia superar a escassez de sacerdotes[6].

Na mesma linha, porém expressando alguns pontos com maior precisão, manifestava-se o arcebispo Leo Byrne, Minneapolis (USA):

> Tais estudos deveriam ser complementados, porém não substituídos, pelas investigações da Comissão Teológica Internacional... Deveriam investigar a possibilidade de acesso de mulheres qualificadas ao serviço da Igreja... A exclusão da mulher dos serviços eclesiásticos não deveria ser fundada em nenhum argumento que emanasse de preconceitos masculinos, de uma cega adesão a tradições meramente humanas, que pudessem ser arraigadas na posição social da mulher ou na interpretação discutível das Escrituras[7].

Tampouco faltaram algumas vozes contra essa abertura renovadora. A mais importante foi a do já idoso cardeal Josyf Slipyj, arcebispo metropolitano de Lwów (Ucrânia), que vivia em Roma exilado. Como é bem conhecido, os cristãos orientais rechaçam a ordenação da mulher.

A criação da Comissão

Como reagiu o papa a essas demandas de alguns membros do sínodo? Acolheu algumas sugestões e tomou algumas iniciativas no que se refere ao estudo da questão; porém, na doutrina, não se vislumbrou qualquer indício de mudança.

6. Cf. Operation Synode, *Woman in the Church*, 2.
7. Ibid., 4.

Encomendou reservadamente à Comissão Teológica Internacional o estudo dos ministérios e a possibilidade de uma restauração do diaconato feminino, admitiu nas congregações romanas algumas mulheres em tarefas e postos mais responsáveis que o de simples funcionárias e em 3 de maio de 1973 anunciou oficialmente a nomeação da Comissão que fora solicitada pelo sínodo de 1971:

> Queremos também que as mulheres recebam sua própria parte de responsabilidade e participação na vida comunitária da sociedade e na Igreja. Sugerimos que se faça um estudo profundo sobre a matéria mediante instrumentos adequados, por exemplo uma comissão mista de homens e mulheres, religiosos e seculares de diferentes situações e disciplinas[8].

Este novo organismo denominou-se oficialmente Comissão de Estudo sobre a Mulher na Sociedade e na Igreja. Era constituída de 25 membros: quinze mulheres provenientes de diversos continentes, entre as quais a espanhola Pilar Belosillo, e dez homens, eclesiásticos e leigos, especialistas em diversas disciplinas teológicas e sociológicas[9]. Muito rapidamente começaram em Roma algumas reuniões informais dessa Comissão, sob a presidência de monsenhor E. Bartoletti, arcebispo de Lucca e secretário da Conferência Episcopal Italiana, com a finalidade de precisar objetivos e competências.

Em princípio, a Comissão foi nomeada por apenas dois anos, embora, de fato, fosse prolongar sua atividade durante todo o ano de 1975, declarado Ano Internacional da Mulher. Seu objetivo específico não era se ocupar com os ministérios ordenados ou não-ordenados da mulher, mas com a participação e a responsabilidade da mulher, seus direitos e deveres na vida comunitária da sociedade e da Igreja. Para tanto, era necessário levar em conta os resultados das ciências antropológicas, psicológicas e biológicas, da investigação sociológica, e permanecer atenta aos sinais dos tempos, trabalhando com um método mais indutivo do que dedutivo. Por outro lado, os resultados dessas investigações deveriam ser confrontados com a Palavra de Deus, com os ensinamentos do magistério e com as exigências da missão da Igreja no mundo contemporâneo[10].

---

8. *AAS* 63 (1971) 933-934.
9. Os nomes dos membros desta Comissão podem ser vistos em *AAS* 65 (1973) 284-285, ou mais facilmente na obra de M. ALCALÁ *La mujer y los ministerios en la Iglesia*, p. 54, nota 10.
10. Cf. COMMISSION D'ÉTUDE SUR LA FEMME DANS LA SOCIETÉ ET DANS L'ÉGLISE: *Rapport presenté au synode des evêques*, Roma, 23 out. 1974.

O trabalho da Comissão

Durante os três anos de sua existência, a Comissão trabalhou com eficácia e competência. Criada em maio de 1973, teve sua primeira sessão plenária de 15 a 18 de novembro do mesmo ano. Abordou então os seguintes temas:

1. A mulher como pessoa.
2. A mulher na sociedade.
3. A mulher na Igreja. Aqui eram incluídas duas questões: a) a participação da mulher nas responsabilidades pastorais; b) o acesso da mulher aos ministérios não-ordenados.

Este último tema foi estudado em conjunto com a Congregação para a Doutrina da Fé e a dos Sacramentos. Imediatamente se deram conta de que no estudo teológico da pessoa humana deveria ser evitada a separação de homem e mulher. Cumpre dizer o mesmo quanto à dicotomia Igreja–sociedade, Igreja–mundo. Quanto ao estudo teológico propriamente dito, levado a cabo em sessões posteriores (de 26 de fevereiro a 3 de março e de 20 a 25 de junho de 1974), não chegaram a conclusões sólidas nem importantes. Contentaram-se em recomendar que se desse prosseguimento ao estudo do "mistério do homem e da mulher em suas relações com o mistério trinitário, aprofundar na eclesiologia e na mariologia e em suas relações com a cultura no curso da história". Não obstante, a Comissão apresentou um extenso e valioso documento ao sínodo de 1974 sobre a participação da mulher na obra da evangelização, cheio de projetos e sugestões importantes para religiosas e seculares. Compilamos somente o que se refere aos ministérios:

— Que a partir da eclesiologia do Vaticano II se procurasse situar melhor o *ministério não-ordenado* com relação a outras formas de compromisso eclesial e precisar melhor o vocabulário corrente de "ministério", "apostolado", "serviço" etc.

— Que se empreendessem os estudos necessários para dar uma resposta motivada à questão suscitada na Igreja com relação ao acesso da mulher ao *ministério ordenado*. Era preciso procurar dar uma resposta não somente disciplinar, mas eclesiológica, capaz de tornar inteligível a práxis eclesial, a partir de estudos bíblicos, teológicos, históricos e da tradição viva da Igreja, não somente a latina, mas também a oriental[11].

11. COMISSÃO DE ESTUDO "A MULHER NA SOCIEDADE E NA IGREJA", *A la Asamblea del sínodo de los obispos*. La participación de las mujeres en la obra de la evangelización, Roma, julho 1974, 1-3.

Pediu-se com bastante clareza que se considerasse a possível restauração do diaconato feminino. Essas demandas e recomendações ao sínodo dos bispos, apresentadas por uma Comissão nomeada pela Santa Sé, revelam que também em alguns ambientes eclesiais de Roma foi se abrindo passagem a uma nova mentalidade.

2. O sínodo de 1974: a evangelização do mundo contemporâneo

Não houve surpresas. Falou-se bastante da colaboração feminina e da necessidade de uma integração progressiva da mulher na evangelização da Igreja, todavia não foi tratada a fundo a questão dos ministérios.

Entre os bispos que falaram em admitir as mulheres em alguns ministérios não-ordenados estava Paul Verschuren, que afirmou que deveria ser reconsiderado o lugar que a mulher ocupava na Igreja, uma vez que lhe parecia totalmente defasado em relação ao que ocupava na sociedade civil. Mesmo assim, expressou o desejo de que se abrissem à mulher, pelo menos, os ministérios do *leitorado* e do *acolitado*, não reservados tradicionalmente ao homem[12]. Não era pedir muito.

O bispo de Koudougou, monsenhor A. Bayala, que falava em nome da Conferência Episcopal de Alto Volta e Nigéria, desejava, antes de tudo,

> assegurar às mulheres maior participação nos diversos ministérios sob a direção das religiosas missionárias autóctones. Quanto à *ordenação sacerdotal* destas mulheres, adverte-se que até agora não foi fomentada, inclusive para não criar uma crise dos seminários, que estão em expansão, muito embora a CE estivesse disposta a aceitá-la se a Igreja universal a concedesse[13].

O ministro geral dos franciscanos, P. C. Koser, insistiu no ideal cristão da igualdade de sexos, não só na práxis evangelizadora, mas também na planificação. Também P. Arrupe, geral dos jesuítas, exaltou em diversas ocasiões o trabalho das religiosas e indicou a conveniência de lhes conceder o posto que mereciam e a possibilidade de exercer as *funções* e os *ministérios* que a Igreja lhes quisesse confiar.

---

12. Comunicado de imprensa de 3-10-1974. Cf. G. CAPRILE, *Il Sinodo dei vescovi 1974*, Roma, 1975, p. 274.
13. Cf. G. CAPRILE, *Il Sinodo dei Vescovi 1974*, p. 275-276.

O cardeal José Cordeiro (de Karachi) afirmou que as mulheres ainda estavam esperando o reconhecimento de seu posto na Igreja e que deveria ser promovida mais e mais sua participação na evangelização, inclusive com ministérios adequados, que deveriam ser instituídos oportunamente.

Não faltaram tampouco algumas manifestações contrárias. A mais chamativa foi a do bispo de Nyeri (Kenya), monsenhor C. Gatimú, que afirmou que as mulheres deveriam se contentar com o *sacerdócio comum* dos fiéis *in saecula saeculorum*, o que provocou a hilaridade dos padres sinodais.

Com um otimismo talvez excessivo, o cardeal Vicente Enrique y Tarancón anunciava na última conferência de imprensa o *fim do machismo* na vida religiosa e eclesial. Restava saber qual seria a atitude de Paulo VI, depois de haver escutado as diversas demandas a favor. Na exortação apostólica *Evangelii nuntiandi* (EN), na qual são compiladas as conclusões e sugestões do sínodo de 1974 (*AAS* 68 [1976], 5-76), nada se diz acerca dos ministérios da mulher, embora todo o número 73, sobre os "ministérios diversificados", convidasse a fazê-lo. O papa dizia que estimulava a abertura dos que buscavam formas cada vez mais adaptadas para anunciar eficazmente o Evangelho, abertura que a Igreja estava então levando a termo (cf. EN 73).

Paulo VI, porém, ainda antes da publicação da *Evangelii nuntiandi* (1975) e do documento *Inter insigniores* (1976), chegara a uma convicção e tomara uma decisão que ia se revelando em alguns discursos. Em uma alocução à Comissão de Estudo sobre a Mulher na Sociedade e na Igreja, recordava que as mulheres não receberam de Jesus um chamado ao ministério dos Doze nem, por conseqüência, aos ministérios ordenados, ainda que, de fato, tivessem sido chamadas a seguir Cristo como discípulas e colaboradoras. Salientava sua presença ao pé da cruz, e novamente, na manhã de Páscoa, junto ao sepulcro e como as primeiras testemunhas da ressurreição. E continuava:

> Pode-se dizer com razão: se o testemunho dos apóstolos funda a Igreja, o testemunho das mulheres contribui sobremaneira para alimentar a fé das comunidades cristãs. Não podemos mudar o comportamento de nosso Senhor nem seu chamado às mulheres, mas devemos reconhecer e promover o papel feminino na missão evangelizadora e na vida da comunidade cristã[14].

14. *L'Osservatore Romano*, 19 abr. 1974.

Por mais que elogiasse a grande obra de promoção da mulher levada a efeito pela Igreja e as novas metas que ia atingindo na pastoral e nos organismos eclesiais, na mente do papa o ponto crítico dos *ministérios ordenados* estava removido: não podemos mudar o que o Senhor estabeleceu.

Sem dúvida, esse discurso teve repercussões importantes na atitude da hierarquia católica. A mais significativa, dada a ebulição que se vivia nos Estados Unidos em relação a esse tema, foi a do cardeal J. Bernardin, presidente da Conferência Episcopal norte-americana. Em 5 de outubro de 1975, com franqueza e coragem, apresentou o problema sobre a

> possibilidade de conferir o sacerdócio às mulheres na Igreja católica romana, que é objeto de vivo debate nos Estados Unidos... A honradez e a preocupação da comunidade católica, nela incluídos os membros que preconizam a ordenação da mulher, exige também que os responsáveis pela Igreja não produzam a impressão de alentar esperanças e expectativas irracionais, ainda que fosse somente com seu silêncio. Vejo-me, pois, obrigado a reafirmar a doutrina da Igreja segundo a qual as mulheres não devem ter acesso ao sacerdócio[15].

Outra tomada de posição importante foi a adotada pelo cardeal Willebrands, presidente do Secretariado Pontifício para a União dos Cristãos. Em um colóquio ocorrido em Roma em 14 de setembro de 1975 com um grupo de bispos episcopalianos, tratou-se amplamente do tema da ordenação da mulher. Precisamente uma semana antes, o bispo Barret havia ordenado sacerdote uma mulher em Washington. O cardeal Willebrands, nomeado pouco depois arcebispo de Utrecht e primado dos Países Baixos, advertiu os bispos no sentido de que a ordenação das mulheres introduzia um novo elemento de graves conseqüências para o diálogo católico-anglicano.

À pergunta dos bispos sobre se a Igreja católica estava consciente da pressão socioeclesial em favor da ordenação sacerdotal da mulher, Willebrands respondeu que Paulo VI estava muito consciente de tal pressão e havia pedido que se estudasse a questão. E, quando os bispos lhe argumentaram que certos teólogos da Igreja anglicana afirmavam que não havia qualquer argumento teológico no sentido contrário, respondeu que, embora não existisse nenhum argumento teológico no nível da fé, o assunto não estava suficientemente estudado[16].

15. Cf. *Doc. Cath.* 57 (1975), 977-978.
16. Cf. ibid., 975-977.

Outro documento importante, proveniente da Comissão Pastoral da Congregação para a Evangelização dos Povos, veio à luz neste mesmo ano sob o título "Função evangelizadora da mulher". Está datado de 19 de outubro de 1975, mas só se tornou público em princípios de 1976. Baseia-se em uma ampla pesquisa realizada com mulheres comprometidas na evangelização cristã. Com freqüência, relata literalmente as respostas recebidas e ordenadas em oito diferentes partes: 1) luz bíblica; 2) qualidades humanas especificamente femininas; 3) função evangelizadora da mulher; 4) atividades femininas nas paróquias; 5) *a mulher na liturgia e nos ministérios*; 6) seleção e preparação das evangelizadoras; 7) formas e ritmos do compromisso feminino; 8) rumo a responsabilidades crescentes.

Apesar dos grandes elogios ao trabalho da mulher e de sua crescente participação nas tarefas da sociedade e da Igreja, na quinta parte (sobre a liturgia e os ministérios), somente veladamente é que se alude a novos compromissos e são mencionados "uma diaconia e um serviço feminino", evitando referir-se expressamente ao *diaconato feminino*:

> Uma longa experiência em certos casos e o êxito de novas iniciativas em outros indicam claramente uma série de caminhos nos quais as evangelizadoras têm de comprometer-se cada vez mais. Tratar-se-á, por vezes, de caminhos até agora reservados aos sacerdotes, mas que, em princípio, não constituem um monopólio sacerdotal e, em si, são utilizáveis por uma diaconia e um serviço feminino[17].

Após discorrer prolixamente sobre o magnífico trabalho da mulher nas áreas de catequese, assistência aos enfermos, retiros espirituais, ministérios de direção de assembléias paralitúrgicas, administração da eucaristia etc., no final

> constata que na esfera profana as mulheres qualificadas para determinado emprego são nele admitidas melhor hoje do que em outros tempos. Este fenômeno deve ocorrer igualmente na esfera religiosa e da evangelização. Todavia, é preciso reconhecer que resta muito a fazer para que os imensos recursos femininos sejam postos em condições de ser aplicados inteiramente para o reino de Deus[18].

Em 31 de janeiro de 1976, Paulo VI recebia em audiência a Comissão de Estudo sobre a Mulher na Sociedade e na Igreja. Tratava-se da sexta e última reunião da Comissão, pois havia sido constituída para um fim específico, cumprira sua

17. *Doc. Cath.* 58 (1976) 615.
18. Ibid., 617.

missão e seu tempo e deveria dissolver-se automaticamente. Entre as conclusões e recomendações endereçadas por essa Comissão à Santa Sé, figuram as seguintes:

> Deseja-se que os organismos competentes aprofundem em todos os aspectos o estudo das seguintes questões: 1) o acesso da mulher aos ministérios não-ordenados da Igreja; 2) a participação da mulher na liturgia, vista à luz da constituição conciliar *Sacrosanctum Concilium*, das normas estabelecidas pela Congregação para os sacramentos e o culto divino e da prática atual das diversas Igrejas locais; 3) a participação dos batizados não-ordenados na jurisdição eclesial, tomando-se esta em sentido amplo. Deseja-se que a revisão do direito canônico em curso favoreça o máximo possível a participação responsável da mulher na vida e na missão da Igreja. Para tal fim, poderiam ser consultadas mulheres competentes[19].

Surpreendem a cautela e a moderação destas propostas se comparadas com as enviadas pela mesma Comissão ao sínodo de 1974, que transcrevemos mais acima. O peso dos discursos do papa se fazia sentir nos diversos âmbitos eclesiais. A cada dia, a atitude e a decisão de Paulo VI contra a ordenação sacerdotal se manifestavam com maior clareza.

3. O sínodo de 1977: a catequese, hoje

O sínodo de 1977 foi celebrado ainda sob a presidência de Paulo VI, embora o documento que contém as conclusões e orientações do sínodo tenha sido publicado como exortação apostólica por João Paulo II com o título *Catechesi tradendae*, assinada em 16 de outubro de 1979. De três anos antes, 15 de outubro de 1976, está datada a declaração *Inter insigniores*, embora de fato não tenha sido publicada até janeiro de 1977. Este documento influiu decisivamente na posição adotada pelos padres sinodais sobre os ministérios da mulher. Se nos sínodos anteriores os bispos haviam se manifestado com certa liberdade, agora não podiam ir contra um documento da Congregação para a Doutrina da Fé, aprovado e recomendado expressamente por Paulo VI. Esse tema não figurava nem nos documentos preparatórios, nem na relação inaugural apresentada pelo cardeal L. Lohrscheider (Brasil)[20].

---

19. Cf. *L'Osservatore Romano*, 28 jul. 1976.
20. Cf. G. CAPRILE, *Il Sinodo dei Vescovi 1977*, Roma, 1978; resumo em italiano às p. 48-50; texto latino completo às p. 523-534.

Não poucos bispos insistiam na importância da mulher na obra da catequese, porém sem exigir um reconhecimento ministerial de sua atividade. Algum deles, como H. A. Bozzoli (bispo auxiliar de Buenos Aires), reconhecia que também os seculares podem catequizar, sob a direção de seus superiores hierárquicos, embora tal missão não os constituísse na função magisterial da Igreja. E apresentava como argumento evidente que tal encargo de catequizar também é outorgado às mulheres (remetia à declaração *Inter insigniores*)[21].

Das intervenções que oferecem algum interesse, poderíamos citar o texto apresentado pelas conferências episcopais dos Estados Unidos e do Canadá (G. Caprile, p. 173-192), que fala expressamente da função da mulher na catequese e "recomenda reconhecer o papel da mulher no ministério da Igreja, a fim de utilizar ao máximo suas especiais capacidades, e outorgando-lhes igual consideração nas tarefas diretivas, segundo seus talentos, habilidades e preparação"[22].

Mais importante e decidida foi a intervenção de monsenhor F. P. Carroll, bispo de Wagga Wagga (Austrália). Transcrevemos o parágrafo final:

> Existe o perigo de que não seja adequadamente reconhecido o lugar da mulher na catequese. Da parte de um episcopado e de um presbitério compostos exclusivamente de homens, inconscientemente se dá menos valor ao ponto de vista feminino. É sabido que a mulher tem maior inclinação religiosa que o homem e que constitui maioria, geralmente falando, no seio das assembléias eclesiais. As mães mantêm-se mais implicadas na evolução religiosa de seus filhos e percebem melhor suas diversas etapas. Em muitos países, o grande peso do trabalho catequético recai sobre as mulheres: religiosas, professoras, catequistas com dedicação parcial etc. Estes e outros fatos induzem à realização de um esforço para que as mulheres sejam postas na condição de dar sua plena contribuição às obras catequéticas da Igreja. Sua tarefa deve ser mais que uma presença simbólica, e seu papel deve ser considerado como complemento na participação nos grupos de trabalho da comunidade e das comunidades cristãs. O sínodo prestaria um grande serviço à Igreja ao animar e favorecer o compromisso feminino, acolhendo seus pontos de vista na ação catequética. Isso vale não somente para a execução dos programas, mas também para o seu planejamento e a sua avaliação[23].

Pode-se afirmar que, diante da postura adotada pelo magistério eclesiástico, o tema dos ministérios ordenados ficou eclipsado.

---

21. Ibid., p. 192-193.
22. Ibid., p. 178.
23. Ibid., p. 330.

4. O sínodo de 1987: os leigos

O tema dos leigos, objeto deste sínodo, tinha de suscitar necessariamente a questão dos ministérios próprios dos leigos e, por conseguinte, da mulher. Desde o princípio, procurou-se fazer com que esse não fosse o tema principal ou quase exclusivo, o que me parece muito racional. Não era conveniente polarizar toda a atenção do sínodo sobre um dos aspectos da missão dos leigos na Igreja. Uma característica desse sínodo foi a numerosa participação de leigos, mulheres e homens: seis peritos e 54 ouvintes, entre eles 27 mulheres.

Depois da inauguração solene em 1° de outubro, os bispos permitiram que os auditores e as auditoras seculares falassem no sábado, 3 de outubro. A senhora Calixta Belemo (Camarões), especialista da UNESCO, referiu-se à reunião da União Mundial de Organizações Femininas, celebrada de 9 a 14 de julho:

> Em muitas partes do mundo as mulheres assumem compromissos na Igreja e na sociedade. Vivem situações difíceis no plano social e eclesial por sua condição de mulheres. Não obstante, continuam amando a Igreja e querem participar ainda mais em sua missão no mundo de hoje, em que a mulher assume cada vez com maior freqüência funções de direção e governo em campos até agora reservados exclusivamente ao gênero masculino[24].

No dia 2 de outubro, o cardeal Thiandoum, arcebispo de Dakar (Senegal), lia a *relação* inicial, afirmando que o sínodo descobriria sem dúvida que a promoção da mulher era um dos problemas mais percebidos então na Igreja e teria de assumir sua responsabilidade a fim de contribuir para um melhor discernimento e para ler os "sinais dos tempos", com o respeito devido à tradição[25]. No dia seguinte, terminadas as intervenções dos seculares, o cardeal Danneels, arcebispo de Malinas-Bruxelas, dizia em seu discurso que

> o sínodo não poderá calar sobre *o posto e a responsabilidade específica da mulher na Igreja*. Não se trata de uma concessão ao espírito de nosso tempo ou de ceder aos movimentos feministas, mas sim de uma exigência do ministério pastoral. Ninguém nega à mulher o direito a uma maior responsabilidade em todos os níveis eclesiais. É urgente. Seria já um grande passo à frente estudar como conceder a todas os postos que podem ocupar na gestão de uma diocese. Isso requer uma mudança de menta-

24. G. CAPRILE, *Il Sinodo dei Vescovi 1987*, Roma, 1989, p. 19.
25. Ibid., p. 101. Texto em italiano resumido às p. 98-101; texto latino, às p. 687-704.

> lidade nos bispos e nos sacerdotes, contatos diretos com os grupos femininos, adaptação às modernas condições de vida de uma mulher (horário, retribuição, formação etc.) ... Outros desejariam um *eventual diaconato feminino*, para o qual seria necessário, antes de tudo, estudar o seu estatuto teológico[26].

Algo semelhante, porém de um modo mais concreto e pormenorizado, era pedido por monsenhor G. Weakland, bispo de Milwaukee (USA):

> alguns passos concretos que o sínodo poderia recomendar: permitir a todos os leigos, inclusive às mulheres, a participação em todas as funções litúrgicas para as quais não se requer a ordenação (serviço ao altar, leitor, acólito, pregação); acesso a todos as instâncias de decisão e administração da vida eclesial (diocese, Cúria Romana, corpo diplomático); uma linguagem que inclua as mulheres na liturgia e nos documentos oficiais...[27].

Em nome dos bispos suíços, falou monsenhor Bullet, bispo auxiliar de Lausanne, Genebra e Friburgo:

> Não se pode deixar de ver a persistência de uma discriminação no fato de manter um princípio segundo o qual somente os homens podem receber os ministérios acessíveis aos leigos (leitorado e acolitado), apesar do grande número de mulheres leitoras e catequistas. Além disso, apóiam energicamente que sejam reconhecidas e valorizadas as capacidades específicas das mulheres e que sua colaboração seja mais ampla e intensa nos diversos campos de apostolado[28].

G. Schwenzer, bispo de Oslo, porta-voz dos bispos escandinavos, advertia igualmente que o tema era de capital importância para eles, porque na sociedade escandinava a mulher ocupava um lugar muito mais importante do que na Igreja. Apesar da mensagem do Concílio Vaticano II às mulheres, do sínodo de 1971 e outros documentos, era bem pouco o que se fizera concretamente para reconhecer de fato a igualdade da mulher na Igreja. Constatava que em não poucas mulheres crescia uma sensação de impotência e de frustração, quiçá de desconfiança e aversão pela Igreja, cuja teologia tachavam de "masculina". Justificados ou não, tais sentimentos existiam de fato e não podiam ser ignorados.

Ele prosseguia assinalando omissões e deficiências que discriminavam a mulher. A própria linguagem litúrgica era às vezes ofensiva às mulheres[29]. Era

---

26. Ibid., p. 114.
27. Ibid., p. 125.
28. Ibid., p. 128.
29. Ibid., p. 129-130.

muito importante que as próprias mulheres tomassem parte nesse empenho da Igreja que se propunha mudar tal situação.

Monsenhor G. Díaz Merchán, bispo de Oviedo, sugeria abrir realmente a todos, se bem que respeitando as diferentes funções, a participação na missão da Igreja: "Salvo a ordem, que é de instituição divina, como serviço a toda a comunidade, todos os demais ministérios deveriam ser acessíveis a todos os leigos sem distinção, homens e mulheres, segundo as normas requeridas pelo bem da comunidade eclesial"[30].

Como se pode observar, ninguém queria arriscar nada com relação aos ministérios ordenados. O Pe. Th. Forrest, redentorista, seguiu outros caminhos em sua interessante exposição. Admitindo tudo quanto fora dito sobre a mulher, desferiu uma lança a favor dos homens. Seria trágico perder a presença dos poucos homens que vão à igreja:

> Em algumas culturas, a presença das mulheres na igreja é tão preponderante que os homens consideram a igreja um lugar reservado às mulheres. É um rechaço a tudo quanto a mulher sabe; é um medo absurdo, mas é uma realidade pastoral que é preciso levar em conta. As mulheres, mesmo sem ter jurisdição nem ordenação, sempre influenciaram fortemente a vida da Igreja... Devemos conceder à mulher o posto que lhe compete, mas devemos ter também a segurança de que a Igreja cumpre sua incumbência de servir e salvar os homens. ... Não se trata de uma alternativa: ou dar às mulheres o posto devido na Igreja ou ampliar a presença dos homens. É preciso realizar ambas as coisas com esforços paralelos[31].

Citemos, finalmente, o testemunho de monsenhor Jean-Guy Hamelin, bispo de Rouyn-Noranda, Canadá, que falava em nome dos bispos canadenses, que tanto se preocuparam com esse problema tão vivo em seu país e traduzia as preocupações das mulheres católicas do Canadá, que mais de uma vez as tinham exposto a seus bispos:

> Na construção do Canadá e da Igreja canadense, as mulheres estiveram na vanguarda das instituições. Isso permite compreender o interesse que o episcopado canadense nutre há muito tempo pelo posto da mulher na sociedade e na Igreja. É um problema urgente...
>
> Na Igreja, fizeram-se alguns progressos, porém muitos campos de responsabilidade e de serviço estão ainda fechados aos leigos (homens ou mulheres). O ministério ordenado continua inacessível à mulher...

30. Ibid., p. 162.
31. Ibid., p. 271-272.

Faz-se necessário remover os obstáculos canônicos que bloqueiam o acesso aos leigos — e, por conseguinte, também às mulheres — a postos que não requerem a ordenação (conselhos pastorais, presidência de tribunais matrimoniais, funções de chancelaria e de administração etc.), contanto que seja uma responsabilidade pastoral real.

Suprimir as normas que proíbem à mulher servir ao altar e conceder-lhe os ministérios do acolitado e do leitorado.

Da consulta preparatória resulta que a questão do acesso da mulher aos ministérios ordenados continua a ser objeto de controvérsia. Pode-se constatar que os argumentos aduzidos até hoje para limitar a ordenação somente aos homens são pouco convincentes, principalmente para os jovens. A propósito desse tema, como de outros, é preciso escutar o Espírito que fala ao povo dos batizados, é preciso ter em conta o *sensus fidelium*. Por essa razão, sugere-se constituir, nas igrejas particulares interessadas, grupos que se aprofundem nesse problema, reunindo homens, mulheres, pastores, teólogos e teólogas.

O acesso ao diaconato pode representar um caso particular. Nem sempre esteve reservado aos homens e baseia-se no serviço. Não se poderia reconhecer a *diaconia* das mulheres que há séculos estão presentes em meio à miséria e ao serviço cotidiano dos homens em centros de acolhida, escolas, hospitais, missões etc.?

A plena participação das mulheres não é uma exigência nova. É a intuição originária do Gênesis. Não existe humanidade, segundo o coração de Deus, sem a contribuição insubstituível e sem a união entre homem e mulher[32].

O texto desta intervenção mereceria um comentário, porque propõe os problemas reais que eram debatidos antes e depois da declaração *Inter insigniores* e reúne quase todas as petições e sugestões feitas por outros padres sinodais. Teremos oportunidade de examinar mais detidamente os argumentos e dados que aqui são insinuados. Limitamo-nos a salientar os pontos que acreditamos ser de maior interesse:

— Trata-se de um problema *urgente*. Nas consultas preparatórias a este sínodo, os fiéis assinalaram a urgência deste problema.

— É preciso reconhecer que existe um contraste evidente entre a condição da mulher na sociedade e sua condição na Igreja. Na sociedade, embora haja ainda algumas barreiras psicológicas, sociológicas e culturais para sua plena inserção na sociedade, foram suprimidos os impedimentos jurídicos. Na Igreja, embora tenha havido alguns progressos, muitos campos de responsabilidade e de serviço permanecem fechados à mulher e também aos leigos.

---

32. Ibid., p. 263-265. G. Caprile adverte em nota que preferiu inserir em sua obra o resumo que o mesmo autor deu à imprensa, em vez do texto lido em aula e entregue à secretaria do sínodo.

— É necessário retificar nossa mentalidade e buscar coerência entre a práxis e as declarações de igualdade. Acima de tudo, é necessário aceitar a realidade. O movimento de promoção da mulher, com suas forças e seus limites, é indiscutivelmente um sinal dos tempos, um fato relevante da atual avaliação social, como o foi a revolução industrial do século passado.

— Impõe-se, por conseguinte, o exercício do discernimento.

— Este movimento implica coadjuvar com germes preciosos de humanização da sociedade, mas comporta também alguns riscos e desvios.

— É necessário reconhecer e acompanhar com confiança este movimento presente também no interior da própria Igreja, que busca o significado da conduta de Jesus com as mulheres. Acreditamos que isso não esteja alheio à ação do Espírito Santo, que quer renovar todas as coisas.

— Em nome do batismo, que nos torna todos filhos de Deus, deve desaparecer todo tipo de discriminação. Não se trata de uma moda passageira, mas de fidelidade ao Evangelho libertador de Cristo ressuscitado.

— Não podemos nos esquecer de que a maioria dos leigos comprometidos nas tarefas eclesiais são mulheres. Estão presentes em tudo, menos onde são tomadas as decisões. Tampouco o estão nos ministérios ordenados.

— Em nosso contexto cultural, a situação é cada vez menos aceitável: ocupar-se da casa onde quem manda é o homem! Nos dias de hoje, buscar ativamente como assegurar uma justa igualdade em todos os níveis da vida eclesial implica a credibilidade da Igreja.

A ninguém é ocultada a força destas razões e dos fatos que assinala. É um sinal dos tempos, entra em jogo a ação do Espírito Santo; em nosso contexto cultural, a situação atual se torna cada vez mais inaceitável: trata-se de fidelidade ao Evangelho, e é preciso eliminar também na Igreja toda discriminação, pois o batismo nos torna a todos igualmente *filhos de Deus*. Todavia, monsenhor Hamelin não se contentou com princípios teóricos. Assinalava os passos concretos a ser dados para suprimir as desigualdades:

a) Reclamar e reconhecer a contribuição das mulheres cristãs nos debates vitais da sociedade: paz, bioética, violência, família etc.

b) Reclamar e reconhecer de fato e de direito a plena participação das mulheres na vida eclesial: sua voz é essencial para a sacramentalidade da Igreja e para o seu testemunho.

c) Remover os obstáculos canônicos que bloqueiam o acesso dos leigos — e, por conseguinte, das mulheres — aos postos que não requerem a ordenação (conselhos pastorais, presidência de tribunais matrimoniais, funções de chancelaria e de administração etc.).

d) Revogar as normas que proíbem às mulheres o serviço ao altar e abrir-lhes o ministério do acolitado e do leitorado[33].

Parece-nos muito pouco pedir somente o ministério do acolitado e do leitorado. Poder-se-ia fazer a inclusão também do diaconato. Entretanto, não seria pouco ter efetuado este primeiro passo, dando cumprimento aos princípios que aqui se estabelecem. Por isso, o mínimo que podemos fazer é perguntar-nos: Qual o efeito, quais as conseqüências reais que tiveram todas essas recomendações e petições dos bispos e cardeais à presidência do sínodo e à autoridade suprema da Igreja? Muito poucas.

Na síntese das intervenções desta primeira fase, elaborada pelo cardeal Thiandoum, estão contidas certamente as principais afirmações ou propostas feitas pelos padres sinodais, limitando-se, porém, a exaltar uma vez mais a igualdade do homem e da mulher e a reconhecer que tal igualdade nem sempre é respeitada. Assinala também que as diferenças apresentadas por uma antropologia construída à luz do mistério da Trindade e uma eclesiologia de comunhão contribuíram para uma renovada compreensão da dignidade da mulher e da recíproca complementaridade do homem e da mulher.

Adverte que é preciso proceder a partir da perspectiva teológica e não dos princípios da promoção social e civil da mulher em nossas sociedades atuais. E, voltando-se para o princípio específico dos ministérios, conclui: "Alguns padres pediram providências para que as mulheres possam exercer as mesmas tarefas eclesiais que os homens, *tendo em conta a tradição da Igreja e as disposições do magistério*"[34].

Com essas apelações à tradição e às disposições do magistério, fica patente o fato de que é limitada a possibilidade de inserir a mulher em todas as funções eclesiais.

Não faltaram nem mesmo alguns movimentos extra-sinodais contra o sacerdócio da mulher promovidos pelas próprias mulheres. Algumas delas entregaram ao cardeal E. Gagnon, presidente do Pontifício Conselho para a Família e logo nomeado pelo papa para tratar do caso de Marcel Lefèbvre, um documento sobre

33. Ibid., p. 263-264.
34. Ibid., p. 408. Esta relação conclusiva (*relatio post disceptationem*) encontra-se às p. 397-409. O resumo relativo às mulheres, às p. 407-408.

o papel da mulher na Igreja. Nesse documento, afirmava-se que 40 mil mulheres, entre as quais Madre Teresa de Calcutá, sustentavam que "qualquer tentativa de negar nossa natureza distinta do homem e nossas tarefas como mulheres subverte o plano de Deus sobre a humanidade e conduz à desintegração da sociedade"[35].

Esse texto foi promovido pela Associação Internacional de Mulheres pela Fé e pela Família, com atuação principalmente nos Estados Unidos, e enviado para assinatura a um numeroso grupo de militantes antifeministas. Nele afirma-se com razão que o sacerdócio não é um *direito* que possa ser invocado pelo homem ou pela mulher. No entanto, acrescenta-se: "Reconhecemos que o papel específico do sacerdócio *está intrinsecamente ligado aos representantes da criatividade de Deus, da qual somente os homens participam*". Isso revela sua deficiente concepção antropológica e teológica. Pode-se negar hoje à mulher a participação ativa, a criatividade no próprio processo de geração? Ele termina com estas palavras que fazem rir: "Em poucas palavras: as mulheres não podem ser sacerdotes, como os homens não podem ser mães"[36].

35. Cf. *YA*, 24 out. 1987, p. 24.
36. Ibid.

segunda parte

Ministérios da mulher no Novo Testamento e na história da Igreja

CAPÍTULO IV

Ministérios da mulher no Novo Testamento[1]

O tema dos ministérios da mulher no Novo Testamento, principalmente no que se refere ao diaconato e à possível ordenação sacerdotal da mulher, foi muito estudado nos últimos anos[2]. Não pretendo fazer um estudo exegético dos textos bíblicos sobre a mulher, que excederia minhas possibilidades e o objetivo deste livrinho, mas sim reunir os dados mais relevantes que atestam a colaboração da mulher na evangelização e nas demais tarefas eclesiais.

I. Situação da mulher nos tempos de Jesus

Sabemos que a situação da mulher em Israel nos tempos de Jesus era muito dura[3], e tal situação continuou nas comunidades hebraicas mesmo depois da

---

1. A primeira redação deste capítulo foi publicada em *Proyeccíon*, 42 (1995), 287-302.
2. Citamos aqui algumas obras de caráter geral que estudam os diversos aspectos: *Die Frau im Urchristentum*, Quaestiones Disputatae, 95, Freiburg/Basel/Wien, 1983; M. ADINOLFI, *Il femminismo nella Bibbia*, Roma, 1981; C. MILITELLO (ed.), *Donna e ministero*, Roma, 1991; E. BAUTISTA, *La mujer en la Iglesia primitiva*, Estella (Navarra), 1993; E. SCHÜSSLER-FIORENZA, *En memoria de ella*, Bilbao, 1989.
3. Veja-se a síntese oferecida por J. JEREMÍAS em sua obra *Jerusalén en tiempos de Jesús*, Madrid, 1977, cap. VII: Situación social de la mujer, p. 371-387. Podem também ser consultados diversos estudos das obras citadas na nota 2.

destruição de Jerusalém. Jesus reagiu contra a excessiva marginalização das mulheres e introduziu algumas mudanças significativas em seu comportamento pessoal com elas, porém nada mudou nem pôde mudar com relação à sua situação jurídica. Permitiu que algumas mulheres o acompanhassem em suas viagens apostólicas e o ajudassem com seus bens (cf. Lc 8,1-3). É um dado muito chamativo e muito comentado, embora na realidade saibamos muito pouco acerca das circunstâncias de seu acompanhamento e em que consistia sua participação no grupo dos que seguiam Jesus além do que nos informa o Evangelho: ajuda econômica e seguimento. Formariam elas um grupo à parte, tal como aparecem nos relatos da crucifixão e da ressurreição de Jesus?

Nos tempos de Jesus na Palestina, uma mulher casada não podia sair de sua casa sem permissão do marido, nem falar com um homem na rua; devia manter a cabeça coberta; na sinagoga e no templo de Jerusalém ocupavam um lugar à parte, distinto do ocupado pelos homens — entre muitas outras limitações que impediam sua participação na vida pública[4]. E. Bautista assim resume sua triste condição:

> A mulher judia dos tempos de Jesus: sem direitos, em eterna menoridade, repudiada por seu marido, confinada na casa e com possibilidades muito escassas de manter contatos sociais, afastada do templo em determinados dias devido às leis da pureza ritual e relegada em todos os momentos a um recinto especialmente destinado a ela no templo e fora do átrio da casa de Israel, sem direito ao ensinamento da lei e, portanto, incapaz de merecer; a mulher judia, pobre, pecadora e pequena, encontrava-se em uma situação que a constituía em um paradigma de marginalização[5].

Há no Novo Testamento dois fatos que parecem contrários à possível participação das mulheres na missão apostólica ou em cargos diretivos: a eleição dos Doze apóstolos e dos "sete homens" para atender ao serviço das viúvas dos gregos (At 6,1-6).

Efetivamente, no grupo dos Doze não aparece nenhuma mulher, porém isso é evidente, em virtude do significado simbólico dos Doze, que representam os doze filhos de Jacó (ou as doze tribos de Israel). O caso dos diáconos parece-me mais significativo a esse propósito, porque foram escolhidos para atender às necessidades de um grupo feminino e não se vêem razões especiais para que

4. J. JEREMÍAS, *Jerusalén en tiempos de Jesús*, p. 371 ss., 387.
5. E. BAUTISTA, *La mujer en la Iglesia primitiva*, Estella, 1993, p. 52.

não houvesse sido escolhida alguma mulher. De fato, os diáconos se dedicaram também ao serviço da palavra e da evangelização, como consta a respeito de Estêvão e Filipe, os únicos cujas atividades nos são narradas.

Este fato, que poderia parecer contrário, a mim me parece muito positivo. Os apóstolos não escolheram nenhuma mulher para essas tarefas porque eram ainda prisioneiros de suas idéias judaicas. Mais tarde, porém, na mesma Igreja apostólica, foram escolhidas mulheres para esses serviços (cf. 1Tm 3,11 e os textos de Paulo, que logo veremos).

Creio também que possamos afirmar sem vacilação que mulher alguma fazia parte dos 72 discípulos enviados por Jesus a pregar pelas terras da Palestina durante sua vida terrena (cf. Lc 10,1-20). Não é um dado verificável, porque Lucas nada diz sobre o particular, mas precisamente o fato de não mencionar nenhuma mulher é um dado bem eloqüente acerca do fato de que Jesus enviou somente *discípulos*. Não vale a pena discuti-lo e penso que, para defender a participação da mulher na evangelização, devemos nos apoiar em argumentos mais sólidos, evitando estes, tão frágeis e tão pouco convincentes[6].

Em contrapartida, se admitimos que a última ceia de Jesus com seus discípulos foi uma ceia pascal, como supõem os relatos dos sinópticos, é absolutamente certo que as mulheres se achavam nela presentes[7]. Este fato deveria assumir maior importância para aqueles que pensam que Jesus instituiu o sacerdócio cristão na última ceia.

2. Atitude de Jesus com as mulheres

Os dados que nos são oferecidos pelos Evangelhos revelam que Jesus acolhe entre seus discípulos e seguidores algumas mulheres. Chama também a atenção a liberdade com que procede em seu trato com elas, sem que se sinta obrigado pelas leis de pureza ou impureza legal quando se trata de ajudar uma mulher necessitada. Adota igual procedimento com os leprosos e outros enfermos ou mortos. Jesus veio para proclamar a boa nova aos pobres e oprimidos, entre os

6. Alguns autores e algumas feministas aduzem esse argumento.
7. Cf. H. HAAG, *Den Christen die Freiheit*, Freiburg/Basel/Wien, 1995, p. 31. A participação das mulheres na ceia do *Seder* é um dado bem conhecido que se conservou até hoje.

quais, sem dúvida, se encontram as mulheres (cf. Lc 4,18). Não usa de reserva para falar em público e instruir a samaritana (Jo 4,27); deixa-se tocar em seu manto pela hemorroíssa, apesar de seu estado de impureza (Mc 5,25-34); cura uma mulher encurvada em dia de sábado, chamando-a "filha de Abraão" (Lc 13,10-16); impede que uma mulher adúltera seja apedrejada, como exigiam seus acusadores, dirigindo-lhe palavras de alento e confiança (Jo 8,3-11); deixa-se beijar os pés e ungi-los com perfume por uma mulher pública, para grande escândalo do fariseu que o convidou e dos demais comensais (Lc 7,36-50); cura a sogra de Pedro e a toma pela mão (Mc 1,29-31); deixa que seja ungida sua cabeça em Betânia, na casa de Simão, com um perfume caríssimo, e defende a mulher que realizou essa ação (Mc 14,3-9).

Não necessitamos acumular dados sobre essa conduta de Jesus, que entra em choque com alguns costumes e leis rituais e demonstra grande apreço pela mulher, pois o que interessa para nosso objetivo é a participação ativa da mulher na evangelização. Quanto a esse aspecto, podemos vislumbrar algo nos relatos da morte e ressurreição de Jesus. Aqui, um grupo de mulheres adquire um destaque especial.

A caminho do Calvário, algumas mulheres saem chorando ao encontro de Jesus, mostrando-lhe seu amor e sua ternura (Lc 23,26-30). As palavras que lhes dirige não são muito consoladoras: "Filhas de Jerusalém, não choreis por mim, mas chorai por vós mesmas e por vossos filhos" (Lc 23,28). Já no Calvário, o grupo de mulheres que o havia seguido desde a Galiléia contempla a distância a cena de dor e de escárnio (Mc 15,40; Mt 27,55-56; Lc 23,49). Os três evangelistas observam que não estavam junto à cruz, mas olhavam de longe. As que foram testemunhas de sua paixão e morte deviam ser as primeiras a ver o Senhor ressuscitado.

O fato de que tais mulheres, entre as quais é sempre mencionada Maria de Mágdala, foram as primeiras a ver o Senhor ressuscitado e receberam o mandato de anunciá-lo aos discípulos é de suma importância. Ter sido testemunha da ressurreição de Jesus é uma condição indispensável para poder ser associado ao número dos Doze, como se observa na eleição de Matias para substituir Judas (At 1,22). O próprio Paulo funda sua missão no fato de que "viu o Senhor no caminho de Damasco" (cf. Gl 1,12-16). Temos, por conseguinte, um fato importante e significativo: as mulheres são as primeiras a ver Jesus ressuscitado e recebem o encargo de anunciá-lo aos discípulos (Mt 28,7; Mc 16,7; Lc 24,9; Jo 20,18).

3. Presença da mulher na Igreja primitiva

Nos Atos dos Apóstolos narram-se os começos da Igreja sob a ação do Espírito Santo. A importância de seus relatos está estribada no fato de que os acontecimentos do princípio são um paradigma do que acontece nas diversas etapas da vida da Igreja, por exemplo a vinda do Espírito Santo sobre a primeira comunidade reunida no cenáculo. Nesta comunidade estão presentes os apóstolos, algumas mulheres, Maria, a mãe de Jesus, e seus irmãos. A menção a Maria e às mulheres, que poderia parecer sem importância, é de suma transcendência. O que aqui se refere é válido para toda a história da Igreja.

Nas reuniões dos primeiros cristãos para orar, escutar os ensinamentos dos apóstolos e partir o pão (cf. At 2,42-46), as mulheres desempenham sem dúvida um papel importante, entre outras razões porque freqüentemente as reuniões se realizam em casa de alguma mulher de boa posição financeira. Quando libertado do cárcere, Pedro se dirige à casa de Maria, a mãe de Marcos, onde os fiéis se encontram reunidos em oração (At 2,42-46). É o que foi chamado de "Igrejas domésticas", onde os primeiros cristãos "partiam o pão em casa, tomando o alimento com alegria e simplicidade de coração" (2,46).

No ambiente grego, Paulo e seus companheiros se hospedam em casa de Lídia, a vendedora de púrpura, "depois que recebeu o batismo, ela e sua casa" (At 16,15). Nada nos é dito nem sobre seu marido nem sobre seus filhos, sinal evidente de que a protagonista é Lídia. Outras vezes são ressaltadas as obras de caridade de uma mulher, como no caso de Tabita, "rica em boas obras e em esmolas" (At 9,36-39). Mencionam-se, além disso, as quatro filhas do diácono Filipe, que são virgens e profetizam (At 21,8-10). Trata-se aqui de um ministério profético, embora não se especifique seu conteúdo nem sua freqüência. Priscila e Áquila completam em Éfeso a instrução cristã de Apolo, "expondo-lhe mais exatamente ainda o Caminho de Deus" (At 18,26). Também aqui, o fato de nomear Priscila em primeiro lugar, antes que a seu marido, indica que é ela a principal agente dessa instrução.

Estes dados do Novo Testamento não são muitos nem demasiadamente importantes, mas manifestam suficientemente que a mulher não esteve ausente nos começos da evangelização e da formação da Igreja.

4. A função da mulher no *corpus paulinum*

Encontramos nas cartas de São Paulo alguns textos que parecem conceder certa participação das mulheres na assembléia e outros que a rechaçam. Dá-se como certo que os textos mais negativos, como os das cartas pastorais e algumas passagens das cartas aos coríntios, não são de São Paulo. Por esse motivo, é preciso diferenciar entre as cartas *autênticas*, as cartas de um autor posterior, também chamadas *deuteropaulinas*, e as cartas *duvidosas*. São autênticas: Romanos, 1 Coríntios e 2 Coríntios, Gálatas, Filipenses, 1 Tessalonicenses e Filêmon. Consideram-se não-paulinas as cartas do cativeiro (Efésios e Colossenses), as cartas pastorais (1 Timóteo e 2 Timóteo e Tito) e Hebreus. É duvidosa, muito embora os autores atuais se inclinem cada vez mais pela não-autenticidade, 2 Tessalonicenses.

Entre as cartas autênticas pode haver algumas interpolações posteriores (*v. gr.*, 1Cor 14,34-37) ou fragmentos de outras cartas do próprio Paulo. Este último aspecto não interessa a nosso propósito. Tais passagens, que se acredita serem interpoladas, proíbem à mulher falar na assembléia ou ensinar e inculcam a sujeição ao marido. Sejam ou não de Paulo, fazem parte da Escritura desde o século II e são precisamente as que mais influíram na Igreja para discriminar a mulher e considerá-la em condições de inferioridade em relação ao homem. Vamos começar por esses textos que geram dificuldades. É conveniente que sejam lidos tranqüilamente, e por isso vamos citá-los na íntegra.

4.1. *As mulheres de Corinto* (1Cor 11,2-16)

> Eu vos felicito por vos lembrardes de mim em toda ocasião e conservardes as tradições tais como eu vo-las transmiti. Quero, no entanto, que saibais o seguinte: a cabeça de todo homem é o Cristo; a cabeça da mulher é o homem; a cabeça do Cristo é Deus. Todo homem que reza ou profetiza de cabeça coberta desonra a sua cabeça. Mas toda mulher que reza ou profetiza de cabeça descoberta desonra a sua cabeça, pois é exatamente como se estivesse de cabeça raspada. Se a mulher não usa véu, mande raspar a cabeça! Mas, se é uma vergonha para uma mulher ter o cabelo cortado ou raspado, que use um véu! Quanto ao homem, não deve pôr véu na cabeça: ele é a imagem e a glória de Deus; mas a mulher é a glória do homem. Pois não é o homem que foi tirado da mulher, mas a mulher do homem. E o homem não foi criado para a mulher, mas a mulher para o homem. Eis por que a mulher deve trazer sobre a cabeça uma marca de autoridade (*exusían*), por causa dos anjos.

> No entanto, a mulher é inseparável do homem e o homem da mulher, diante do Senhor. Pois, se a mulher foi tirada do homem, o homem nasce da mulher e tudo vem de Deus. Julgai por vós mesmos: porventura é conveniente que uma mulher ore a Deus sem usar véu? A própria natureza não vos ensina porventura que é indecoroso para o homem usar cabelos compridos? Ao passo que é uma glória para a mulher, pois a cabeleira lhe foi dada à maneira de véu.

Essa passagem paulina oferece não poucas dificuldades. Reflete uma mentalidade e alguns usos muito diferentes dos nossos. É indiscutível que aqui a mulher aparece em condições de inferioridade diante do homem. Recorre-se ao argumento bíblico da criação para demonstrar essa inferioridade: "Pois não é o homem que foi tirado da mulher, mas a mulher do homem. E o homem não foi criado para a mulher, mas a mulher para o homem" (11,8-9).

Menciona-se também o uso do véu das mulheres, interpretado por muitos como um sinal de submissão. O texto grego não fala de véu, mas de *exusía*, autoridade. Hoje são muitos os que pensam que a frase "*exusían ejein*" nunca teve um sentido negativo, de submissão, mas sim o contrário. Deveria ser assim a tradução: "A mulher deve carregar sobre sua cabeça a autoridade (= o sinal de seu poder)". Neste caso, o véu, ou manter a cabeça coberta, revela o "poder" ou a potestade da mulher de orar em voz alta e de profetizar nas assembléias de culto[8].

4.2. *A ordem do silêncio* (1Cor 14,33-36.37-38)

Outro texto estranho, que se mostra em contradição com o anterior, é a lei do silêncio que se impõe às mulheres de Corinto:

> Como é de praxe em todas as Igrejas dos santos, as mulheres calem-se nas assembléias; elas não têm permissão para falar; devem permanecer submissas, como o diz a lei. Se elas desejam instruir-se sobre algum detalhe, interroguem o marido em casa. Não convém que uma mulher fale nas assembléias... Se alguém se julga profeta ou inspirado, reconheça no que vos escrevo um mandamento do Senhor. Se alguém não o reconhece, é que Deus não o conhece.

8. A interpretação clássica, que interpreta o véu como sinal de inferioridade e de submissão ao homem, é a sustentada por W. FOERSTER em *TWNT* 2, 570-571, palavra (*exusía*); a segunda é defendida por A. JAUBERT, Le voile des femmes (1Cor 11,2-16), *NTS* 18 (1971) 428-430; A. FEUILLET, Le signe de puissance sur la tête de la femme, *NRTh* 95 (1973) 945-954.

Se o texto antes citado — 11,2-16 — é de São Paulo, este não pode ser autêntico, porque está em contradição com o anterior. No capítulo 11, permite-se às mulheres que falem, embora com a cabeça coberta. Aqui, isso lhes é absolutamente proibido. Os versículos 34-37 são considerados uma interpolação introduzida no texto paulino até finais do século I, tempo em que foi escrita a Primeira Carta a Timóteo. A hierarquia eclesiástica abusou destes textos para impedir a intervenção da mulher. Esse texto da Primeira Carta aos Coríntios foi decisivo para impedir que se concedesse a Santa Teresa de Jesus o título de Doutora. Foi preciso esperar até 1970 para que Paulo VI a proclamasse Doutora da Igreja.

4.3. *A mulher não deve ensinar nem dominar o homem* (1Tm 2,11-15)

Trata-se de um texto muito semelhante ao anterior, embora acrescente a idéia do pecado de Eva e a esperança de salvação da mulher em razão de sua maternidade. São idéias tipicamente judaicas, que pouco têm a ver com a salvação anunciada por Jesus Cristo:

> Durante a instrução, a mulher deve guardar silêncio, com toda submissão. Não permito à mulher que ensine, nem que domine o homem. Mantenha-se, portanto, em silêncio. Com efeito, Adão é que foi formado primeiro. Depois Eva. E Adão não foi o seduzido, mas a mulher, que, seduzida, caiu na transgressão. Todavia, ela será salva por sua maternidade.

A impressão que estes textos deixam em nós é certamente muito negativa. Eles supõem uma evolução muito grande na Igreja com relação ao tempo e às cartas de São Paulo. Surgiram doutrinas novas ou heréticas, e é preciso uma organização nova e forte, dirigida por um homem competente, com experiência de governo. Houve um processo de "patriarcalização" da Igreja, rebaixando o papel da mulher e exaltando o poder do chefe, bispo ou presbítero. Enquanto na Primeira Carta aos Coríntios a mulher podia intervir na assembléia, nesta a Timóteo são-lhe impostos silêncio e submissão e invoca-se o perigo que a mulher representa para o homem. Foi a mulher quem seduziu o primeiro homem. Os *códigos domésticos* presentes nessas cartas pastorais, tal como nas do cativeiro e na

Primeira de São Pedro, se refletem nas normas de conduta que são estabelecidas para as mulheres, os filhos e os escravos[9].

4.4. *Mulheres "diáconos", colaboradoras e apóstolas*

Os textos que nos interessam são, principalmente, o final da Carta aos Romanos (16,1-16), em que consta a nomeação de doze mulheres, algumas das quais exercem algum ministério; a saudação da Carta aos Filipenses (1,1), em que são mencionados bispos e diáconos, e a Primeira Carta a Timóteo (3,1), na qual são assinaladas as qualidades que deve possuir a mulher que está a serviço da Igreja.

O primeiro caso que vamos considerar é o de *Febe*, diaconisa (Rm 16,1-2). Os dados essenciais são: Paulo chama Febe de "diácono e colaboradora" sua. Usa os termos *diákonos* e *postátis*, que se pode traduzir por "protetora", que ajudou a muitos e ao próprio Paulo. É preferível traduzir aqui por *diácono*, e não *diaconisa*, para não lhe atribuir um sentido eclesial de tempos posteriores.

Que sentido tem aqui a palavra *diákonos*? Significa um serviço qualquer, ou melhor, um serviço estável? Ainda que não se possa atribuir o mesmo significado conferido por Lucas nos Atos (6,1-6) aos sete diáconos, que eram verdadeiros dirigentes da Igreja helenística, parece que em Romanos 16 é preciso entendê-lo como um cargo oficial. As razões são óbvias:

a) O particípio grego *usan* que o acompanha indica que se trata de um título estável.
b) Paulo apresenta Febe não somente como crente e protetora de muitos e dele mesmo, mas também como *diácono*, acrescentando a conjunção *kai* depois do particípio *us*.
c) O genitivo (da Igreja de Cencréia) é também muito significativo. Fala de uma comunidade estável e deve referir-se a um ministério estável. No versículo 2, Paulo se refere ao trabalho de assistência e proteção que Febe exerceu com ele e muitos outros. Se neste versículo faz referência a uma atividade geral, no versículo 1, ao apresentá-la como diácono, deve referir-se a um serviço oficial.
d) Em Filipenses 1,1, o próprio Paulo saúda os cristãos de Filipos com seus *bispos* e *diáconos*. Se nesta passagem designa por certo ministros da Igreja, não se vê razão suficiente para que em Romanos 1 o significado não seja semelhante. Não é

9. A respeito dessa questão, veja-se R. AGUIRRE, *Del movimiento de Jesús a la Iglesia cristiana*, cap. V: La evolución de la Iglesia primitiva a la luz de los códigos domésticos..., p. 93-125. Mais brevemente em E. BAUTISTA, *La mujer en la Iglesia primitiva*, p. 93-98.

certamente equiparável às futuras diaconisas dos séculos III-IV, nem sequer aos sete diáconos de que nos falam os Atos 6,1-7. Trata-se, porém, de um ministério eclesiástico. A Igreja posterior vê uma dificuldade para lhe atribuir tal título pelo fato de que Febe seja mulher, porém no princípio não existia tal dificuldade nem a distinção entre ministérios ordenados e não-ordenados. Notemos de passagem que, entre os *diáconos* de Filipos, é possível que houvesse algumas mulheres, pois Paulo cita Lídia, Evódia e Síntique como membros ativos daquela comunidade (cf. Fl 4,1; At 16,40).

Em resumo, até o ano 55, uma cristã de Cencréia, nas proximidades de Corinto, desempenha o ofício de diácono em sua Igreja.

Outro caso que devemos considerar é o de Júnias, apóstolo: "Saudai Andrônico e Júnias, meus parentes e meus companheiros de cativeiro. Eles são apóstolos eminentes" (Rm 16,7).

Uma questão prévia: Júnias (em grego Iounias) é homem ou mulher? Na Idade Média, como não cabia em sua cabeça que uma mulher fosse apóstolo, costumavam dizer que se tratava de um homem. Assim sucedeu com Egídio Romano (1245-1315). Todavia, os Padres gregos que mencionam *Júnias* afirmam sem vacilar que se trata de uma mulher. Parece indubitável que Paulo fala de um casal (Andrônico e Júnias), do mesmo modo que Áquila e Priscila. Paulo diz que ambos são de sua raça, ou seja, judeus — pois assim é preciso interpretar o termo *syggeneîs* —, que foram seus companheiros de cativeiro, que creram em Cristo antes que ele e que são *eminentes* (*insignes, epísemoi*) entre os apóstolos.

A palavra *apóstolo* não tem em Paulo o sentido restrito que Lucas tende a darlhe, reservando-a aos Doze. Apóstolo é todo enviado pela comunidade oficialmente para anunciar a boa nova de Cristo ressuscitado, ou também o enviado pelo próprio Cristo, como Paulo diz de si mesmo. No caso de Andrônico e Júnias, G. Lohfink afirma que provavelmente tiveram uma visão de Cristo ressuscitado e por isso se converteram em seus apóstolos, e apóstolos insignes[10]. É uma hipótese possível, porém não se pode provar como um fato. O certo é que temos aqui uma mulher a quem o próprio Paulo conta entre os "apóstolos insignes".

Nessa recordação de saudações, recomendações e agradecimentos que compõem o final da Carta aos Romanos são indicados atividades, trabalhos e ministérios de várias mulheres, mencionadas com qualificativos muito honrosos. Febe,

10. Weibliche Diakone im Neuen Testament, in *Die Frau im Urchristentum*, p. 330.

"nossa irmã, diácono da Igreja de Cencréia, minha protetora e de muitos". Foi uma mulher ativa, valiosa e com cargo oficial. Priscila e seu marido colaboraram com Paulo e "arriscaram sua cabeça para salvá-lo". Sua casa é lugar de reunião, uma Igreja doméstica. Maria trabalhou muito por vós. Júnias e Andrônico, judeus de raça e companheiros de prisão, sobressaem entre os apóstolos e aceitaram a fé em Cristo antes que Paulo. Trífena e Trifosa trabalharam no Senhor. "A minha cara Pérside, que muito se afadigou no Senhor." Paulo experimentou os cuidados e atenções da mãe de Rufo, que diz ser também "minha mãe". Seguem as saudações protocolares a Filólogo e Júlia, Nereu e sua irmã e a Olimpas. São muitas mulheres ocupadas em serviços e trabalhos apostólicos. E tudo isso aparece em um fragmento de carta, que pôde se perder como outras. Quantas informações nos faltam sobre a atividade das mulheres de primeira hora!

4.5. *Mulheres "diáconos" em um catálogo de ofícios?* (1Tm 3,11)

Encontramo-nos em um ambiente muito diferente do das primeiras cartas de Paulo. A Igreja já está hierarquizada. Fala-se de bispos (presbíteros) e diáconos, embora não apareça ainda o triplo grau hierárquico. As cartas são dirigidas aos líderes, aos chefes, e não, como antes, às comunidades. Por volta daquele tempo, existiam já nas Igrejas do Oriente alguns catálogos de *deveres profissionais*, nos quais são especificadas as qualidades que deviam possuir os ministros da Igreja e suas obrigações correspondentes. Nesse contexto surgem as cartas pastorais que utilizam o nome de Paulo. O autor da Primeira Carta a Timóteo previne-o sobre as falsas doutrinas, dá normas sobre a liturgia e traça um quadro das qualidades que devem adornar os diversos ministros da Igreja:

— "O epíscopo deve ser irrepreensível, esposo de uma só mulher, sóbrio, ponderado..." (3,1-7).
— "Os diáconos igualmente devem ser dignos, ter uma só palavra..." (3,8-10).
— "As mulheres, igualmente, devem ser dignas, não maldizentes, sóbrias, fiéis em tudo" (3,11).
— "Sejam os diáconos esposos de uma só mulher, governem bem seus filhos e a própria casa" (3,12).

Chama muito a atenção o fato de que, falando dos diáconos, se introduza um versículo sobre as *mulheres* e se prossiga de imediato falando dos diáconos. De que mulheres se trata? Das mulheres em geral, das esposas dos diáconos ou das mulheres que são diáconos ou exercem algum outro serviço na Igreja?

Devemos excluir a primeira hipótese, a suposição de que se fale das mulheres em geral, porque nos encontramos diante de um catálogo de deveres profissionais. Tampouco pode referir-se às esposas dos diáconos, pois nada se disse das esposas dos bispos, muito embora seja de se supor que se tratava de homens casados, como o indica a própria carta (3,2). Só resta a possibilidade de que se faça referência a *mulheres que exerciam funções diaconais* ou outras semelhantes, porque, em continuação, prossegue falando dos diáconos. Trata-se, sem dúvida, de alguma nova categoria de "servidores", que não têm ainda um nome específico. Exercem diversos serviços na comunidade, como os bispos e os diáconos, porém não são especificados. O fato de que aqui o texto seja mais breve e menos preciso indica talvez que não existia ainda uma tradição tão arraigada e freqüente sobre as mulheres diáconos.

5. Deve a mulher ser excluída da ordenação sacerdotal com base nos textos do Novo Testamento?

Esse delineamento é evidentemente anacrônico, conforme advertiu a Pontifícia Comissão Bíblica, mas nem por isso deixa de oferecer interesse a resposta que se dá a essa questão. O que hoje se discute entre os teólogos e exegetas das diversas Igrejas cristãs não é a participação ativa da mulher na vida da Igreja, mas a possibilidade ou impossibilidade dogmática de seu acesso ao sacerdócio, levando-se em conta todos os dados do Novo Testamento e da tradição da Igreja. Dadas as discussões e as posições que as diversas Igrejas cristãs tomaram sobre esse ponto, no mínimo não podemos deixar de abordar esse problema, limitando-nos, porém, aos dados do Novo Testamento.

Antes que viesse à luz a declaração *Inter insigniores* (15 de outubro de 1976, embora não tenha se tornado pública até 27 de janeiro de 1977), havia sido criada em 1974 uma subcomissão da Comissão Teológica Internacional para que estudasse o tema da ordenação sacerdotal da mulher e desse seu ditame. Nada foi comunicado oficialmente com relação ao resultado desse estudo. Parece ter havido discrepâncias entre os escrituristas e teólogos sistemático e não se puseram de acordo nas conclusões.

Posteriormente, a Santa Sé pediu à Pontifícia Comissão Bíblica seu parecer sobre esse ponto. Decorridos vários meses de estudo, a Comissão apresentou um informe científico no qual eram abordadas diversas questões: delineamento metodológico, condição social da mulher na revelação bíblica, condição eclesial da mulher, resposta à questão da eventual ordenação de mulheres ao sacerdócio.

Esse *informe* é bastante amplo e contém tudo o que pode ser dito a propósito dessa questão vista a partir da perspectiva do Novo Testamento. Reconhece-se como fato histórico que "as primeiras comunidades foram sempre dirigidas por homens, que exerciam o poder apostólico. O caráter masculino da ordem hierárquica estruturada pela Igreja desde seu começo parece, por conseguinte, confirmado pela Escritura de um modo inegável"[11]. Todavia, em continuação, fazem-se estas perguntas: "Deve-se concluir que esta regra tenha de ser válida para sempre na Igreja? Qual o valor normativo que deve ser atribuído à prática das comunidades cristãs nos primeiros séculos?".

A resposta da Comissão Bíblica é muito prudente e matizada, mas difere da postura que era defendida pela Congregação para a Doutrina da Fé, razão pela qual esse informe foi silenciado e não foi suficientemente considerado por ocasião da redação da declaração *Inter insigniores*. Acredito que tenha ocorrido um desacerto.

O texto do informe declara que "o Novo Testamento por si só não parece permitir que se decida, de forma clara e de uma vez por todas, o problema do possível acesso da mulher ao presbiterado"[12]. Em continuação, expõe as duas posições antagônicas sem se decidir por nenhuma: a) alguns pensam que no Novo Testamento existam indícios suficientes para excluir tal possibilidade; b) outros, ao contrário, perguntam-se se a hierarquia eclesiástica, a quem foi confiada a economia sacramental, não poderia ser capaz de confiar os ministérios da eucaristia e da reconciliação à mulher, sem que isso fosse contra a intenção original de Cristo[13]. Esta posição, muito equilibrada, parece-nos que responde melhor aos dados do Novo Testamento.

11. O *Informe* não se tornou público, aparecendo, porém, em *Origins* 6 (1976) 92-96. A seguir, foi incluído na obra de L. e A. SWIDLER, *Women priest*, New York, 1977, no apêndice II, p. 338 ss. Um extrato amplo de seu conteúdo é oferecido por M. ALCALÁ, *La mujer y los ministerios...*, p. 87-91.
12. Cf. L. e A. SWIDLER, *Women priest*, p. 346.
13. Ibid.

Quanto aos textos "paulinos", 1 Coríntios 14,33-35 e 1 Timóteo 2,11-15, que são aduzidos com maior freqüência contra a possibilidade de conceder alguns ministérios à mulher, é preciso que se digam duas coisas:

1. Que, com toda a probabilidade, não são textos de São Paulo.
2. Que não se estabelece uma norma geral, mas que é muito possível que se refiram unicamente a certas situações e a abusos concretos. "É possível que surjam na Igreja certas situações nas quais se atribua à mulher o papel docente que ambos os textos lhe negam e consideram uma função própria da hierarquia."[14]

6. Votação da Pontifícia Comissão Bíblica

Na reunião anual da Comissão Bíblica realizada em abril de 1976, discutiu-se amplamente durante quatro dias esse informe. Participaram dezessete membros do total de dezenove que compõem essa Comissão, sem contar o presidente e os secretários. A diferença de opiniões manifestou-se entre os membros de Roma e os vindos de fora. Naquela época pesava muito a autoridade de Paulo VI, que havia começado a manifestar sua opinião de que no assunto da ordenação da mulher, por fidelidade a Cristo e à tradição da Igreja, nada se podia mudar. Em seu importante discurso à Comissão de Estudos sobre a Mulher, de 18 de abril de 1975, expressava com bastante clareza que nada ia mudar para as mulheres com relação aos *ministérios ordenados*, embora não economizasse elogios à sua missão evangelizadora: "Se as mulheres não recebem um chamado ao apostolado dos Doze, nem, conseqüentemente, aos ministérios ordenados, são elas, não obstante, convidadas a seguir a Cristo como discípulas e colaboradoras". Foram as mulheres que acompanharam Cristo desde a Galiléia; que estiveram presentes ao pé da cruz; e que novamente estiveram presentes na manhã da ressurreição.

> Se o testemunho dos apóstolos funda a Igreja, o testemunho das mulheres contribui sobremaneira para nutrir a fé das comunidades cristãs. *Nós não podemos mudar o comportamento de nosso Senhor nem seu chamado às mulheres*, mas devemos reconhecer e promover o papel feminino na missão evangelizadora e na vida da comunidade cristã[15].

14. Ibid., p. 344.
15. *L'Osservatore Romano*, 19 abr. 1975.

Esta posição do papa pesava não pouco para alguns membros da Comissão Bíblica, procedendo-se, porém, com toda a liberdade e honradez profissional. Para encontrar uma saída da estagnação a que se havia chegado, foram propostas três perguntas concretas, às quais se devia responder *sim* ou *não* (*positivas, negativas*).

A primeira indagava se no Novo Testamento, prescindindo apenas da tradição posterior, poderiam ser encontrados dados suficientes para solucionar definitivamente o problema do possível acesso da mulher à ordenação sacerdotal. A resposta quase unânime, com uma única abstenção, foi negativa.

Na segunda, perguntava-se se apenas pelo testemunho do Novo Testamento poder-se-ia concluir pela exclusão definitiva da mulher da ordenação sacerdotal. A resposta foi: doze votos negativos e cinco positivos.

Na terceira, interrogava-se novamente sobre se apenas pelo testemunho do Novo Testamento poder-se-ia deduzir que uma eventual ordenação sacerdotal lesava o plano de Jesus Cristo sobre o ministério apostólico. Cinco responderam positivamente e doze negativamente.

Esse resultado, que não podia causar estranheza a quem considerasse a questão sem preconceitos, causou, não obstante, certa sensação nos ambientes vaticanos, porque lhes parecia que era posto abaixo um ponto doutrinal intocável. Causou também algum mal-estar o fato de terem sido divulgados esses dados submetidos ao segredo. Houve uma chamada de atenção aos membros da Comissão Bíblica da parte da Santa Sé. Para prevenir falsas esperanças ou falsas interpretações, a Santa Sé achou conveniente, além disso, fazer um comunicado de imprensa, afirmando que o fato de se estudar a questão não significava uma mudança de legislação, mas sim, melhor do que isso, o fato de esclarecê-la ou explicá-la nas circunstâncias presentes[16].

Essas pequenas histórias revelam que em toda essa questão existe um problema mais fundo: é o problema do método exegético, da hermenêutica ou interpretação da Escritura. A pessoa pode ater-se à letra ou aos textos, desvinculando-os de todo contexto histórico, ou podem ser lidos e interpretados partindo do que tentaram dizer para seu tempo e do que dizem e significam para o nosso tempo. Existe também um modo diferente de entender a inspiração e a

16. Cf. *Doc. cath.* 73 (1976) 770.

formação da Escritura. Pode-se conceber a Escritura como palavra de Deus caída do céu, abstraindo de todo contexto histórico, e válida para sempre, ou então como palavra de Deus que fala aos homens com palavras humanas em um idioma, em uma época, em um contexto geográfico, religioso e cultural concreto, que condiciona o significado e o alcance da mensagem que se deseja transmitir. Assim se explica que a atitude de Jesus e dos apóstolos em algumas circunstâncias históricas peculiares seja tomada pela Congregação da Fé como norma definitiva e imutável, ao passo que a Comissão Bíblica e muitos outros exegetas e teólogos rechaçam tal conclusão. Creio ser muito acertado o critério da Pontifícia Comissão Bíblica em seu último documento sobre *A interpretação da Bíblia na Igreja*. A exegese histórico-crítica "deveria, melhor dizendo, procurar precisar a direção do pensamento expresso pelo texto; direção que, em vez de convidar o exegeta a deter o sentido, sugere-lhe, ao contrário, perceber as extensões mais ou menos previsíveis"[17].

Há também um conceito diferente de Igreja, de sua formação, de seu desenvolvimento e de sua missão. A Congregação para a Doutrina da Fé causa a impressão de considerar que todas as estruturas e todos os elementos essenciais constitutivos da Igreja foram dados desde o princípio, de uma vez para sempre, por Jesus — e isso não é verdade. Os ministérios não nasceram todos de repente como instituídos por Cristo, ao passo que a hierarquia foi se formando lentamente. Na Igreja judeu-cristã só se fala de presbíteros ou anciãos. Depois foram criados os diáconos para atender às viúvas e às necessidades dos cristãos judeu-helenistas. Nas comunidades judeu-helenistas, fala-se de preferência em bispos, que no princípio não se distinguem dos presbíteros. Lentamente foi surgindo a tripla hierarquia de bispos, presbíteros e diáconos, embora não ao mesmo tempo em todas as Igrejas. Desde o princípio existiram ministérios muito importantes: apóstolos, profetas, didáscalos, evangelistas. Os ministérios e os sujeitos que os exercem surgem segundo as necessidades da Igreja. A evolução não terminou[18].

17. ARZOBISPADO DE VALENCIA, *La interpretación de la Biblia en la Iglesia*, II. Questões de hermenêutica, 1993, p. 74.

18. A obra recente de H. HAAG, *Qué Iglesia quería Jesús?*, Barcelona, Herder, 1998, p. 98-112 (título em alemão: *Worauf es ankommt?*), oferece dados históricos interessantes sobre a formação progressiva da hierarquia.

7. Conclusão

Reunimos apenas alguns dados concretos do Novo Testamento sobre a missão da mulher na Igreja. Não mencionamos Maria, a mãe de Jesus, porque sua função é singular e não suscetível de ser repetida. Todavia, é um exemplo de como a mulher pode ser eleita por Deus para a missão mais sublime. Igualmente, não citamos alguns textos do Apocalipse, capítulos 12 e 21, porque se referem a Maria e à Igreja. Todavia, não podemos deixar de mencionar o texto de Gálatas 3,27-28, que é fundamental para apreciar a posição de Paulo com relação à mulher na nova comunidade dos batizados:

> Sim, vós todos que fostes batizados em Cristo vos revestistes de Cristo. Já não há nem judeu nem grego; já não há escravo nem homem livre, já não há o homem e a mulher; pois todos vós sois um só (*eis*) em Jesus Cristo.

Neste texto, embora não tenha tirado todas as conseqüências que dele derivam, Paulo enuncia um princípio de grande alcance teológico e social. Como batizados, somos todos iguais em Cristo. Já não contam as diferenças de religião, de condição social ou de sexo. Não obstante, a meu ver, esse texto, apesar de sua importância doutrinal, não resolve nada quanto à questão do sacerdócio da mulher. O que o apóstolo afirma é que, pelo batismo e pela fé, todos temos a mesma dignidade. Neste nível fundamental, não podem ser admitidas diferenças. Porém, no corpo de Cristo que é a Igreja, existem diversos membros e diversas funções. Nem todos podem ser apóstolos, ou profetas, ou mestres. Todos são chamados a "servir por amor" (Gl 3,26), porém cada qual deve cumprir a missão que lhe compete. Paulo supõe que há diversos membros e diversas funções (1Cor 12,14-21). O importante não é a função que se cumpre, mas que cada membro sirva com amor aos demais[19].

Quero acrescentar uma reflexão final. Se a abertura que vimos na conduta de Jesus com as mulheres e nas tarefas de evangelização que Paulo confiou a suas colaboradoras tivesse sido tomada na história da Igreja como um ponto de partida, e não como uma barreira intransponível, e se tivessem sido ampliadas e

19. Cf. A. VANHOYE, El testimonio del Nuevo Testamento sobre la no admisión de las mujeres a la ordenación sacerdotal, *L'Osservatore Romano* (edição espanhola), 11-12 mar. 1993, p. 11 (143).

desenvolvidas como se desenvolveram as breves indicações sobre a potestade de Pedro ou sobre os sacramentos, não teríamos hoje nenhum problema sobre a possibilidade de confiar à mulher certos ministérios. A conduta de Jesus abre novos horizontes e assinala um caminho que a Igreja deveria ter percorrido. Como adverte o recente documento da Pontifícia Comissão Bíblica, a exegese "deveria procurar precisar a direção do pensamento expressa pelo texto; direção que, em vez de convidar o exegeta a deter o sentido, sugere-lhe, ao contrário, perceber as extensões mais ou menos previsíveis"[20].

20. PCB, *La interpretación de la Biblia en la Iglesia*, Valencia, 1993, p. 74.

CAPÍTULO V

Serviços e tarefas eclesiais da mulher na Igreja antiga[1]

Os testemunhos mais eloqüentes das atividades ministeriais da mulher na Igreja dos primeiros séculos nos são oferecidos pelos livros apócrifos e outros escritos não-canônicos. Os Atos de Paulo e Tecla relatam que Tecla foi enviada pelo apóstolo Paulo a pregar, que teve grande êxito entre as mulheres e conseguiu muitas conversões[2]. Da influência dessa obra, basta dizer que foi aceita em várias Igrejas como canônica[3]. Tertuliano relata que há os que apelam para a autoridade de Tecla para reivindicar o poder de ensinar e de batizar[4].

Outro testemunho muito antigo não-cristão é o de Plínio, o Jovem. Por volta do ano 112 ele escreveu ao imperador Trajano pedindo-lhe conselho sobre como tratar os cristãos. Nessa carta famosa, na qual, de passagem, se menciona Cristo, diz: "Procurei informar-me sobre o que havia de certo a respeito dos cristãos e o consegui fazendo torturar duas escravas, que eram designadas como '*ministrae*' [servidoras]"[5]. O termo *ministra* poderia ser a tradução de *diákonos* ou

1. Este capítulo foi publicado em *Naturaleza y Gracia* 43 (1996) 7-38.
2. Cf. M. ERBETTA, *Gli Apocrifi del Nuovo Testamento, II. Atti e Legende*, Casale, 1966, p. 258 ss.
3. Ibid., p. 250-252.
4. TERTULIANO, *De baptismo 17, 4; CCL* 1, 291-292.
5. PLÍNIO, O JOVEM, *Epistolarum liber 10, 96*; cf. KIRCH, *Enchiridion fontium hist. eccles. antiquae*, n. 30.

diakonissa, pois é possível que nessa época já se houvesse formado o feminino grego de *diákonos*. O fato de que aquelas duas "ministras" fossem escravas indica que naquela comunidade havia sido superada a diferença de classes e se admitia o princípio de São Paulo de que para os batizados em Cristo já não existe escravo nem livre (Gl 3,27-28). Uma fonte pagã nos confirma que em princípios do século II algumas mulheres exerciam algum ministério na comunidade cristã.

Entretanto, onde floresceram os ministérios mais variados da mulher, quando na Igreja universal foram cortando suas funções, foi nos grupos dissidentes e nas seitas heréticas. Duas profetisas, Maximila e Priscila, acompanhavam Montano em sua pregação e rivalizavam com ele na celebridade. Marcos, discípulo de Valentin, permitia às mulheres de sua seita a celebração da eucaristia[6].

No século III, Firmiliano, bispo de Cesaréia da Capadócia, escreveu a Cipriano de Cartago sobre uma mulher que batizava e celebrava a eucaristia[7]. No próprio Apocalipse, encontra-se a menção a uma famosa profetisa chamada Jezabel (nome irônico ou simbólico), que ameaçava a comunidade de Tiatira e se esforçava por ganhar adeptos para a doutrina dos nicolaítas. A julgar pelas reações do vidente João (Ap 2,20-24), deve ter tido um êxito notável. É muito significativo o fato de que esta Igreja, mais tarde, passasse para o montanismo. Epifânio de Salamina († 403), que enumerou oitenta heresias até seu tempo, falava também dos nicolaítas, que se inspiravam em uma obra atribuída a Nória, a quem tinham por esposa de Noé[8]. Os naasenos pretendiam igualmente ter recebido seus ensinamentos de uma tal Marianne, a qual os havia recebido diretamente de São Tiago, o irmão do Senhor[9].

Não queremos multiplicar os exemplos, pois é bem sabido que em quase todas as seitas gnósticas as mulheres tiveram uma grande preponderância e procuravam justificá-la com os textos bíblicos. É o próprio Epifânio quem nos fala em detalhes dos *quintilianos*, ou seja, os seguidores de uma profetisa chamada Quintila, a qual fundou essa seita em Pepuza (Frígia). Nela atuavam as mulheres de bispos e sacerdotes, porque, segundo as palavras de Paulo, não se

6. Cf. IRENEU, *Advers. haer.* I,13,2; *SChr.* 264, 192.
7. Esta carta encontra-se entre as obras de São Cipriano, *Epist.* 75, 10-11; *CSEL*, 3, 2, 816-818; na edição da BAC n. 241, Madrid, 1964, p. 712-714.
8. EPIFÂNIO, *Pan. haer.* 26,1; *PG* 41, 332-333.
9. HIPÓLITO, *Refut. haer.* 5, 7, 1; *GCS* 26, 78-79.

há de fazer diferença de sexos, pois "em Jesus Cristo não há homem nem mulher" (Gl 3,28)[10].

Vamos agora nos ocupar dos autores e documentos cristãos antigos que oferecem maior interesse para o nosso tema. Como por ora não vamos tratar do problema do possível acesso da mulher ao sacerdócio, a questão é centrada nos dois grupos mais ativos no campo ministerial durante os primeiros séculos: *viúvas* e *diaconisas*.

I. O grupo eclesial das viúvas

Jesus e os apóstolos refletiram em sua conduta e em seus ensinamentos o amor e o apreço pelos pobres, pelos marginalizados, pelos necessitados. Essa classe de pessoas freqüentemente é expressa com a expressão *órfãos e viúvas*. Isto provinha já do Antigo Testamento. A Carta a Timóteo exorta: "Honra as viúvas" (1Tm 5,3). O apóstolo São Tiago, apreendendo o espírito do Antigo Testamento, afirma que a verdadeira religião consiste em "visitar os órfãos e as viúvas em sua aflição" (Tg 1,27).

Nas comunidades cristãs, porém, de *sujeitos passivos* de atenções, as viúvas rapidamente passaram a ser *sujeitos ativos* de apostolado e serviços de caridade.

Pode-se apreciar essa mudança já nas cartas pastorais a Tito e Timóteo. Em 1 Timóteo 5,9-12, adverte-se que para ser inscrita no rol das viúvas a mulher não deve ter menos que 60 anos e precisa haver se distinguido por suas boas obras: "que tenha educado filhos, praticado a hospitalidade, lavado os pés dos santos [cristãos], amparado os atribulados, tenha-se aplicado a todas as boas obras".

A Carta a Tito (2,3-5) fala das "idosas", que se supõe sejam também viúvas, e pede que "incitem ao bem, ensinem as jovens a amar seus maridos e filhos, a ser modestas, castas, dedicadas aos afazeres domésticos, boas, submissas a seus maridos, a fim de não ser blasfemada a palavra de Deus". As viúvas colaboram, pois, no ministério apostólico e especialmente nas obras de caridade.

O primeiro testemunho extrabíblico sobre as viúvas como grupo eclesial é um texto curioso de Inácio de Antioquia († por volta de 115) na saudação final da carta aos esmirneus: "Saúdo as famílias de meus irmãos, com suas mulheres

10. *Pan haer.* 49,1-3; PG 41, 880-881. Refere-se evidentemente aos montanistas. O nome de Quintila não aparece em outros autores, a não ser nos que copiam Epifânio.

e filhos, as virgens que são chamadas *viúvas*" (Esmirna 13,1). É de se supor que se trata de virgens de idade avançada, que foram admitidas na ordem das viúvas[11]. Testemunha a existência desses grupos apenas indiretamente.

No século III, diversos autores importantes nos falam das viúvas e das virgens. Cartago e Roma no Ocidente, Alexandria e Síria no Oriente são os centros de onde procedem os testemunhos mais relevantes. Tertuliano em sua época de católico se escandaliza com o fato de que mulheres heréticas tenham a ousadia de ensinar, disputar, fazer exorcismos, prometer curas e, também, batizar[12]. Em outra obra pergunta-se, porém nem sempre como hipótese impossível: "Chegará a mulher, que já usurpou o direito de ensinar, ao descaramento de arrogar-se o de batizar?"[13].

Essa atitude de total rechaço à atividade eclesial da mulher não muda em sua época montanista, apesar de as mulheres terem desempenhado um papel relevante no montanismo desde as suas origens. Só admite para elas uma função profética. Em sua obra *De virginibus velandis* repete com a mesma energia "que não é permitido à mulher falar na igreja (cf. 1Cor 14,34-35), nem ensinar, batizar, oferecer nem reclamar para si parte alguma em uma função própria do homem, e menos ainda no ministério sacerdotal"[14]. Com relação ao sacerdócio, afirma taxativamente: o único sacerdócio que as mulheres podem exercer é o da castidade (*sacerdotes pudicitiae*)[15].

Reconhece que existem na Igreja "ordens" de homens e mulheres, que "praticam a continência e preferiram desposar-se com Deus; restabeleceram sua carne em sua dignidade primeira e se consagraram a si mesmas como filhas do outro mundo, matando em si o desejo, fruto da paixão, e tudo quanto não pode ser admitido no interior do paraíso"[16]. Esta descrição poderia levar a pensar que se trata das *virgens*, porém o contexto nos remete às viúvas que praticam a castidade. Do mesmo modo que os bispos, presbíteros e diáconos, que devem ser "esposos de uma só mulher" (1Tm 3,2 ss.), a viúva deve ser mulher de um só marido, que

---

11. É a interpretação de A. Lelong, Th. Camelot e outros, que nos parece preferível à de J. B. Lightfoot, que pensa que se trata de viúvas de tal pureza que Inácio as denomina virgens. Veja-se a nova edição bilíngüe preparada por J. AYÁN CALVO, *Fuentes patrísticas* 1, Madrid, Ciudad Nueva, p. 179, nota 33.
12. *De praescript. haeret.* 41, 5; CCL 1, 221.
13. *De baptismo* 17, 4; CCL 1, 291.
14. *De virg. vel.*, CCL 2, 1030.
15. *De cultu feminarum* 2, 12, 1; CCL 1, 367.
16. *De exhort. cast.* 13, 4; CCL 2, 1035.

tenha sabido educar bem seus filhos e seja exemplo de boas obras (1Tm 5,9-14). Não é qualquer viúva que pode fazer parte da instituição. Exigem-se diversas qualidades e condições, em grande parte extraídas da Carta a Timóteo 5,9-14.

Quanto ao ministério que exerciam na Igreja, nesta época não lhes é atribuída nenhuma tarefa oficial. Devem dar bom exemplo e animar outras mulheres, mas nem sequer se menciona que se encarreguem de outras mulheres enfermas. São elas que recebem as atenções e a ajuda material da Igreja.

Em Roma, o antipapa e mártir Hipólito († 235) completa outros aspectos sobre a instituição das viúvas. A preocupação pelas pessoas necessitadas manifesta-se na pergunta que se faz aos candidatos ao batismo: "Viveram honestamente enquanto eram catecúmenos? Honraram as viúvas?"[17]. Todavia, não é esse o aspecto que nos interessa, mas sim a instituição eclesial que é definida com precisão e distinguida das ordens sagradas:

> Ao ser uma viúva instituída, ela não será ordenada, mas designada com esse título. Será instituída, caso seu marido tenha morrido há muito tempo; entretanto, se faz pouco tempo que morreu, não se terá confiança nela; mesmo que seja idosa, será provada durante certo prazo, pois, com freqüência, as paixões envelhecem junto com aquele que lhes concedeu lugar em si mesmo.
>
> A viúva será instituída somente pela palavra e em seguida se reunirá com as outras [viúvas]. Não lhe será imposta a mão, pois ela não oferece a oblação nem tem serviço litúrgico. A ordenação é para os clérigos e se realiza com vistas ao serviço litúrgico; a viúva é instituída pela prece, que é a norma comum a todos[18].

Em Alexandria, tanto Clemente como Orígenes falam não poucas vezes das *viúvas*, mencionando-as ao mesmo tempo em que citam os bispos, presbíteros e diáconos, mas isso não significa que as considerem membros do clero, mas que isso se deve aos textos bíblicos que lhes servem de base, a saber, as cartas pastorais de Paulo. Clemente, por exemplo, adverte que um grande número de preceitos consignados pelas Escrituras se aplica às pessoas eleitas: alguns aos presbíteros, outros aos bispos e diáconos e outros às viúvas[19]. A eleição afetava também as viúvas. O mesmo se há de dizer dos preceitos e normas eclesiásticos citados por

17. *Tradit.* 20; Ed. Botte, 43. Publicou-se recentemente uma edição com texto latino e grego (quando existe) e tradução castelhana, Salamanca, Sígueme, 1986. Texto cit. à p. 74.
18. *Tradit.* 10; na edição espanhola citada, p. 50-51.
19. *Paedag.* 3, 12, 97; GCS, 12, 289.

Orígenes: "Não somente a fornicação, mas também as segundas núpcias impedem o acesso às dignidades eclesiásticas: nem o bispo, nem o presbítero, nem o diácono nem a viúva podem estar casados em segundas núpcias"[20]. Ainda que fale de "dignidades", não se há de tomá-las em sentido estrito.

Tais autores não falam de uma missão especial para as viúvas, limitando-se a assinalar e comentar as qualidades e os requisitos estabelecidos pelas cartas pastorais: devem ser exemplares, ensinar a boa doutrina às jovens, lavar os pés dos santos, praticar a castidade e tudo o que está prescrito para as mulheres. Não se esquecem, porém, de inculcar que a mulher não pode ensinar na Igreja nem dar lições aos homens. Isso seria indecoroso[21].

O modo de se expressar sugere que a instituição das viúvas, tal como a das diaconisas, seja uma recordação do passado e não uma realidade presente. Somente quando falam das profetisas Maximila e Priscila e das mulheres que pretendem ser profetisas e ensinar, aduzindo o exemplo das filhas do diácono Filipe (At 21,9), sua linguagem se torna mais viva, visto tratar-se de um problema atual[22].

Na Síria, já desde o século III, encontramos os documentos mais importantes desses primeiros séculos sobre as viúvas e diaconisas, como grupos diferentes e com atividades diferentes. A terminologia é ainda oscilante: emprega-se às vezes o feminino "diaconisa", outras vezes o termo epiceno "diácono". O livro *Didascalia*, da primeira metade do século III, nos conduz já ao período de florescimento do diaconato feminino.

2. As diaconisas

Não pretendemos traçar aqui o desenvolvimento das diaconisas nas Igrejas gregas e orientais. O período de florescimento abarca cerca de cinco séculos (séculos IV-VIII, inclusive). A partir do século IX, começa já a decadência, até sua total extinção. Desejamos oferecer somente alguns dados que mostrem sua extensão geográfica e sua vigência eclesial durante esse longo período[23].

---

20. *Homil. In Luc.* 17; *GCS* 49, 110.
21. Cf. ORÍGENES, *In Roman.* 10, 20; *PG*, 14, 1279-1280.
22. Cf. GRYSON, *Le ministère des femmes*, p. 80 ss.; A. M. MARTIMORT, *Les diaconesses*, p. 99 ss.; M. J. AUBERT, *Des femmes diacres*, p. 102 ss.
23. Para um estudo histórico desse período, remetemos a três obras recentes: R. GRYSON, *Le ministère des femmes*, p. 80 ss.; A. M. MARTIMORT, *Les diaconesses*, p. 99 ss.; M. J. AUBERT, *Des femmes diacres*, p. 102 ss.

É um fato inegável que desde o século IV as diaconisas foram se estendendo às diversas Igrejas da costa oriental do Mediterrâneo e demais Igrejas do Império oriental romano. Temos dados suficientes dos patriarcados de Antioquia, Jerusalém e Constantinopla. Ao contrário, não consta que nesses primeiros séculos existissem em Alexandria e em Roma como instituição oficial, embora os escritores dessas regiões as mencionem. Severo de Antioquia († 538) exagera um pouco quando afirma alegremente que "a prática de ordenar as diaconisas está estendida, se assim se pode falar, ao mundo inteiro"[24].

Em Alexandria, abundam os textos sobre as viúvas e são menos freqüentes os relativos às diaconisas, apresentando-se, no entanto, mais como uma recordação do passado do que como uma realidade do presente. Clemente († por volta de 215), referindo-se a 1 Coríntios 9,5, em que Paulo reivindica também o direito de que o acompanhe em suas viagens apostólicas uma "mulher irmã", tal como fazem os demais apóstolos, os irmãos do Senhor e Cefas, afirma que as "irmãs" que acompanhavam os apóstolos não eram esposas, mas colaboradoras em seu ministério (*syndiakónous*) para poder atender às mulheres que viviam na casa. Graças a elas, os ensinamentos do Senhor penetraram nas vivendas das mulheres sem suscitar malevolências. A palavra *syndiakónous* e as funções que lhe atribuem sugerem a imagem da diaconisa. Por isso, não deve nos surpreender o fato de que, na continuação, faça alusão a 1 Timóteo 3,11, que exige que as "mulheres sejam dignas, sóbrias, fiéis em tudo", interpretando esta passagem das diaconisas: "Sabemos também o que o nobre Paulo prescreve com relação às mulheres diáconos em sua carta a Timóteo"[25].

Dos diversos textos de Orígenes († por volta de 254), só queremos recordar seu comentário a Romanos 16,1, onde se nomeia Febe.

> Este texto ensina com autoridade apostólica que também as mulheres são constituídas no ministério da Igreja. Tal é a função que Febe exercia na Igreja de Cencréia, que é objeto de grandes elogios e de uma grande recomendação por parte de Paulo... Este texto nos ensina duas coisas: que há na Igreja, como dissemos, mulheres diáconos, e que só devem ter acesso ao diaconato as que ajudaram muita gente e que, por suas boas obras, mereceram obter os elogios do Apóstolo[26].

---

24. Cf. E. W. BROOKS, *The Sixth Book of the Selected Letter of Severus, Patriarch of Antioch*..., London, 1904, v. 2, pt. 1, lettre 49, p. 139, apud MARTIMORT, *Les diaconesses*, p. 121.
25. CLEMENTE, *Stromata* 3, 6, 53, 3-4; GCS 52, 220.
26. ORÍGENES, *Comment. In epist. Ad Romanos* 10, 17; PG 14, 1278 AC. Para Clemente e Orígenes e certos matizes de tradução deste último, cf. R. GRYSON, *Le ministère des femmes*, p. 58-64.

Os dados mais numerosos e importantes sobre as diaconisas provêm da Síria e de Constantinopla, como indicamos. Temos de partir de duas obras muito semelhantes, embora a primeira seja bem mais antiga: a *Didascalia*, ou *Doutrina dos doze apóstolos*, e as *Constituições dos apóstolos e dos santos discípulos de nosso Salvador*[27].

A primeira obra é uma constituição eclesiástica composta na primeira metade, talvez nos primeiros decênios do século III para a comunidade de cristãos convertidos do paganismo da Síria setentrional. O autor parece ser de origem judaica. Era bispo e possuía muitos conhecimentos de medicina, mas carecia de formação teológica precisa[28].

As *Constituições dos apóstolos* "são uma compilação siríaca feita por volta do ano 380, que representa a mais exata coleção litúrgico-canônica que chegou até nós da Antiguidade cristã"[29]. Inspira-se na *Tradição apostólica* de Hipólito.

A *Didascalia* oferece uma tipologia dos diversos grupos eclesiais que fizeram história:

> O sacerdote primeiro para vocês é o bispo. Ele é quem lhes serve a palavra e seu mediador, é o mestre e, depois de Deus, seu pai que os gera de novo pela água; é o seu rei poderoso; ao regê-los em lugar de Deus, seja honrado como Deus por vocês, porque o bispo os preside como tipo de Deus. O diácono está presente como tipo de Cristo, por conseguinte, seja amado por vocês; a diaconisa seja honrada por vocês como tipo do Espírito Santo. Os presbíteros também sejam considerados por vocês como tipo dos apóstolos. As viúvas e os órfãos sejam considerados como tipo do altar[30].

As *Constituições dos apóstolos* repetem essas comparações ampliando-as um pouco e acrescentando o grupo das virgens. É interessante, por exemplo, a explicação que acrescenta à diaconisa como tipo do Espírito Santo:

> A diácono seja honrada por vocês como tipo do Espírito Santo, que não faz nem diz nada sem o diácono, como tampouco o Paráclito diz ou faz por si mesmo coisa alguma, mas sim, dando glória a Cristo, cumpre (*periménei*) sua vontade. E como não

---

27. *Didascalia et Constitutiones apostolorum*, Ed. F. X. FUNK, Paderborn, 1905. Nesta edição publica-se o texto latino da *Didascalia* (pois não existe o grego) e o texto grego das *Constituições* nas páginas pares e ímpares respectivamente. Assim fica patente que grande parte do texto é idêntico nas duas obras. Mais adiante as citaremos abreviadamente: *Did.* e *CA*.

28. QUASTEN, *Patrología I*, p. 438.

29. Ibid., p. 473.

30. *Did.* II, 26, p. 104.

se pode crer em Cristo sem o ensinamento do Espírito, igualmente, sem a diácono, nenhuma mulher se aproxime do diácono ou do bispo[31].

A comparação da diaconisa com o Espírito Santo em ambos os documentos não deve nos espantar, porque em hebraico, e em outras línguas orientais, *Ruah* (espírito) é feminino, e é muito freqüente nos textos religiosos orientais apresentar o Espírito Santo em figura de mulher ou como princípio feminino da divindade.

Completa essa simbologia incluindo as virgens: "As virgens sejam honradas por vocês como tipo do incensário (*cimiatérion*) e do perfume do incenso (*cimiámatos*)"[32].

As qualidades que devem possuir as viúvas para ser admitidas no vidual são as mesmas expostas pelos escritores anteriores e pelas cartas pastorais. Não obstante, quanto à idade, reduz-se de 60 para 50 anos. Como todos, repetem que não devem ser admitidas viúvas jovens pelo perigo de que voltem a casar-se, embora, isto sim, possam ser ajudadas economicamente, caso necessitem.

Quanto aos *ministérios* ou funções que podem ser exercidos pelas viúvas e diaconisas, ou pelas mulheres em geral, é preciso reconhecer que ambas as obras são muito restritivas:

Sobre o *ensino*, diz a *Didascalia*:

Não convém nem é necessário que as mulheres ensinem, principalmente a respeito do nome de Cristo e de sua paixão redentora. Porque vocês não foram constituídas para ensinar, ó mulheres, e especialmente as viúvas, mas para orar e rogar ao Senhor Deus. Porque o Senhor Deus Jesus Cristo, nosso mestre, nos enviou os doze para ensinar o povo e os gentios. Estavam conosco as discípulas Maria de Mágdala e Maria filha de São Tiago e a outra Maria e não as enviou conosco a ensinar o povo. Pois se tivesse sido necessário que as mulheres ensinassem, nosso mestre as teria enviado a ensinar conosco[33].

31. *CA* II, 26, p. 105. Geralmente aproveitamos os textos e a tradução da magnífica obra de M. ALCALÁ, *La mujer y los ministerios en la Iglesia*, Salamanca, 1982, embora com freqüência tenhamos de corrigir algumas citações e a tradução. À p. 170, M. Alcalá traduz: "Sem o diácono, nenhuma mulher preceda o diácono ou o bispo". A tradução correta é: "sem *a* diácono [ou diaconisa], nenhuma mulher se aproxime do diácono ou do bispo". Do mesmo modo, não nos parece correto traduzir *tinos* por *protótipo*, pois o protótipo é o arquétipo do qual participam em maior ou menor grau os modelos ou pessoas que o representam. Não são os bispos, os diáconos ou as diaconisas os protótipos, mas Deus, Cristo e o Espírito Santo (veja-se o texto à p. 169 da obra citada).

32. Ibid.

33. *Did.* III, 5, 6, p. 190.

A mesma doutrina, apresentada, porém, com mais severidade e dureza, é exposta pelas *Constituições dos apóstolos*:

Não permitimos que as mulheres ensinem na igreja, mas que somente orem e escutem os mestres. Porque nosso próprio mestre e Senhor Jesus Cristo, tendo-nos enviado os doze para ensinar (*maceteusai*) o povo e as nações, de forma alguma enviou mulheres para pregar, embora não faltassem. Porque estavam conosco a mãe do Senhor e suas irmãs e, além disso, Maria de Mágdala e Maria a de São Tiago e Marta e Maria, as irmãs de Lázaro, e Salomé e algumas outras. Se tivesse sido necessário que as mulheres ensinassem, ele teria mandado primeiro aquelas que estavam conosco para catequizar o povo, pois, "se o homem é cabeça da mulher, não é justo que o restante do corpo domine a cabeça" (1Cor 11,3)[34].

Relativamente ao *batismo*, a *Didascalia* ensina:

Não aprovamos que a mulher batize, nem que [ninguém] seja batizado por mulher, porque isto é ilegítimo e constitui um grande perigo para ambos. Se fosse lícito ser batizado por mulher, claramente nosso Senhor e mestre teria sido batizado por sua mãe. Porém, foi batizado por João, como outros do povo. Não queiram, pois, irmãos e irmãs, expor-se a um perigo, agindo à margem da lei do Evangelho[35].

As *Constituições dos apóstolos*, por sua vez, estabelecem o mesmo princípio, desenvolvendo-o, porém, com diversos argumentos:

Acerca do batismo administrado por mulheres, nós os fazemos saber que aquelas que o praticam se expõem a um perigo não pequeno. Por essa razão, não lhos aconselhamos, pois é perigoso e, inclusive, ilegal e ímpio. Se o homem é cabeça da mulher e é eleito para o sacerdócio, não é justo contradizer a criação e que o princípio ande atrás do restante do corpo. A mulher é o corpo do homem, formada de sua costela, submetida a ele e destinada a gerar filhos: "ele te dominará", diz a Escritura. Assim, pois, o homem é princípio da mulher e, portanto, sua cabeça. Se anteriormente não autorizamos o ensino à mulher, como se lhes poderá autorizar o administrar o santo contra a natureza? Impor as mãos (*jeipotonein*) para as deusas é um erro da impiedade dos gregos e não disposição de Cristo. Se tivesse sido conveniente que a mulher batizasse, o Senhor teria sido batizado por sua própria mãe e não por João;

34. *CA* III, 6, p. 191. Qualquer leitor pode observar, no marco da mesma doutrina, as notáveis diferenças entre ambos os textos. As *CA* mencionam muito mais mulheres, a mãe do Senhor e suas irmãs, Salomé, Marta e Maria, irmãs de Lázaro, e algumas outras. Maria, "filha de são Tiago" em *Did.*, em *CA* é simplesmente "a de São Tiago", ou seja, sua mãe ou sua filha. Em *CA* acrescenta-se o recorrido argumento segundo o qual o homem é cabeça da mulher.
35. *Did.* III, 9, p. 198-200.

ao nos enviar a batizar, teria enviado também as mulheres para o mesmo. Todavia, não o ordenou nem o deixou escrito, sabendo, como criador da natureza e legislador das disposições, o que é congruente com a natureza e digno da disposição[36].

Quais os argumentos aduzidos por essas obras para tais restrições?

1. Partem de uma interpretação literal da Bíblia, tanto do Antigo como do Novo Testamento; por exemplo, a mulher foi formada do homem; a Escritura diz: "ele te dominará" (Gn 3,16).
2. As normas proibitivas fundam-se nesta falsa interpretação dos textos bíblicos, principalmente do Gênesis e das cartas de São Paulo.
3. Faz-se alusão às sacerdotisas pagãs e teme-se recair no paganismo, caso se permita a ordenação das mulheres.
4. O Senhor não enviou as mulheres a ensinar, embora tivesse muitas discípulas e muito santas.
5. O Senhor foi batizado por João. Se fosse lícito à mulher batizar, teria sido batizado por sua própria mãe.
6. Em sua reflexão, os autores prolongam a razão que tomam de São Paulo: o homem é a cabeça da mulher; o corpo não pode dominar a cabeça; compete à mulher rezar e escutar, e não mandar.
7. Na realidade, os argumentos aduzidos por esses autores para rechaçar o ministério sacerdotal da mulher são por eles estendidos ao ensino e ao batismo.

Esses argumentos, apesar de sua pouca consistência, repetiram-se ao longo da história até nossos dias.

3. Ministérios das diaconisas

As dificuldades que afloram hoje sobre o ministério da mulher referem-se principalmente ao caráter do diaconato feminino e à proibição do acesso ao sacerdócio. Na Antiguidade, existiram somente as diaconisas. Nós nos propusemos reunir alguns textos e dados históricos importantes que orientem nossa reflexão.

Na *Didascalia* e nas *Constituições dos apóstolos*, recomenda-se ao bispo que escolha bem seus colaboradores. Reproduzimos os textos em duas colunas paralelas.

36. *CA* III, 9, p. 199 e 201.

Por isso, bispo, busca colaboradores da justiça, que ajudem teu povo para a vida. Aos que te agradarem entre todo o povo, elege-os, constituindo-os diáconos: ao homem para que se preocupe com muitas coisas necessárias, à mulher para o ministério das mulheres. Porque há casas aonde não podes enviar um diácono às mulheres por causa dos infiéis; envia-lhes diaconisas. Porque em muitas outras coisas é necessário o posto da mulher diaconisa. Em primeiro lugar, quando as mulheres entram na água [batismo], devem ser ungidas com o óleo da unção pela diaconisa, que as desce à água. Quando não houver uma mulher, principalmente diaconisa, convém que o batizante unja a que se batiza. Porém, quando se encontrar uma mulher, especialmente diaconisa, as mulheres não devem ser vistas pelos homens. Fora da imposição das mãos, unge-a somente na cabeça, tal como antigamente eram ungidos sacerdotes e reis em Israel. E tu, à semelhança daquele costume, na imposição das mãos, unge a cabeça dos que recebem o batismo, homens ou mulheres. Assim, quando batizas ou encarregas os diáconos ou presbíteros de batizar, a diaconisa, como já dissemos, unja as mulheres. O homem pronuncie sobre elas na água os nomes da invocação da Deidade. E, quando a batizada sair dela, receba-a a diaconisa, ensine-a e a instrua que não pode ser rompido o selo batismal, na castidade e santidade. Por isso dizemos que é muito desejável e sumamente necessário o ministério da mulher diaconisa, porque também o Senhor nosso Salvador era servido por mulheres servidoras, como Maria de Mágdala, Maria, a mãe de São Tiago e de José, e a mãe dos filhos de Zebedeu. Tu, pois, necessitarás da diaconisa em outros assuntos: para visitar as mulheres

Por isso, ó bispo, designa colaboradores da vida e da justiça, diáconos benquistos por Deus, aos quais, dentre todo o povo, julgares que são dignos e adequados para o serviço da diaconia. Elege também uma diácono fiel e santa para o serviço das mulheres. Porque, quando não puderes enviar um diácono às mulheres em algumas casas, por causa dos infiéis, envia-lhes uma mulher diácono para [evitar] as suspeitas dos malévolos. Porque em muitas outras coisas necessitamos de uma mulher diácono. Em primeiro lugar, no batismo das mulheres o diácono as unge somente na fronte com o óleo santo e depois dele serão ungidas pela diácono. Porque não é necessário que elas sejam vistas por homens. O bispo lhes unja somente a cabeça na imposição das mãos (*jeipocesía*), à maneira como antigamente eram ungidos os sacerdotes e os reis. Não porque também os que agora se batizam sejam ordenados (*jeipotonuntai*), mas como cristãos de Cristo (ungidos do Ungido), "sacerdócio real e nação santa, igreja de Deus, coluna e fundamento" do tálamo, vós que outrora não éreis seu povo, mas agora [sois] amados e eleitos (cf. 1Pd 2,9-10; 1Tm 3,15). Tu, ó bispo, ungirás com aquele sinal a cabeça dos batizandos, homens e mulheres, com o óleo santo como sinal do batismo espiritual. A seguir, tu, o bispo, ou o presbítero designado por ti, dizendo e pronunciando sobre eles a sagrada invocação (*epíclesin*) do Pai e do Filho e do Espírito Santo, os batizarás na água. O homem seja acolhido pelo diácono e a mulher pela diácono, para que a entrega do selo inquebrantável se faça de uma maneira digna. Depois disso, o bispo unja

fiéis naquelas casas de gentios aonde não possas ir; para atender as enfermas em suas necessidades e lavar as convalescentes nos banhos (*Didascalia*, III, 12, 208-209).

os batizados com o ungüento oloroso (*miro*) (*CA*, III, 16, 209-211).

Desses primeiros documentos, que influenciaram não pouco o posterior desenvolvimento da instituição, podemos deduzir os seguintes dados:

1. A existência de um diaconato feminino aceito oficialmente pelo menos desde o século III.
2. A terminologia é ainda oscilante: fala-se da diaconisa, da diácono ou mulher diácono.
3. A principal tarefa de que são incumbidas as diaconisas é assistir ao batismo de mulheres adultas por razões de decoro e pelo perigo moral que supõe para ambos (diácono ou presbítero batizante e mulher batizanda) o ungir o corpo despido de uma mulher adulta.
4. Menciona-se também uma instrução batismal às mulheres batizadas; porém, ao que parece, refere-se a uma catequese privada.
5. Algumas atividades de catequese, cuidado de enfermas e outras obras de caridade em algumas casas de pagãos nas quais o diácono não pode entrar sem dar lugar à maledicência. Indica-se igualmente o cuidado das enfermas em suas casas ou das convalescentes nos banhos.

Embora em ambos os textos se afirme que a "diaconisa te é necessária para muitas outras coisas", na realidade essas outras atividades não são mencionadas. Não se fala nem mesmo das funções litúrgicas, exceto do batismo. Da ordenação da diaconisa falaremos no capítulo seguinte.

4. Apogeu e decadência do diaconato feminino no Oriente (séculos IV-IX)

Dos séculos IV ao VI temos uma documentação muito abundante de fontes canônicas, litúrgicas e ascéticas sobre as diaconisas. Faremos referência apenas a alguns cânones e autores mais importantes.

O cânon 19 do primeiro Concílio Ecumênico de Nicéia (325) foi objeto de numerosos estudos e controvérsias. Ele fala da reordenação dos paulianistas (seguidores de Paulo de Samósata) que voltam à Igreja católica. Assim diz o texto:

> Quanto aos que foram paulianistas e depois se refugiaram na Igreja católica, promulgou-se o decreto de que sejam rebatizados de imediato; e se alguns no tempo passado pertenceram ao clero, no caso de se mostrarem incensuráveis e irrepreensíveis, depois de rebatizados, sejam-lhes impostas as mãos pelo bispo da Igreja católica. Do mesmo modo se procederá com relação às diaconisas e, em geral, com relação aos que figuram no cânon. Fizemos menção das diaconisas, que se acham inscritas nessa categoria, já que elas não têm imposição alguma de mãos, de sorte que são contadas absolutamente entre os leigos[37].

A primeira dificuldade que esta última parte do cânon oferece é dar uma tradução exata de suas palavras. Procuramos oferecer seu sentido, atendo-nos o mais possível à letra, sem entrar em investigações filológicas nem em possíveis "leituras" diferentes do texto grego[38]. Foram dadas diversas interpretações desse texto. O sentido geral pode ser o seguinte: em razão dos erros trinitários de Paulo de Samósata, o concílio nega a validade do batismo dos paulianistas e, por conseguinte, também a validade da ordenação dos clérigos. Não obstante, se alguns dos clérigos conservaram uma conduta exemplar, podem ser admitidos na mesma função na Igreja católica, porém depois de terem sido rebatizados e reordenados. A mesma regra deve ser aplicada às diaconisas e, em geral, a todos os que figuram no *cânon*, ou seja, na lista dos que cumprem uma tarefa eclesial ou recebem uma subvenção da Igreja. Aqui, porém, faz-se menção especial às *diaconisas*. Neste caso, não se fala certamente de "reordenação". O concílio estabelece que as diaconisas, tal como os clérigos, se mantiveram boa conduta, poderão ser admitidas em suas respectivas funções eclesiais, *ainda que não tenham a imposição de mãos* (Gryson) ou *visto que não têm nenhuma imposição de mãos* (Martimort).

Parece estranho que Nicéia afirme que as diaconisas não têm nenhuma imposição de mãos e que, para todos os efeitos, devam ser consideradas leigas, quando vimos que muitos documentos importantes afirmam o contrário. A solução mais cômoda é afirmar que o Concílio de Nicéia fala dos *paulianistas*, e não dos usos da Igreja católica. Todavia, nada faz supor que se estabeleça neste ponto uma contraposição entre os paulianistas e os católicos. Acredito que não deva nos surpreender o fato de que em princípios do século IV um concílio ecumênico afirme

---

37. *Conc. Oecum. Decreta*, Herder, 1962, p. 14; *DS* 128 inclui a primeira parte deste cânon, porém omite o que se refere às diaconisas.
38. Para um estudo mais minucioso deste cânon, remetemos às obras de GRYSON, *Le ministère des femmes*, p. 86-88, e de MARTIMORT, *Les diaconesses*, p. 99-102.

que as diaconisas não recebem a imposição de mãos e não fazem parte do clero. Vários concílios regionais anteriores e posteriores e outros autores célebres afirmam o mesmo. No entanto, com iguais sinceridade e honestidade é preciso reconhecer que o Concílio Ecumênico de Calcedônia (451) afirma o contrário. Muitas coleções de cânones, de normas litúrgicas, de leis imperiais e muitos outros Padres de grande relevo admitem sem sombra de dúvida que as diaconisas recebem a imposição de mãos e constituem parte do corpo clerical.

Pouco depois do Concílio de Nicéia, surgiu no Egito, entre 336 e 340, uma coleção chamada *Cânones de Hipólito*, porque se inspira em grande parte na *Tradição apostólica* desse autor. Nunca se fala das *diaconisas*, mas unicamente das viúvas e das virgens. Seja como for, o autor não é muito generoso em atribuir-lhes serviços eclesiais. No cânon 9, estabelece que "não se ordenem as viúvas, mas simplesmente que se ore sobre elas, pois a ordenação é para os homens. A função das viúvas é importante por sua dedicação à oração freqüente, pelo cuidado dos enfermos e pelo jejum freqüente"[39]. Em outros cânones as viúvas são, antes, objeto de assistência caridosa[40].

Maior interesse nos oferecem os cânones de São Basílio († 379). Em três cartas a seu amigo Anfilóquio de Icônio, que passaram a fazer parte das *coleções canônicas*, dá normas sobre as diaconisas, o que supõe tratar-se de uma instituição já consolidada. Reza o cânon 44:

> A diácono que fornicou com um grego [pagão] será admitida à penitência, porém não será admitida à oferenda até o sétimo ano, desde que, naturalmente, ela viva em castidade. Quanto ao grego que, depois de ter professado a fé cristã, voltou a recair na impiedade é como aquele que retorna a seu vômito. Pelo que nos concerne, nós não toleramos que o corpo da diácono, corpo consagrado [ao Senhor], sirva aos prazeres carnais[41].

O interesse deste cânon está em que a diaconisa pecadora deva fazer sete anos de penitência, mas não seja deposta, o que indica que não é considerada membro do clero. Porque o diácono que comete um pecado de fornicação deve ser deposto (cânon 3) e não excomungado, para não impor um duplo castigo pela mesma falta. Todavia, São Basílio acrescenta à norma jurídica uma reflexão

39. PO 31, 363.

40. Cânones 5 e 35; PO 31, 357 e 409. O cânon 11 do Concílio de Laodicéia da Frígia repete a proibição de ordenar as viúvas. Todavia, chama as viúvas de "presbítidas ou presidentes" e se expressa em uma linguagem difícil, que exigiria várias explicações desnecessárias para a questão que nos ocupa. Cf. Gryson, *Le ministère des femmes*, p. 92-95; Martimort, *Les diaconesses*, p. 102-103.

41. P. P. JOANNOU, *Discipline générale antique* (IIe-X^e *siècle*), Grottaferrata, 1962, t. 2, p. 136.

espiritual que agrava o pecado da diaconisa: seu corpo está consagrado ao Senhor e não pode ser profanado com a união carnal. Essa consagração provém de seu voto ou compromisso de castidade, como acertadamente interpretam R. Gryson e A. M. Martimort[42], e não da ordenação, como pensam outros autores.

Outro autor do século IV que se ocupou por extenso do sacerdócio da mulher e das diaconisas é Epifânio de Salamina († 403), que já citamos. Em *Haer.* 78 e 79 expõe o caso singular das colirídias, algumas mulheres da Arábia que ofereciam a Maria uma espécie de torta de pão, como se fosse uma deusa, e a seguir comungavam com ela. Epifânio repele energicamente esse erro como uma idolatria, pois Maria é pura criatura. Todavia, o que mais preocupa ao zeloso bispo é que as mulheres assumam funções sacerdotais. Isso é intolerável. A mulher é um ser débil, versátil, de inteligência medíocre. Uma vez mais, o demônio se serve delas para espalhar seus erros, como fez com Quintila, Maximila e Priscila, e como já o havia feito nas origens da humanidade. Jamais uma mulher exerceu o sacerdócio. Nem sequer Eva, culpada por um pecado tão imenso, teve a ousadia de cometer tal impiedade[43]. Tampouco o Novo Testamento permitiu às mulheres que fossem sacerdotes. Se isso tivesse sido possível, ninguém teria sido mais digna do que a Virgem Maria. Deus, porém, não o quis assim[44].

Em seguida, fala das diaconisas e de suas funções. Reconhece que existe na Igreja uma "ordem das diaconisas" (*diacosisson táyma*), instituída não para exercer funções sacerdotais, mas para salvaguardar o decoro e a honestidade no batismo das mulheres. Seu trabalho não se limita ao momento do batismo ou da unção, mas devem cuidar também da batizanda, se lhe aconteceu algo ou se sofre alguma moléstia, e ajudá-la a despir-se. Nisto, os cânones e a disciplina da Igreja procederam com muita prudência. Todavia, esse ministério não as autoriza a assumir funções sacerdotais, já que nem sequer lhes é permitido falar na igreja (cf. 1Cor 14,34-35; 1Tm 2,12) nem exercer autoridade sobre o homem[45].

Para Epifânio, as diaconisas fazem parte da "ordem eclesiástica", não, porém, da hierarquia. No epílogo de sua grande obra *Panarion*, que costuma ser citada como *Expositio fidei*, faz uma enumeração dos diversos graus e ofícios do estamento eclesiás-

42. GRYSON, *Le ministère des femmes*, p. 91; MARTIMORT, *Les diaconesses*, p. 104.
43. Cf. *Panarion, haer.* 79, 1-2; *GCS* 37, 476-477.
44. Ibid. *haer.* 79, 3; *GCS* 37, 477.
45. *Haer.* 79, 3; *GCS* 37, 478; *PG* 42, 744-745.

tico. Ao primeiro grau pertencem os bispos, presbíteros, diáconos e subdiáconos. Estes só podem ser eleitos entre os que professam a virgindade ou não se casaram em segundas núpcias. No segundo grau estão os leitores, que não fazem parte da hierarquia, e as diaconisas. No terceiro grau entram os exorcistas, os intérpretes, os coveiros, os ostiários e demais ofícios que forem necessários para a boa ordem[46]. Não obstante, não deve passar despercebido o detalhe de que são impostas às diaconisas as mesmas exigências que às ordens de primeiro grau: ser virgens ou não estar casadas em segundas núpcias e professar castidade, coisa que não se exige dos leitores. As diaconisas são "constituídas" (*kacístantai*), não "ordenadas". Epifânio afirma "não ter jamais ordenado diaconisas para enviá-las a outras províncias"[47].

Se o Concílio de Nicéia parece negar a "ordenação" das diaconisas, o de Calcedônia (451) a supõe como um fato normal. No cânon 15, prescreve:

> Uma mulher não deve ser ordenada diácono antes dos quarenta anos, e isto depois de um esmerado exame. Se depois de haver recebido a ordenação (*jeipotonian*) e permanecido algum tempo no ministério se entregar ao matrimônio, afrontando a graça de Deus, seja anatematizada junto com o cônjuge[48].

É evidente que esse cânon fala de uma verdadeira ordenação. O fato de que uma diaconisa se case é considerado uma afronta à graça de Deus, como já dizia São Basílio em seus cânones, porque o corpo da diaconisa está consagrado ao Senhor.

A idade da ordenação é diminuída para os 40 anos. Não é necessário observar que essa norma da idade nem sempre era cumprida, porque conhecemos diaconisas muito mais jovens: Santa Olímpia em Constantinopla, tão amiga de São João Crisóstomo, foi ordenada pelo patriarca Nectário antes dos 30 anos.

A proibição de casar-se e o anátema para a que violasse essa norma supõe um castigo mais rigoroso do que o que se impõe a uma virgem que infringe seus votos. Com relação às virgens infiéis, não se lança um anátema, mas simplesmente se declara que serão privadas da comunhão e se aconselha ao bispo que seja indulgente, coisa que não se adverte no caso da diaconisa[49].

46. *Exposit. Fidei* 21; *GCS* 37, 522; *PG* 42, 824-825.
47. Carta de Epifânio ao bispo João de Jerusalém, traduzida para o latim por São Jerônimo, que só se conserva em latim entre o epistolário de São Jerônimo: *Epist.* 51, 2,2; *CSEL* 54, 398. Na edição da BAC n. 220, *Cartas de San Jerônimo*, Madrid, 1962, v. I, p. 389-390.
48. *Concil. Oec. Decreta*, p. 70.
49. *Canon* 16; ibid., p. 70.

A própria legislação civil tem em conta essa "ordem das diaconisas", mencionadas tanto no código de Teodósio como no de Justiniano, principalmente quando se trata de heranças ou legados[50]. Do século VI, temos um testemunho interessante que revela o crescimento das diaconisas em Constantinopla. Nas *Novellae* do imperador Justiniano, diante do grande número de clérigos que se deslocavam para a capital, o imperador fixa um número-limite para o serviço da igreja de Santa Sofia: 425 clérigos no total, entre os quais contam-se quarenta diaconisas[51].

Na região da Síria temos uma obra do século V que reflete uma situação estranha e parece um caso anômalo. Trata-se do *Testamento de nosso Senhor Jesus Cristo*[52], que surgiu em um ambiente monofisita da Síria na segunda metade do século V. Escrito em grego, só se conservam as traduções siríaca, árabe e etiópica. Tais traduções costumavam ser muito livres, motivo pelo qual se torna difícil averiguar seu teor original. É muito chamativo tudo o que diz sobre as *viúvas*, às quais dedica quatro longos capítulos, descrevendo sua dignidade e as tarefas que lhes competem. A terminologia é muito imprecisa, pois usa indistintamente *ordenar* para os clérigos maiores e para as viúvas ou leitores. Entretanto, não se trata somente de terminologia confusa, pois lhes atribui um papel insólito na liturgia e nas funções que desempenham[53]. Nos ofícios litúrgicos, o bispo ocupa o centro; perto dele, de ambos os lados, situam-se os presbíteros; em continuação, à direita os diáconos e à esquerda as viúvas. São consideradas em uma função superior à das diaconisas, chegando-se a chamá-las de *presbíteras*. Em diversas ocasiões diz-se que ocupam a presidência (p. 113-114). R. Gryson afirma que "é incontrovertível que sejam consideradas como fazendo parte do clero" (p. 114). Esses dados nos desconcertam e não sabemos que valor atribuir a essa obra. Como observa Gryson, "não se encontra outro documento que atribua às mulheres um papel tão elevado na hierarquia eclesiástica como o das viúvas que ocupam a presidência" (p. 114). As funções

50. Veja-se GRYSON, *Le ministère des femmes*, p. 119-127.

51. *Novellae* III, 1, 1, de 16 de março de 535. As *Novellae* eram as novas leis ou novas disposições acrescentadas ao *Codex Iustinianus*. A distribuição do pessoal foi a seguinte: 60 sacerdotes, 100 diáconos, 40 diaconisas, 90 subdiáconos, 110 leitores e 25 cantores. Todo esse pessoal vivia à custa do Estado.

52. *Testamentum Domini nostri Jesuchristi*, ed. I. E. RAHMANI, Magúncia, 1989, em sua versão Síria e tradução latina. Para mais detalhes sobre essa obra, veja-se R. GRYSON, *Le ministère des femmes*, p. 110-119.

53. Para a posição dessa obra, veja-se R. GRYSON, *Le ministère des femmes*, p. 110-119. Os números entre parênteses no texto referem-se às páginas desse autor.

que se lhes atribuem são, em geral, as mesmas para as quais, em outros documentos, são designadas as diaconisas. Não obstante, o *Testamento de NSJC* fala também das diaconisas, que considera de categoria inferior à das viúvas (cf. p. 118)[54].

É também nessas regiões que por primeiro se percebe uma tendência à mudança e a tendência paulatina à extinção das diaconisas. Conforme vão crescendo as comunidades de virgens consagradas ou mosteiros femininos, as diaconisas vão perdendo sua estrutura clerical, embora ganhem em qualidade profética, e vão se identificando com as virgens consagradas. A superiora (*higoumene*) de um mosteiro feminino é freqüentemente uma diaconisa. Creio que o florescimento das comunidades de virgens consagradas a Deus e dedicadas à oração e à vida contemplativa foi uma das razões principais da decadência da instituição diaconal feminina. A vida do claustro dedicada a Deus na oração atraía mais vocações que o ministério do diaconato.

Outro passo importante na desvalorização das diaconisas é o fato de que com freqüência o diaconato se converteu em um título de honra, em vez de num ministério eclesial. Era uma dignidade que se outorgava a pessoas que haviam se distinguido, a mulheres de bispos, a mães ou esposas de reis.

Os abusos e o descrédito das *virgines subintroductae*, que conviviam com os clérigos na mesma casa *tanquam soror et frater*, com os perigos e conseqüências que se podem supor, contribuiu também para diminuir a colaboração da mulher com os clérigos nas tarefas eclesiais. Com o passar do tempo, algumas funções das diaconisas foram sendo eliminadas e assumidas pelos conventos de monjas ou por outros grupos femininos.

Recordemos finalmente que, depois da conversão de Constantino e das conversões em massa à fé cristã, introduziu-se o costume do batismo das crianças com as mudanças de ritual que tal costume exigia. O paulatino desaparecimento do batismo de adultos influiu notavelmente para suprimir a importância do ministério das diaconisas, já que todas as fontes antigas assinalam o batismo de mulheres adultas como uma das razões principais de sua instituição.

Assim se explica que no Oriente, embora não haja um decreto suprimindo a instituição diaconal, desde o século IX e seguintes a instituição das diaconisas não tem influência na Igreja, nem possui uma missão concreta. Esta é a situação

54. O quadro que nos é traçado por essa obra é muito diferente do que temos visto na *Didascalia* ou nas *CA*.

que refletem as obras do patriarca de Antioquia Teodoro Balsamón (por volta de 1140-1200), que antes foi diácono de Constantinopla. Em sua obra *Respostas às perguntas de Marcos*, afirma:

> Havia muito tempo eram conhecidas pelos cânones as ordens (*táymata*) das diaconisas, que tinham acesso ao altar. Não obstante, a impureza de seus meses as afastou do divino e santo altar. Na santíssima igreja da sede de Constantinopla elegem-se diaconisas, porém sem ter acesso algum ao altar, mas a maior parte das vezes para ter reuniões e dirigir a assembléia das mulheres[55].

Este texto assinala um fato e indica uma das causas que conduziram a tal estado. No século XII fala-se já das diaconisas como de uma recordação, embora se admita que em Constantinopla ainda "são eleitas algumas", porém não para servir no altar, mas para presidir algumas assembléias femininas. A causa pela qual as diaconisas foram afastadas do altar é sua condição de mulher: a impureza de seus períodos. Em certas regiões e épocas, essa condição feminina as afastou de todo serviço litúrgico. Como sucedâneo, ficaram as diaconisas a quem se conferia esta denominação como título honorífico ou do qual elas próprias se apropriavam abusivamente, como relata o mesmo autor[56].

5. A instituição das diaconisas na Igreja latina

Na Igreja latina, por estranho que pareça, nem em Roma, nem na Espanha, nem no norte da África se constata a presença de diaconisas durante os cinco primeiros séculos. Roma mantinha muitas relações com o Oriente, conhecia-se o nome de muitas mulheres que desde o princípio colaboraram ativamente na evangelização; sem dúvida, lia-se e comentava-se a Carta aos Romanos 16,11, na qual se menciona Febe, diácono de Cencréia; havia grupos de viúvas e de virgens consagradas, mas nada nos é dito acerca das diaconisas. Em Roma, evidentemente, como na África ou na Espanha, falava-se e escrevia-se sobre as diaconisas, porque é um dado da história e não ignoravam de todo as instituições das Igrejas

55. PG 138, 988.
56. T. BALSAMÓN, *Canones concil. chalcedon. canon 15*; PG 137, 441D; *Canones concil. constant. canon 48*; PG 137, 684.

orientais, mas não podemos comprovar que existissem como grupo eclesial no Ocidente durante esses primeiros séculos.

Na Espanha, um concílio de Saragoça do ano 380, em seu cânon 1, proíbe às mulheres tomar parte ativa na leitura e nas reuniões de homens estrangeiros (os priscilianistas); ordena-lhes que não se juntem com aquelas mulheres que fazem leituras ou têm a intenção de ensinar ou de ser instruídas, porque tal é a disposição do Apóstolo[57]. Sabe-se por Sulpício Severo que a propaganda priscilianista teve grande êxito entre as mulheres, talvez porque lhes concedesse maior participação em suas reuniões[58]. Uma das acusações contra Prisciliano foi a de "organizar reuniões noturnas com mulheres corrompidas"[59]. Isso revela um desejo da mulher de participar das tarefas eclesiais, e não se há de julgar os fatos reais por uma acusação dos adversários. Talvez se deva aos priscilianistas o fato de haver introduzido no Ocidente o nome *diaconisa*. O Concílio de Nimes e outros da França, que iremos citar, refletem também essa influência priscilianista[60].

É das Gálias que temos alguns dados concretos, porém não muitos. Isso é explicável, porque a França sempre manteve muita relação com as Igrejas do Oriente. Todavia, a maior parte dos textos que conhecemos refere-se a proibições de receber a *bênção* ou a *ordenação diaconal*. Isso indica que na realidade eram dadas tais bênçãos ou ordenações. Assim sendo, o Concílio de Nimes, de 394, em seu cânon 2, estabelece:

> Algumas pessoas nos informaram a respeito de um fato inaudito até hoje, a saber: que, contra a disciplina apostólica, algumas mulheres foram admitidas, não sei em que lugar, ao ministério levítico, o qual, por ser indecente, não é admitido pela disciplina eclesiástica. Tal ordenação, feita contra a razão, deve ser abolida, procurando que ninguém adote isto daqui em diante[61].

Esse cânon é dirigido contra os priscilianistas. Fala-se de fatos ocorridos em algum lugar, embora não se saiba onde (*nescio quo loco*). As informações são muito imprecisas. Não obstante, apenas o rumor dos fatos (*suggestum est*) faz que os padres conciliares reajam com vigor, condenando tais práticas como coisa inaudita,

---

57. J. VIVES (ed.), *Concílios visigóticos e hispanorromanos*, Barcelona/Madrid, 1963, 16.
58. SULPÍCIO SEVERO, *Chronica* 2, 46, 6; CSEL 1, 99-100.
59. SULPÍCIO SEVERO, *Chronica* 2, 50, 8; CSEL, 1, 103.
60. Cf. R. GRYSON, *Le ministère des femmes*, p. 163-164.
61. CCL, 148, 50. Veja-se o comentário de Gryson, loc. cit.

indecente (cf. 1Cor 1,6; 14,35), contrária à disciplina eclesiástica e à razão. Igualmente, não se precisa de que ordenação se trata, afirmando-se tão-somente que "parece terem sido admitidas ao ministério levítico. Tal prática deve ser abolida". Os bispos desse concílio demonstram sua ignorância sobre os costumes da Igreja oriental e até mesmo sobre os escritos dos padres latinos[62].

Algo semelhante é estabelecido pelo Concílio de Orange, realizado em 441, que proíbe absolutamente a ordenação das diaconisas e solicita às que eventualmente tenham sido ordenadas que inclinem a cabeça para receber a bênção que se dá ao povo[63]. Dada a imprecisão dos dados que nos são oferecidos por esse cânon, R. Gryson é de opinião que provavelmente não se trate de verdadeiras diaconisas, e sim das *viúvas*, que receberam uma bênção solene em sua profissão e logo a seguir buscavam privilégios nos serviços litúrgicos. Pede-se-lhes que se submetam às leis comuns a todo o povo[64].

Um caso diferente de inserção da mulher no ministério é aquele reprovado pelos bispos de Tours, Rennes e Angers em princípios do século VI (511) em uma carta coletiva dirigida aos sacerdotes da Bretanha, Lovocatus e Catihernus. Dizem esses bispos:

> Por um informe do venerável sacerdote Speratus, soubemos que vós não cessais de levar entre vossos comparsas de cabana em cabana certas mesas sobre as quais celebrais o divino sacrifício da missa com a assistência de algumas mulheres a quem dais o nome de *conhospitae*. Enquanto vós distribuís, elas tomam o cálice e têm o atrevimento de administrar ao povo o sangue de Cristo. Isso é uma novidade, uma superstição inaudita. Causou-nos uma profunda tristeza o fato de ver reaparecer em nosso tempo uma seita abominável que jamais havia sido introduzida na França[65].

O tema das "diáconas" reaparece no Concílio de Epaone (517), embora sua redação evidencie a confusão reinante sobre o nome e a categoria eclesial das diaconisas. Assim diz o cânon 21: "Revogamos completamente em toda a nossa região a consagração das viúvas, a quem chamam diáconas. Somente se deve impor-lhes a bênção de penitência, se desejarem converter-se"[66].

---

62. Cf. GRYSON, *Le ministère des femmes*, p. 163-164.
63. CCL, 148, 84; comentário de R. GRYSON, *Le ministère des femmes*, p. 165-167.
64. *Le ministère des femmes*, p. 165.
65. Texto e tradução em P. DE LABRIOLE, *Les sources de l'histoire du montanisme*, Friburgo (Suíça), p. 226-230.
66. CCL 148A, p. 29.

O caso daquelas que, uma vez recebida a bênção, voltam ao matrimônio é abordado pelo Concílio de Orleans (553). Em seu cânon 17, prescreve:

> As mulheres que até hoje, apesar da proibição dos cânones, tiverem recebido a bênção do diaconato, se ficar demonstrado que voltaram ao matrimônio, deverão ser excluídas da comunhão. Se, porém, tendo sido admoestadas pelo bispo, reconhecerem seu erro, pondo fim a tal (*contubernio*) coabitação ilícita, voltem à comunhão da graça depois de ter feito penitência[67].

E o cânon 18 acrescenta: "Decidimos também que de agora em diante já não mais se outorgue a bênção diaconal a mulher alguma, em virtude de sua frágil condição"[68].

Seria necessário perguntar por que lhes é proibido o matrimônio, se não estão ordenadas. São porventura identificadas com as virgens consagradas? Em tal hipótese, não valeria a razão de "sua frágil condição", pois nunca se proibiu às mulheres fazer voto de virgindade. A inferioridade ou fragilidade da mulher é o argumento que se aduz constantemente desde a Antiguidade para impedir o acesso da mulher ao sacerdócio e às ordens sagradas.

Nestes séculos reina no Ocidente uma grande confusão de nomes e da realidade concreta que corresponde a esses nomes. Tem razão A. G. Martimort quando afirma que com o nome de *diaconisas* quer-se designar instituições muito diferentes que se criam e desaparecem nestes séculos[69]; porém, não se pode fazer uma afirmação global de que o proibido ou repelido pelos concílios franceses deste tempo não seja a instituição das diaconisas propriamente ditas, mas outra coisa[70]. É necessário estudar cada caso. O Concílio de Tours, de 567, é um bom exemplo de como variou o conteúdo dos nomes. Mencionam-se os grupos de virgens e viúvas e dá-se como certo que já não existe uma *bênção* das viúvas, reportando ao cânon 21 do Concílio de Epaone, já citado. Neste concílio, chama-se *diaconisa* à mulher do diácono, como também se usa *subdiaconisa*, *presbiterisa* ou *presbítera* e *episcopisa* para suas respectivas esposas[71]. *Bênção*, *consagração* e *ordenação* podem se referir a ordens sagradas ou a outras bênçãos e consagrações. Somente o contexto pode esclarecer seu verdadeiro significado.

---

67. CCL 148A, p. 101.
68. Ibid.
69. MARTIMORT, *Les diaconesses*, p. 197.
70. Ibid., p. 193-195.
71. Cf. CCL 148A, p. 181, 184, 187.

A propósito de vários casos concretos de ordenações de diaconisas na França, pode-se dizer que se trata mais de uma honra do que de um ministério, casos por exemplo da rainha Santa Radegunda e da filha de São Remígio, bispo de Reims, chamada Hilária[72]. Isso demonstra que, apesar das proibições dos concílios, algumas mulheres recebiam a ordenação do diaconato.

Observamos no Ocidente a mesma tendência e o mesmo fenômeno que na Igreja bizantina. Dos dois aspectos da antiga diaconisa, o *ministerial* e o da *consagração*, o primeiro vai sendo reservado às viúvas, e o segundo se reduzindo às virgens consagradas. O ritual da consagração da abadessa no século VII apresenta em grande parte as características da ordenação das diaconisas. De fato, em Roma e na Itália, somente mais tarde são encontradas nos livros litúrgicos a *bênção diaconal* ou a *oratio ad faciendam diaconam*. A bênção da diaconisa, quando existe, está sempre em relação com as monjas. Podemos admitir sem dificuldade que nesses casos não se trata de uma ordenação propriamente dita[73].

Por que tal ausência de diaconisas em Roma e na Igreja latina? Em Roma não existem diaconisas, mas fala-se a respeito delas. O estranho é que São Jerônimo, que vivia no Oriente, não as mencione. Temos, porém, dois autores importantes, contemporâneos de Jerônimo, que, ao contrário, expressaram sua opinião sobre esse tema: Ambrosiaster (Pseudo-Ambrósio) e o monge Pelágio, considerado herege. E ambos rechaçam a instituição das diaconisas.

Temos poucos dados sobre a identidade do primeiro. Viveu em Roma na segunda metade do século IV. Conservam-se dele duas obras importantes: *Comentários às cartas de São Paulo* e *Questões do Antigo e Novo Testamento*[74]. As opiniões que expressa sobre a mulher em seus comentários a São Paulo são tremendamente negativas. Afirma que o homem, e não a mulher, é imagem de Deus, uma frase disparatada que será repetida durante séculos por prestigiosos escritores e teólogos da Igreja. Não é permitido às mulheres falar na igreja. Isso seria uma desonra para elas e um opróbrio para seus maridos. O que elas devem fazer é fechar a boca e abrir os ouvidos. Não é lícito à mulher ensinar ou dominar o homem, porque isso vai

72. CCL 117, p. 477.

73. Para essa questão, que não queremos abordar, veja-se MARTIMORT, *Les diaconesses*, p. 201-207.

74. Edições: *Comentarios a las cartas de San Pablo*, PL 17, 47-536; CSEL 81, 1-3; *Cuestiones del Antiguo y Nuevo Testamento*, PL 35, 2215-2422; CSEL 50.

contra a Escritura (Gn 3,16) e contra as prescrições do Apóstolo. E assim poderíamos continuar com uma ladainha de juízos pejorativos sobre a mulher. O autor reflete certamente a mentalidade de muitos de seus contemporâneos, mas também é evidente que tais julgamentos tão negativos atribuídos a Santo Ambrósio ou a Santo Agostinho contribuíram para a postura negativa do Ocidente sobre a instituição das diaconisas[75].

Pelágio é mais conhecido. Nascido na Grã-Bretanha em meados do século IV, chegou a Roma por volta do ano 380, nos tempos do papa Dâmaso. Logo adquiriu grande prestígio por seu saber e seu ascetismo. Sua doutrina foi bastante deformada, dado que há poucos lustros era conhecida quase exclusivamente pelas críticas de seus adversários. Na questão que nos ocupa é menos negativo que Ambrosiaster, muito embora não deixe de ser muito restritivo quanto à função que a mulher pode desempenhar na assembléia. Baseia-se nos conhecidos textos pseudopaulinos de 1 Coríntios 14,34-35 e das cartas pastorais: vai contra a ordem da natureza e contra a Lei de Moisés que as mulheres falem em uma assembléia de homens[76]. Aceita, porém, que a mulher ensine outras mulheres privadamente. Pode também ensinar um homem, contanto que o faça privadamente. Isso, porém, se refere a um filho ou a um irmão[77].

Comentando 1 Timóteo 3,11: "As mulheres, igualmente, devem ser dignas...", recorda que o Apóstolo "ordena que elas devem ser eleitas do mesmo modo que os diáconos". Pode-se deduzir daqui que fala daquelas que ainda hoje, no Oriente, chamam-se "diaconisas"[78].

Pelágio interpreta corretamente esse texto, mas tem de apelar para o Oriente para encontrar o grupo de mulheres "que ainda hoje são chamadas diaconisas". Isso revela que em Roma as diaconisas não existiam nem então nem no passado como instituição oficial.

A extinção das diaconisas na Igreja latina percorre caminhos mais complicados que no Oriente. Nunca tiveram a importância litúrgica que têm na Igreja bizantina. Pode-se afirmar que, em termos gerais, sua ordenação não era equiparável

75. Os *Comentarios a las cartas de San Pablo* foram atribuídos a Santo Ambrósio e as *Cuestiones del Antiguo y Nuevo Testamento* a Santo Agostinho.
76. *Comment. in 1 Corint.* 14,34-35; *PLS* 1, 1227; cf. ibid., 1178.
77. *Comment. In 1 Timot.* 2,12; *PLS* 1, 1349.
78. *PLS* 1, 1351.

à dos diáconos. Por isso foi mais fácil que as abadessas dos mosteiros femininos assumissem as funções e o título de diaconisas. O próprio rito da consagração de uma abadessa reproduz em grande parte a consagração das diaconisas. Conservou-se também como título honorífico para as mães ou esposas de bispos e reis.

Reunimos alguns dados significativos dos concílios da França dos séculos V e VI. R. Gryson tem razão quando afirma que "todas as tentativas feitas nos séculos IV e V para introduzir no Ocidente [a instituição diaconal], mesmo reduzindo-a a um título honorífico, não tiveram êxito"[79]. Nos séculos VII e VIII, encontramos algumas diaconisas na Itália e em Roma e surgem os rituais e orações *ad diaconam faciendam*, no entanto é muito significativo o silêncio da legislação carolíngia sobre o tema[80]. O Pontifical de Gregório VII (século XI) contém uma *Missa ad diaconam consecrandam*; todavia, parece não se tratar de uma verdadeira ordenação sacramental. Nos séculos seguintes, tais fórmulas desaparecem dos rituais de consagração, sem que se altere, absolutamente, a ordem eclesial. Quem tomou relevo em algumas funções das diaconisas, como a leitura da epístola ou do evangelho, foram as abadessas em suas rezas monásticas[81]. Por certo os teólogos e canonistas desse tempo sustentam unanimemente que a mulher não pode ser promovida às ordens sagradas, nem ao presbiterado nem ao diaconato.

Como conclusão, podemos dizer que no Ocidente as diaconisas tiveram pouca importância como instituição eclesial. Sobreviveram o nome e algumas de suas funções nos mosteiros de monjas. Todas as tentativas para introduzir o diaconato feminino na Igreja latina fracassaram.

79. *Le ministère des femmes*, p. 174.

80. Cf. A. G. MARTIMORT, *Les diaconesses*, p. 202-205.

81. Estas brevíssimas indicações podem ser completadas com os dados precisos oferecidos por MARTIMORT, *Les diaconesses*, p. 202-243.

CAPÍTULO VI

A ordenação das diaconisas[1]

A carta apostólica de João Paulo II *Ordinatio sacerdotalis*, embora, de momento, feche à mulher as portas do sacerdócio, não equivale a uma proibição de que se continue a estudar o problema[2]. Os bispos alemães e o próprio núncio da Santa Sé em Bonn convidam a um diálogo sereno sobre a forma de conceder uma maior participação da mulher nos ministérios e nas tarefas da Igreja[3]. Isso outorga uma maior atualidade ao diaconato feminino, já que se trata de uma instituição que esteve vigente na Igreja por mais de sete séculos. Hoje se percebe um grande interesse pela restauração das diaconisas, como uma resposta às múltiplas necessidades pastorais da Igreja, se bem que será preciso atualizar e adaptar suas estruturas às exigências de nosso tempo.

1. Este capítulo, com algumas alterações, foi publicado em *Proyección* 42 (1995) 111-126. Embora tenha sido preciso repetir alguns dados do capítulo V, para melhor compreensão dos leitores da revista, preferimos esta nova redação, um pouco mais elaborada.
2. Cf. W. SEIBEL, Priestertum der Frau, *Stimmen der Zeit* 212 (1994) 577.
3. A Declaração da Conferência Episcopal Alemã em *DC* (1994) 998-999.

I. Caráter da ordenação diaconal

A ordenação das diaconisas na Igreja antiga é um fato universalmente reconhecido. Nem em todas as Igrejas havia diaconisas ordenadas como grupo eclesial. Chama a atenção o fato de que nem em Roma, nem em Alexandria e nem na Espanha se constata a presença de diaconisas nos cinco primeiros séculos. Foi na Igreja oriental que tiveram sua origem e onde atingiram seu máximo esplendor entre os séculos IV e IX. A partir do século X já tem início a decadência, até chegar à extinção quase total. Sobreviveram de certa maneira sob o amparo de outras estruturas eclesiais, por exemplo abadessas ou *higumenes* de mosteiros femininos.

O problema que foi suscitado depois do Concílio de Trento e em nossos dias não é o da ordenação de mulheres para o ministério diaconal, porque isso é inegável, mas sim o do caráter dessa ordenação. Trata-se de um verdadeiro sacramento ou somente de um sacramental? Tal ordenação imprimia caráter ou se reduzia a uma bênção e uma consagração pelas quais se confiava um ofício na Igreja?

Tal delineamento passa a ser anacrônico e falso. É alheio à mentalidade e ao contexto dos primeiros séculos, nos quais não existia ainda uma noção precisa de sacramento e sacramental. Até o século XII não se havia fixado nem o número dos sacramentos, nem os elementos essenciais que os constituem. A história do sacramento da ordem nos revela fatos surpreendentes, e não só nos primeiros séculos, mas durante toda a Idade Média. Não nos parece hoje estranho que a imensa maioria dos canonistas e teólogos dos séculos XI-XIV defenda que as ordens menores são sacramento e imprimam caráter, ao passo que o episcopado não é por eles considerado sacramento, mas mera dignidade e ofício que confere maior poder de jurisdição?[4] O subdiaconato foi considerado primeiro uma ordem menor, a seguir ordem maior e finalmente suprimido, depois do Vaticano II, na Igreja latina.

A questão sobre a natureza sacramental da ordenação das diaconisas deve reduzir-se à pergunta sobre se é da mesma natureza e da mesma categoria que a dos diáconos. E sobre isso não pode haver dúvidas. Ainda que em algumas regiões, sobretudo na Igreja latina, e em algumas épocas, a ordenação das diaconisas não tenha tido o mesmo caráter que a dos diáconos, é um fato histórico que em outras regiões, principalmente no Oriente, e durante um longo período da história, as

4. L. OTT, *El sacramento del Orden*, Madrid, 1976, p. 46-48; 51-52; 79-81.

diaconisas fizeram parte do clero e receberam a mesma ordenação que os diáconos. Isto é o que se deduz dos textos, dos ritos de ordenação e do lugar que ocupam na Igreja e nas funções litúrgicas. Os argumentos mais fortes provêm dos livros litúrgicos, das coleções canônicas e de algumas afirmações de autores diversos e sínodos locais. Tem mais importância o cânon 15 do Concílio de Calcedônia (451)[5]. Queremos compilar aqui os textos paralelos da ordenação dos diáconos e diaconisas que nos foram transmitidos pelas *Constituições apostólicas* (século IV)[6]:

A. DIÁCONOS

Sobre a ordenação dos diáconos, eu, Filipe, decreto: estabelecerás o diácono, ó bispo, impondo-lhe as mãos na presença de todo o presbitério e dos diáconos, e orando dirás: Deus todo-poderoso, verdadeiro e veraz, rico para todos os que te invocam em verdade, temível em tuas decisões, sábio em teus pensamentos, forte e grande, escuta, Senhor, nossa oração e atende a nossa súplica e mostra teu rosto sobre este servo teu, eleito para a diaconia; enche-o de espírito e virtude como encheste Estêvão, testemunha e imitador dos sofrimentos de teu Cristo. Torna-o digno de administrar com constância, irrepreensivelmente e sem culpa, o ministério de diaconia que se lhe confia e que seja digno de maior grau por mediação de teu Filho unigênito, com o qual a ti seja a glória, a honra e a veneração e ao Espírito Santo pelos séculos. Amém.

B. DIACONISAS

Sobre a diaconisa, por sua vez, eu, Bartolomeu, decreto: ó bispo, impor-lhe-ás as mãos na presença do presbitério, dos diáconos e diaconisas, e dirás: Deus eterno, Pai de nosso Senhor Jesus Cristo, criador do homem e da mulher, que encheste de espírito Maria, Débora, Ana e Holda; que não consideraste indigno que teu Filho nascesse de uma mulher; que constituíste na tenda do testemunho e no templo as mulheres guardadoras de tuas santas portas; olha agora para esta tua serva eleita para a diaconia, concede-lhe o Espírito Santo e purifica-a de toda mancha de corpo e espírito, para que cumpra dignamente a obra que lhe foi confiada para louvor teu e de teu Cristo, com o qual a ti seja a glória e a adoração junto com o Espírito Santo pelos séculos. Amém.

À simples vista, pode-se observar que a fórmula de ordenação é substancialmente idêntica, embora apresente algumas diferenças que fazem alusão à condição masculina ou feminina do candidato. Em ambos os casos, o consagrante é o bispo e

5. *Concil. Oec. Decreta*, p. 70.
6. *CA* VIII, 17-19; FUNK, p. 522-525.

se requer a presença do presbitério e dos diáconos, ao passo que nas ordenações dos leitores, ostiários e demais ofícios de rito inferior não se exige essa presença. Como é natural, a ordenação das diaconisas é assistida também por suas companheiras.

As palavras técnicas da fórmula de ordenação são idênticas nos dois casos: "impondo-lhe as mãos" (para o diácono), "impor-lhe-ás as mãos" (para a diaconisa). Carece de importância o uso do particípio ou do imperativo. Nas duas fórmulas, fala-se da eleição para um ministério (a diaconia).

Para a ordenação do subdiácono, o bispo só pronuncia uma oração, enquanto para a diaconisa, como também para o diácono, o presbítero e o bispo, são pronunciadas duas[7].

Assinalemos também duas diferenças importantes. Tanto o diácono como a diaconisa são eleitos para um serviço (diaconia), porém na fórmula do diácono é mencionado o "serviço litúrgico", ao passo que a outra se limita dizer "para a obra que lhe foi confiada".

Na ordenação do diácono, alude-se a que se faça digno de um grau superior, porque pode aspirar ao presbiterado, ao passo que, com relação à diaconisa, é omitida essa indicação.

Alguns detalhes que relatamos não são do século IV, mas de ritos posteriores, por isso vamos citar outra fórmula de ordenação da diaconisa tal como se encontra em um eucológio bizantino do século VIII, que contém o ritual mais completo conservado sobre essa matéria. Trata-se do *Ritual bizantino da ordenação de diaconisas*[8].

Durante a celebração eucarística, antes que o diácono diga "fazendo memória de todos os santos...", aquela que vai ser ordenada é conduzida ao pontífice, e este diz em alta voz: "A divina graça, que cura o que é débil e supre o que é defeituoso, promove (*projeipísetai*) N. a diaconisa. Oremos, pois, para que venha sobre ela a graça do santíssimo Espírito".

Durante a oração, ela inclina a cabeça e o pontífice põe a mão sobre sua cabeça e, fazendo três cruzes, diz a seguinte oração:

> Deus santo e todo-poderoso, que santificaste a mulher pelo nascimento segundo a carne de teu unigênito Filho, Deus nosso; que outorgaste a graça da efusão de teu Espírito Santo, não só aos homens, mas também às mulheres: olha agora também

7. Cf. C. VAGAGGINI, *L'ordinazione delle diaconesse*, p. 184-185; G. MARTIMORT, *Les diaconesses*, p. 153.
8. Texto deste Eucologio Barberini in Bibl. Vat. ms. greco 336, f. 169r-171v. Cf. MARTIMORT, *Les diaconesses*, p. 147-148.

para esta tua serva e chama-a à obra de tua diaconia e outorga-lhe abundantemente o dom de teu Espírito Santo. Conserva-a em tua reta fé para que possa cumprir seu ministério (*leitourgían*) em tudo com forma irrepreensível de vida segundo teu beneplácito. Porque a ti, Pai, e ao Filho e ao Espírito Santo se deve toda glória, honra e veneração, agora e sempre pelos séculos dos séculos. Amém.

Depois do Amém, um dos diáconos inicia as preces comunitárias. Uma das petições diz: *Por N., que acaba de ser constituída diaconisa, por sua salvação, roguemos ao Senhor.*

Enquanto o diácono faz essa oração, o bispo, tendo a mão sobre a cabeça da que foi ordenada, faz a seguinte oração:

Dono e Senhor, que não repeles nem sequer as mulheres que se entregam a si mesmas e querem servir, como convém, a tuas santas moradas, mas as recebes na ordem dos ministros (*en taxei leitourgôn*): outorga a esta tua serva que quer dedicar-se a ti e cumprir o ofício da diaconia a graça de teu santo Espírito, como outorgaste a graça de tua diaconia a Febe, a quem tu chamaste à obra do ministério. Concede-lhe, ó Deus, perseverar sem culpa em teus santos templos, ter cuidado de sua própria conduta, especialmente da continência, e faz perfeita tua serva para que, quando se apresentar diante do tribunal de Cristo, receba a digna recompensa de sua conduta. Pela misericórdia e bondade de teu unigênito Filho, pelo qual tu és bendito...

Em seguida, o bispo cruza a estola diaconal (*opárion*) em torno de seu pescoço sob seu véu (*mafórion*), levando para a frente ambas as extremidades. O diácono continua a oração eucarística com as palavras: *fazendo memória de todos os santos*[9].

Esse ritual esteve vigente na Igreja bizantina durante bastante tempo. Todo o rito evidencia que se trata de uma verdadeira ordenação sacramental, como diríamos hoje. Sem entrar em muitos pormenores, vamos salientar alguns detalhes que asseguram essa afirmação:

1. O rito da ordenação é celebrado durante a liturgia eucarística e no altar, do mesmo modo que a do bispo, do sacerdote e do diácono. O subdiácono e graus inferiores são ordenados durante a liturgia da palavra e fora do altar.
2. Reza-se no começo da cerimônia a oração "a divina graça que cura o que é débil...". Essa oração remonta ao século IV e constitui um dos momentos mais solenes da ordenação na liturgia oriental. Não se faz essa oração na liturgia de outros ministérios inferiores[10].

---

9. C. VAGAGGINI, *L'ordinazione delle diaconesse*, p. 177-179; A. G. MARTIMORT, *Les diaconesses*, p. 147-155.

10. Assim relata B. BOTTE, La formule d'ordination "la grâce divine" dans les rites orientaux, OS 2 (1957) 295-296, seguido por M.-J. AUBERT, *Des femmes diacres*, p. 120-121, e vários outros

3. No final da ordenação, do mesmo modo que o diácono, a diaconisa recebe a estola, símbolo sacerdotal, embora a diaconisa a coloque de modo diferente, por causa do véu, como dissemos.
4. A diaconisa comunga imediatamente depois do diácono. Recebe primeiro o pão consagrado que o bispo lhe apresenta e a seguir o cálice, que deixa sobre o altar. O diácono, depois de receber o cálice, o distribui aos fiéis. O subdiácono não pode receber o cálice e comunga sempre fora do altar. Esta rubrica mostra a paridade da diaconisa com o diácono e sua diferença com relação ao subdiácono. Em algumas igrejas a diaconisa pode distribuir a comunhão às crianças e às mulheres, costume reconhecido pela tradição nestoriana e monofisita dos séculos V e VI[11].

Esses argumentos têm seu contraponto nas razões aduzidas pelos que negam o caráter sacramental das diaconisas. Indiquemos algumas:

1. *A terminologia*. Costuma-se afirmar que para as ordens sagradas usa-se o termo *jeirotonía* ou a expressão "imposição das mãos", e para as demais a palavra *jeirozesía*. Isso não é exato. A terminologia é oscilante, e não só no século IV, mas também em séculos posteriores, usa-se *jeirotonía* para subdiáconos e leitores ou viúvas, ou às vezes *jeirozesía* para os diáconos e diaconisas. Um caso anômalo é o que apresenta a obra *Testamento de nosso Senhor Jesus Cristo*, surgida na Síria na segunda metade do século V, em que se fala da "ordenação" das viúvas, ao passo que as diaconisas ocupam um lugar muito humilde[12].
2. As funções exercidas pelas diaconisas segundo a *Didascalia* (século III) são bastante diferentes das atribuídas aos diáconos.
3. Nas *Constituições apostólicas* (século IV) prescreve-se a *imposição das mãos* e a *invocação do Espírito Santo* para as diaconisas, porém isso é feito também no rito dos subdiáconos e leitores[13].
4. A oração *A divina graça*... não é exclusiva das ordens sagradas, mas é rezada também em outras ordens menores em alguns ritos orientais, embora ignoremos o conteúdo para cada caso, como indica Martimort[14].
5. Na comunhão, o diácono recebe o cálice e o distribui aos fiéis; a diaconisa recebe-o e o deixa sobre o altar[15].

---

autores. A. G. MARTIMORT, *Les diaconesses*, p. 152 e 248, precisa, porém, que não se emprega no rito bizantino para o subdiácono e o leitor; todavia, em outros ritos orientais, usa-se também para outros ofícios menores.

11. Cf. M.-J. AUBERT, *Des femmes diacres*, p. 122.

12. *Testamentum Domini nostri Jesuchristi*, ed. I. E. RAHMANI, Magúncia, 1899, em sua versão Síria e latina. Para mais detalhes, cf. GRYSON, *Le ministère des femmes*, p. 110-119.

13. MARTIMORT, *Les diaconesses*, p. 65.

14. Ibid., p. 152 e 248.

15. Ibid., p. 249.

6. Nas orações para a ordenação do diácono e da diaconisa existe uma diferença muito mais profunda do que alguns pensam[16].

Essas observações, que extraímos do conteúdo da magnífica obra de Martimort, em geral são exatas, porém não desvirtuam a força dos argumentos a favor da igualdade sacramental da ordenação do diácono e da diaconisa. É evidente que as funções das diaconisas são diferentes e muito mais restritas que as dos diáconos. Há sobejas razões históricas e litúrgicas para explicá-lo sem necessidade de ver a raiz dessas diferenças na natureza diversa da ordenação diaconal. Assim sendo, parece-nos demasiado categórica a afirmação de Martimort: "Quaisquer que sejam a solenidade de que se rodeia e a semelhança exterior que se procura com a ordenação do diácono, a diaconisa bizantina não é um diácono; é um ministério muito diferente"[17].

Não se pode negar que a terminologia é bastante variável e indecisa nos diversos autores e até mesmo nas obras canônicas e litúrgicas. Somente a terminologia não basta para discernir se, no caso, se trata de uma ordenação sagrada (sacramento) ou de outra de grau inferior (de um sacramental, segundo a terminologia eclesiástica). O conjunto do rito e sua comparação com outras ordenações e com a do diácono são muito mais decisivos. Todavia, nem o próprio rito decide tudo, e por isso temos de continuar nos perguntando: Quem são as diaconisas? Que tarefas desempenham? Fazem parte do clero?

2. Quem são as diaconisas?

Esta pergunta não tem uma resposta uniforme em todas as épocas. Houve uma grande evolução ao longo da história, motivo pelo qual devemos nos limitar ao Oriente durante os séculos IV a VIII a que estamos aqui nos referindo. Os historiadores, os hagiógrafos e as inscrições funerárias exaltam sua piedade, sua vida de oração e suas obras de caridade. No entanto, não convém esquecer que o diaconato era também uma honra (*timé*) e uma dignidade (*asioma*) a que algumas renunciavam por humildade[18]. Gozavam, em geral, de grande consideração

16. Ibid., p. 249.
17. Ibid., p. 155.
18. Cf. ibid., p. 124.

e respeito. Eram escolhidas entre as virgens ou entre as viúvas de um só marido. É a condição que se repete em todos os documentos.

Levando-se em conta que no princípio não podiam ser ordenadas antes dos 60 anos, idade que foi sendo reduzida para 50 e 40, grande parte das diaconisas era constituída de viúvas ou de família clerical. Eram filhas, irmãs, esposas ou mães de sacerdotes, ou esposas de bispos, as quais se retiravam a um mosteiro para que os bispos pudessem viver em castidade. Sucedia, por vezes, que no mesmo dia em que alguém era ordenado sacerdote sua mãe recebesse a ordenação diaconal. Conhecem-se os nomes de algumas diaconisas com tais características: Donna era filha do sacerdote Teófilo; Aurélia Faustina, mãe de um leitor; Nonna, mãe do sacerdote Alexandre; Sabiniana, tia de João Crisóstomo; Messalina, irmã de um sacerdote etc.[19].

Precisamente o prestígio de que gozavam as diaconisas redundou em prejuízo da instituição. Infelizmente, às vezes, o diaconato converteu-se em mero título de honra, e eram ordenadas mulheres ilustres ou se lhes concedia esse título como prêmio em razão de sua categoria, pelos donativos ou esmolas, ou por outros motivos alheios ao serviço litúrgico.

3. Funções

É preciso reconhecer que os ministérios litúrgicos das diaconisas foram em todo tempo bastante restritos. As coleções canônicas dão a impressão de que se preocupam mais em delimitar o que não podem fazer do que em designar-lhes uma tarefa específica: a diaconisa não pode ensinar, não pode abençoar, não pode batizar, não pode distribuir a comunhão se há algum sacerdote ou diácono presente etc. Eram normas muito estritas, que nem sempre eram cumpridas. O ministério mais importante nos primeiros séculos foi a colaboração no batismo de mulheres. Quando diminuiu o número de adultos que se batizavam, começou-se a notar uma mudança de orientação na vida e nas atividades das diaconisas. Inclinaram-se mais para a vida monástica e as obras de caridade. As superioras ou abadessas de muitos mosteiros importantes eram diaconisas.

19. Ibid., p. 125.

O ministério das diaconisas, tal como aparece nos livros e autores da época, dirige-se quase exclusivamente às mulheres. Sempre, porém, havia exceções. Santa Olímpia, que foi ordenada antes dos 30 anos, cuidava dos enfermos dos hospitais que ela mesma havia fundado. Trata-se certamente de uma personalidade extraordinária[20].

Do século VI ao século VIII existem diversos textos interessantes da região sírio-oriental que falam das funções das diaconisas, porém em um sentido muito restrito. Entre 532 e 534, alguns bispos jacobitas, exilados em Antioquia, respondem a algumas questões que lhes são dirigidas "do Oriente", provavelmente suas comunidades jacobitas em contato com as Igrejas da Pérsia[21]. Vejamos um exemplo:

> Cânon 9. O costume que existe no Oriente de que as superioras de um mosteiro sejam diaconisas e distribuam os mistérios às que estão sob seu poder deverá ser conservado em todas as partes onde não houver mais que uma diaconisa, se não se encontrar um sacerdote ou diácono no lugar onde se distribuem os mistérios; porém, se houver em sua vizinhança um sacerdote ou diácono, não devem distribuí-los[22].

De Edessa, na Síria do Norte, conserva-se igualmente a resposta de um bispo a um sacerdote seu, que também se mostra compreensivo com certas atribuições às diaconisas (superioras de um mosteiro) que ultrapassam as normas canônicas. Na realidade, porém, é bastante rigoroso:

> 23. Addai. Tem a diaconisa, como os diáconos, poder de introduzir uma porção do santo Corpo no cálice consagrado?
>
> São Tiago. Ela não pode fazer de modo algum, porque a diaconisa não foi constituída diaconisa para o altar, mas para as mulheres enfermas.
>
> 24. Addai. Queria saber em poucas palavras qual é todo o poder de quem é diaconisa na Igreja.

---

20. Sobre a vida dessa mulher extraordinária, veja-se A. M. MALINGREY, *Introduction a Jean Chrysostome, Lettres à Olympias*, *SC*, 13 bis, Paris, 1968, p. 13-22. Uma "Vida" antiga em grego de um autor anônimo às p. 406-448 dessa mesma obra.

21. Chapitres qui furent écrits de l'Orient, leurs questions furent présentées aux saintes Pères et elles reçurent les réponses suivants, in I. RAHMANI, *Studia syriaca* 3, Sharfé, 1908, p. 33. Cf. MARTIMORT, *Les diaconesses*p. 138-139, de quem tomamos esses dados.

22. Cf. ibid., p. 139. Em continuação, este autor reúne outras respostas interessantes do bispo Juan bar Qûrsôs ao sacerdote Sargîs (em 538) sobre o que a diaconisa pode ou não pode fazer (p. 139-141).

São Tiago. Ela não tem poder algum com relação ao altar, porque, quando é ordenada [ou instituída], não o é em nome do altar, mas sim que se mantém somente na Igreja[23]. Eis a única coisa que pode fazer: varrer o santuário, acender a lâmpada, e estas duas coisas somente se não há um sacerdote ou diácono por perto. Se estiver em um mosteiro de irmãs, poderá tomar os mistérios do armário, porque ali não há sacerdote nem diácono, e distribuí-los às mulheres, suas companheiras somente, ou também às crianças que se acharem presentes. Todavia, não lhe é permitido tomar os mistérios sobre a mesa do altar nem levá-los, nem tocar a mesa da vida (o altar) de modo algum. Ela unge as mulheres adultas, quando se batizam, visita as mulheres enfermas e cuida delas. Isso é o que a diaconisa pode fazer nos assuntos que concernem aos sacerdotes[24].

4. Posto das diaconisas na comunidade eclesial

Dentro do conjunto da comunidade eclesial, ocupam sem dúvida o primeiro lugar entre as mulheres, antes das virgens e das viúvas, caso estas não tenham a dignidade diaconal. Na eucaristia, comungam antes que elas. Na *Didascalia*, afirma-se que as viúvas devem estar sujeitas aos bispos e aos diáconos, e as *Constituições apostólicas* acrescentam: "e às diaconisas"[25].

Há um fato relevante, admitido em muitas Igrejas, que confere às diaconisas uma categoria singular dentro da Igreja: fazem parte do clero. Recebem a imposição das mãos como os demais clérigos, participam como os outros clérigos na distribuição das "eulogias", pães que foram oferecidos pelos fiéis para a consagração e foram bentos, porém não consagrados.

Essa pertença das diaconisas ao clero nem sempre foi efetiva nem admitida por todos, porém em várias Igrejas, e concretamente na Igreja bizantina, é um fato indiscutível. Por isso, a pergunta deve ser feita acerca do posto que ocupam entre os clérigos.

No livro VIII das *Constituições apostólicas*, a ordenação das diaconisas segue-se imediatamente à ordenação dos diáconos, antes da ordenação do subdiácono e

23. Texto obscuro. Se fizer referência a que a ordenação da diaconisa não ocorre no altar, mas na igreja fora do altar, vai contra as normas que vimos nas *Constituições apostólicas*.
24. Questions que le prêtre Addai a posées à Jacques, évêque d'Urhai et sés réponses, ed. P. DELEGARDE, *Reliquiae iuris ecclesiastici antiquissimi syriacae*, Lipsiae, 1856, p. 117-134. Trad. francesa F. NAU, *Les canons et les résolutions canoniques*..., Paris, 1908, p. 38-66. Cf. G., MARTIMORT, *Les diaconesses*, p. 141-142.
25. Cf. *Did*. III, 8, 1, e *CA* III, 8,1; FUNK, p. 196-197.

do leitor[26]. Na enumeração de ordens reservadas ao bispo, novamente as diaconisas são mencionadas depois dos diáconos e antes dos leitores, subdiáconos e cantores[27]. O mesmo acontece nas preces dos fiéis.

Não obstante, não faltam alguns textos nos quais a diaconisa aparece depois da menção de todos os membros masculinos do clero. A diaconisa comunga depois de todos os clérigos homens e depois dos ascetas, a saber, dos monges e dos homens que professam continência[28]. Essa circunstância não afeta sua categoria eclesial.

5. Projeto de restauração do diaconato feminino na Igreja ortodoxa

A questão do diaconato feminino recuperou novo interesse e atualidade na Igreja ortodoxa. O Congresso Teológico Interortodoxo celebrado em Rodas, de 30 de outubro a 7 de novembro de 1988, tratou com suficiente amplitude o lugar da mulher na Igreja ortodoxa e sua possível ordenação sacerdotal. As conclusões a que chegou não nos surpreendem. Mantém-se na linha tradicional: a impossibilidade de associar a mulher ao sacerdócio sacramental cristocêntrico[29]. Neste ponto, não há mudança nem progresso.

Não obstante, com relação ao diaconato, expressa-se a vontade de restabelecer ou dar nova vida "à ordem apostólica das diaconisas". Embora se afirme que "nunca foi completamente abandonada", de fato, já no século XII, Th. Balsamon, patriarca de Antioquia, menciona-as como uma recordação do passado: "Há muito tempo foram conhecidas pelos cânones as ordens das diaconisas, que tinham acesso ao altar. Não obstante, a impureza de seus meses as afastou do divino e santo altar"[30]. A decisão tomada no Congresso de Rodas parece-nos de grande transcendência. Reproduzimos aqui, por sua importância, o parágrafo VIII, que se refere ao diaconato e às "ordens menores":

---

26. Ordenação do diácono, *CA* VIII, 17, p. 522-524; ordenação da diaconisa, VIII, 19, 524; do subdiácono, VIII, 21, 524-526.
27. CA VIII, 11, 201.
28. CA VIII, 13, 14, p. 216.
29. Cf. El puesto de la mujer en la Iglesia ortodoxa y la cuestión de la ordenación de mujeres, *Diál. Ecum.* 24 (1989) 321-332 [324].
30. *Responsa ad interrogationes Marci*, *PG* 138, 998. Em outra de suas obras, afirma que as diaconisas já não são ordenadas, embora algumas ascetas isoladas se denominem abusivamente "diaconisas". Cf. TH. BALSAMON, *Canones concilio Chalcedonensis*, in can. 15, *PG* 137, 441D.

32. É preciso voltar a dar vida à ordem apostólica das diaconisas. Na Igreja ortodoxa, nunca foi completamente abandonada, embora tenha havido propensão a cair no esquecimento. Sabemos por numerosos testemunhos, que remontam à época apostólica, e tomados da tradição patrística, canônica e litúrgica na época bizantina (e até nossos dias), que essa ordem era muito venerada. A diaconisa recebia a imposição das mãos no interior do santuário durante a divina liturgia; pronunciava dois votos, revestia-se do *opápion* (hábito do diácono) e recebia a sagrada comunhão diante do altar.

33. A revivescência dessa antiga ordem deve ser animada contando com os modelos primitivos atestados por numerosas fontes (cf. as referências aos estudos sobre a questão realizados pelos pesquisadores ortodoxos contemporâneos) e também com as orações (ou votos) que se encontram nos antigos livros litúrgicos bizantinos.

34. Essa revivescência representaria uma resposta positiva às necessidades e às múltiplas exigências do mundo moderno em numerosos campos. Isso seria ainda mais verdadeiro se a ordem diaconal (homens e mulheres) fosse restabelecida em todas as partes em seu serviço original e diverso, com seus prolongamentos na esfera social, segundo o espírito da antiga tradição e como resposta às crescentes necessidades contemporâneas. Não deveria limitar-se a um papel meramente litúrgico ou ser considerada um simples escalão na ascensão para as "classes" superiores do clero.

35. O reaparecimento das diaconisas no seio da Igreja ortodoxa permitiria sublinhar de maneira específica a dignidade da mulher e reconhecer explicitamente sua contribuição para a obra da Igreja em seu conjunto.

36. Seria concebível e desejável permitir às mulheres o acesso, pela imposição das mãos, às "ordens inferiores", ou seja, às de subdiácono, leitor, cantor, instrutor, sem excluir outras ordens que a Igreja pudesse julgar necessárias. Essa questão exige um estudo mais profundo, pois não existe tradição consagrada a esse respeito[31].

Nesse documento, pede-se e deseja-se dar nova vida à venerável instituição das diaconisas, que tanta importância teve na Igreja oriental. Insinua-se mesmo que poderiam ser utilizados, com oportunas modificações, os ritos e orações dos antigos livros litúrgicos. Esse fato representaria uma resposta positiva às necessidades e exigências de nosso tempo e permitiria dar maior relevância à dignidade da mulher e reconhecer sua contribuição para a obra da Igreja universal.

---

31. Ibid., p. 330-331.

Sugere-se, além disso, como possível e desejável conferir também à mulher as "ordens inferiores" pela imposição das mãos, como as de subdiácono, leitor, cantor, didáscalo e algumas outras que pudessem ser necessárias, a juízo da Igreja. Indica-se, não obstante, que este último aspecto, por constituir uma novidade na tradição ortodoxa, necessita de um estudo mais profundo e tranqüilo.

O diaconato, tanto o de homens como o de mulheres, deveria ser um ministério estável, dotado de sentido em si mesmo, e não se transformar em um escalão para subir aos graus superiores do sacerdócio. Tal ministério não deveria limitar-se estritamente ao litúrgico, mas deveria ter seu prolongamento no campo social, como de fato o teve o diaconato primitivo de que nos falam os Atos dos Apóstolos (At 6,1-6). Essas indicações valem para o diaconato masculino e o feminino.

A Igreja ortodoxa toma a si o "desafio" que supõe o movimento feminista de hoje. "Deve ser considerado particularmente como uma forma de expressão dos problemas vitais que surgem no seio da sociedade moderna." Na perspectiva do Evangelho, a Igreja, segundo a teologia feminista, é chamada a falar de sua concepção da igualdade entre homens e mulheres, ao passo que, na perspectiva da fé, respeita sua distinção. E, continuando, acrescenta esta séria advertência: "Os problemas suscitados pelo movimento feminista nem sempre constituem questões teológicas. Algumas, sob a aparência de formulações 'teológicas', são, de fato, questões sociais"[32].

Teólogos e bispos da Igreja ortodoxa deram um passo importante ao manifestar seu desejo e sua vontade de restabelecer "a ordem diaconal" como ministério próprio para nosso tempo. Permanece, não obstante, a barreira da ordem sacerdotal para a mulher.

6. Como é proposto esse tema, hoje, na Igreja católica?

Os atos da Igreja antiga e as numerosas reivindicações das bases, dos sínodos de bispos, de congressos e concílios nacionais nos obrigam a refletir sobre a necessidade de dar ensejo a novas aberturas de participação da mulher nos ministé-

32. Ibid., n. 37-38, p. 331.

rios da Igreja[33]. Há séculos os ministérios eclesiais se concentraram em torno do sacerdócio, com o que ficaram excluídos dos ministérios propriamente ditos os leigos e as mulheres. O Vaticano II abriu novas perspectivas, dando lugar aos ministérios leigos. Ainda hoje, porém, os ministérios ordenados são reservados aos homens. Até mesmo os ministérios laicais, como o leitorado e o acolitado, até datas bem recentes, só podiam ser exercidos por homens. Isso está em contradição com a práxis real das Igrejas. De fato, a mulher exerce hoje alguns ministérios muito mais amplos e variados que os exercidos pelas diaconisas da Antiguidade, tanto no campo da evangelização e da catequese (serviço da Palavra) como no culto (serviço litúrgico) ou nas obras de caridade (serviço assistencial)[34].

Na atualidade, muitas mulheres seculares e religiosas estão exercendo os ministérios que competem a um diácono ordenado. É-lhes confiada inclusive a direção das paróquias, nas quais fazem tudo o que é feito por um sacerdote, exceto celebrar a eucaristia e dar a absolvição sacramental. Diante dessa situação de fato, muitos se perguntam: Por que não conferir o diaconato àquelas que de fato o estão exercendo? Por que se contentar com a função canônica, se tais funções podem ser exercidas de um modo melhor com a consagração sacramental?

A resposta que muitos dão a essas perguntas é esta: Para que necessitam do diaconato essas mulheres que já estão realizando as funções que poderiam levar a termo com a ordenação? O que acrescentaria a seu trabalho pastoral possuir a ordenação do diaconato?

Essa resposta é ambígua e pragmática e não leva em conta o caráter ministerial e sacramental da Igreja. Toda a Igreja é ministerial, e a *diakonía* pertence à sua essência do mesmo modo que a *evangelização* e a *koinonía*. Se muitas mulheres estão exercendo hoje uma função diaconal, que exige como sua a ordem sacramental, deveriam receber tal ordem sacramental, pois do contrário surge uma disfunção na ação pastoral da Igreja[35]. Toda consagração é ordenada à missão e é cumprida por mandato eclesial sob a ação do Espírito. Quando falta a consagração sacramental, fica um vazio no desenvolvimento normal dos ministérios.

---

33. Das petições das bases e dos sínodos dos bispos, tratamos nos capítulos II e III desta obra.
34. Cf. D. FERNÁNDEZ, Las diaconisas, un ministério olvidado, *Vida Religiosa* 66 (1989) 456-461.
35. Resumimos aqui o exposto em nosso artigo Las diaconisas, p. 459-461. Este tema é tratado com mais amplitude por M.-J. AUBERT, *Des femmes diacres*, em diversas partes de sua obra. Veja-se Introdução geral (p. 11-13) e Conclusão geral (p. 205-207).

O Vaticano II deu uma orientação precisa sobre o restabelecimento do diaconato permanente masculino:

> É justo que aqueles homens que desempenham um ministério verdadeiramente diaconal, ou que pregam a Palavra divina como catequistas, ou que dirigem em nome do pároco ou do bispo comunidades cristãs distantes, ou que praticam a caridade em obras sociais ou caritativas, sejam fortificados e unidos mais estreitamente ao serviço do altar pela imposição das mãos, transmitida desde os apóstolos, para que cumpram com maior eficácia seu ministério pela graça sacramental do diaconato (AG, 16).

O que se diz para os homens não vale igualmente para as mulheres? Seria funesto introduzir neste ponto uma discriminação, quando não há razão teológica que a justifique.

O cardeal Hume, arcebispo de Westminster, dizia em uma entrevista concedida a *Il Regno*: "Iria me sentir muito feliz se a Igreja se decidisse pelo diaconato das mulheres, porque de fato elas exercem o diaconato, elas prestam um serviço à Igreja. Então, por que não lhes conceder o diaconato, tanto mais pelo fato de que o diaconato já não pertence à ordem sacerdotal?"[36].

No sínodo dos bispos de 1987, falou-se bastante sobre esse tema. O cardeal G. Danneels, arcebispo de Malinas-Bruxelas, afirmou em sua intervenção:

> o sínodo não poderá calar sobre *o lugar e a responsabilidade específica da mulher na Igreja*. Não se trata de uma concessão ao espírito de nosso tempo ou de ceder aos movimentos feministas, mas é uma exigência do ministério pastoral... Outros quiseram um *eventual diaconato feminino*, para o qual seria necessário, antes de tudo, estudar seu estatuto teológico[37].

Um dos que defenderam com maior entusiasmo o restabelecimento das diaconisas foi o bispo de Kottayam (Índia), monsenhor K. Kummasserry:

> Ainda hoje na liturgia da ordenação dos bispos nos ritos orientais fala-se explicitamente do poder de ordenar diaconisas. Esse poder foi outorgado também a mim na ordenação episcopal, porém nunca fiz uso dele ... Restabelecer a instituição das

---

36. Entrevista de 18-7-1985, *Il Regno* 30/2 (1985) 412.
37. G. CAPRILE, *Il Sinodo dei Vescovi 1987*, Roma, 1989, p. 114. Outros lugares em que se faz alusão ou se fala do diaconato feminino nesse sínodo podem ser vistos às p. 129; 185; 265; 288; 403; 427; 439; 440; 451; 459; 475.

> diaconisas seria uma contribuição positiva da Igreja na sustentação da dignidade da mulher e na afirmação de sua igualdade com os homens em assumir responsabilidades eclesiais[38].

A conclusão que se deduz destes e de muitos outros testemunhos que não mencionamos aqui é que surgiu na Igreja um anseio geral de conceder à mulher o lugar e as responsabilidades específicas que lhe competem nas tarefas eclesiais. Ao fechar-lhe as portas ao sacerdócio, surge com maior força a exigência de abrir-lhe o caminho para o diaconato feminino. É uma necessidade e um dever que se reconheça oficialmente e se reforce com o sacramento o imenso trabalho de serviço que as mulheres exercem hoje na Igreja. Para o diaconato, não podem ser invocadas razões teológicas que o impeçam.

38. Ibid., p. 185.

A questão da ordenação sacerdotal da mulher

terceira parte

CAPÍTULO VII

A declaração *Inter insigniores*

Este documento procede da Congregação para a Doutrina da Fé. Na audiência concedida ao cardeal Seper, prefeito dessa Congregação, em 15 de outubro de 1976, Paulo VI aprovou essa declaração, confirmou-a e ordenou que se publicasse, embora de fato não tenha se tornado pública até 27 de janeiro de 1977. Tal aprovação explícita do papa confere-lhe uma autoridade especial, ainda que não se trate de um ensinamento irreformável. Consta de uma introdução e de seis parágrafos que propõem os argumentos que obrigam a Igreja a não permitir o acesso da mulher ao ministério sacerdotal:

I. A tradição
II. A atitude de Cristo
III. A prática dos apóstolos
IV. Valor permanente da atitude de Jesus e dos apóstolos
V. O sacerdócio ministerial à luz do mistério de Cristo
VI. O sacerdócio ministerial no mistério da Igreja

Não acreditamos necessário fazer aqui um resumo de seu conteúdo, porque o supomos perfeitamente conhecido. Parece-nos, todavia, conveniente apresentar em síntese os argumentos de cada parágrafo, para sua avaliação crítica.

Introdução

A introdução explica com nitidez as circunstâncias e razões que moveram a Igreja a propor e explicar sua postura diante de um tema de tamanha importância e tão debatido em nossos dias. Reconhece-se que um dos traços mais característicos de nosso tempo, como assinalaram João XXIII na *Pacem in terris* (11 de abril de 1963) e o Vaticano II (GS 29; AA 9), é a entrada da mulher em todas as esferas da vida pública. Isso exige a eliminação de toda discriminação da mulher por razão de sexo ou qualquer outro motivo (GS 7). Se as mulheres participam cada vez mais da vida social, é de suma importância que também o façam na vida da Igreja.

Entretanto, aqui surge o problema de até onde podem chegar essa participação e essa igualdade com o homem. As Igrejas da Reforma confiaram o cargo de pastor às mulheres ou conferiram a elas a ordenação sacerdotal, o que suscita um problema ecumênico que não se pode ignorar. Pode a mulher ser admitida à ordenação sacerdotal? A postura da Congregação para a Doutrina da Fé, em obediência a um mandato do papa, é clara e terminante: a Igreja católica, por fidelidade ao exemplo do Senhor, não se considera autorizada a admitir as mulheres à ordenação sacerdotal e crê oportuno explicar sua postura, ainda que seja dolorosa (p. 3-7)[1]. Os argumentos expostos a seguir são os que devem decidir se tal postura é tão firme quanto se apresenta.

I. O argumento da tradição

Os argumentos aduzidos pela declaração contra a possível ordenação da mulher são os seguintes:

1. Nunca, na Igreja católica, as mulheres puderam receber validamente a ordenação sacerdotal.
2. Algumas seitas heréticas concederam funções sacerdotais às mulheres, porém os Padres da Igreja condenaram tal pretensão.

---

1. *AAS* 69 (1977) 98-116. Para maior comodidade, citaremos o texto que reproduz em latim e espanhol a obra *La misión de la mujer en la Iglesia*, Madri, 1978 (BAC popular n. 12). Citamos as páginas entre parênteses dentro do texto.

3. É verdade que nos autores antigos são encontrados alguns preconceitos sobre a condição da mulher, mas isso não influiu em sua ação pastoral e menos ainda em sua direção espiritual.
4. O verdadeiro motivo, sobretudo na tradição antioquena e egípcia, para negar o ministério sacerdotal à mulher está no fato de que a Igreja quer permanecer fiel ao tipo de ministério sacerdotal querido por Cristo.
5. A mesma convicção anima a teologia medieval, embora muitos dos argumentos aduzidos pelos canonistas e teólogos deste tempo sejam inadmissíveis.
6. A questão da ordenação da mulher não havia sido suscitada até nossos dias, por isso o magistério hierárquico não havia sentido a necessidade de se pronunciar sobre ela. Quando, porém, manifestou seu parecer, fê-lo sempre no sentido de conformar-se com o modelo que o Senhor deixou à sua Igreja.
7. A mesma tradição é unanimemente observada nas Igrejas orientais. Isto é tanto mais surpreendente quanto ao mesmo tempo, em outros pontos, sua disciplina é muito diferente. Estas Igrejas rechaçaram a associação a qualquer tentativa de conceder o sacerdócio à mulher. Em resumo, a tradição de dois mil anos, unida à convicção de que tal foi a vontade do Senhor, obriga a Igreja a manter-se fiel à tradição recebida de Cristo e dos apóstolos (p. 8-10).

Entrando já na avaliação desses argumentos, faz-se necessário admitir o fato de que tanto a Igreja católica como as Igrejas orientais ortodoxas nunca admitiram a ordenação sacerdotal da mulher. Esse fato é reforçado — ou enfraquecido — por outra realidade inegável: desde o princípio, realizaram-se muitos movimentos nas Igrejas locais ou ocorridos fora da Igreja exigindo para a mulher uma maior participação nos ministérios e nas tarefas eclesiais. Como na Igreja católica ou ortodoxa não lhes era concedida, essas tendências feministas se refugiavam nas seitas.

A declaração reconhece que muitas das razões apresentadas por diversos autores antigos e medievais para impedir o acesso da mulher ao sacerdócio não são válidas. Deve-se dizer muito mais: é preciso reconhecer que são falsas, que provêm da mentalidade de outros tempos e que são injuriosas para a mulher e contrárias à mensagem autêntica do Evangelho. Nesta categoria, é preciso incluir todos os autores que sustentaram que a mulher não é imagem de Deus, mas somente o homem, que a mulher é de natureza inferior, que a mulher não pode mandar no homem, porque Deus lhe disse no paraíso: "ele te dominará", e toda a série de razões fundadas na "impureza da mulher", que a tornam indigna de tocar as coisas santas.

Afirma-se, além disso, que essas idéias falsas não influíram na ação pastoral dos autores antigos nem em sua direção espiritual (p. 8). Caso se queira dizer que essas razões não excluem a mulher da salvação e da atenção pastoral e espiritual dos Padres, nada temos a objetar. Todavia, não se trata disso. Se, ao contrário, se pretende afirmar que esse conceito pejorativo da mulher não influiu em nada na decisão de negar o sacerdócio e outros ministérios à mulher, isso é completamente falso. Tais idéias da inferioridade e da incapacidade da mulher e o tabu sexual que considerava impura a mulher parturiente ou menstruada, que não podia tocar as coisas sagradas, influíram muito em manter a mulher afastada do altar e proibir-lhe diversas funções litúrgicas, inclusive comungar na mão se não estivesse coberta com um lenço. Se nos limitarmos ao sacerdócio, certamente esses preconceitos não foram a única razão, nem sequer a principal, para negar à mulher a ordenação sacerdotal, mas é inegável que influíram muito, porque são essas as razões que se apresentam com freqüência. O que devemos reconhecer é que, definitivamente, a verdadeira razão que move a Igreja, hoje como ontem, é seu desejo de permanecer fiel à tradição recebida de Cristo e dos apóstolos. Assim sendo, os argumentos da *tradição* completam-se com os três seguintes, referentes à *atitude de Cristo*, *à prática dos apóstolos* e *ao valor permanente da atitude de Jesus e dos apóstolos*. É o que poderíamos chamar de *fundamento bíblico-teológico*.

2. A atitude de Jesus

Quando falamos de Cristo, referimo-nos geralmente a Jesus glorificado, a quem "Deus ressuscitou dentre os mortos e o constituiu Senhor e Messias" (cf. At 2,36). Por isso, referindo-nos à sua vida terrena, é preferível falar de Jesus. Esse Jesus que viveu entre nós como um entre muitos (cf. Fl 2,7) foi manipulado de mil maneiras dentro e fora da Igreja. Mais que da *atitude* de Jesus, dever-se-ia falar de fatos. Quando se trata de fatos históricos, não se há de recorrer aos "problemas suscitados pela Palavra de Deus, que ultrapassam a evidência" (p. 12). Não se trata de "mistérios sublimes", mas simplesmente de constatar se Jesus expressou sua vontade, com palavras ou com fatos, de excluir as mulheres de toda missão apostólica ou, mais concretamente, do ministério sacerdotal. Alguns fatos assinalados pelo documento parecem favorecer essa interpretação; outros, porém, apontam de preferência para uma participação da mulher. Vamos resumir os argumentos da declaração:

1. Jesus não chamou nenhuma mulher para fazer parte dos Doze. Ele não o fez para acomodar-se aos costumes de seu tempo, pois a atitude de Jesus com relação às mulheres contrasta em muitos aspectos com a de seu ambiente e marca uma ruptura: falou com a samaritana, deixou-se tocar pela hemorroíssa ou pela pecadora que entrou na casa de Simão, perdoou a mulher adúltera etc.
2. Jesus afirmou a igualdade nos direitos e nos deveres do homem e da mulher no que se refere ao vínculo do matrimônio (cf. Mc 10,2-11; Mt 19,3-9).
3. Durante sua vida pública, Jesus se fez acompanhar (*sibi comites adiunxit*) não só dos Doze, mas também de algumas mulheres.
4. Contra a mentalidade judaica, que não admitia o testemunho das mulheres, foram elas as primeiras a quem Jesus ressuscitado apareceu e às quais deu o encargo de anunciá-lo aos Onze.
5. Ainda que esses dados não ofereçam uma prova evidente, "é preciso reconhecer um conjunto de indícios convergentes que salientam o fato notável de que Jesus não confiou às mulheres a missão dos Doze".
6. Sua própria mãe, tão intimamente associada ao mistério de Cristo, não foi investida do ministério apostólico (p. 10-13).

No momento de avaliar esses argumentos, só existe uma coisa clara e evidente: nenhuma mulher fazia parte do grupo dos Doze. A nenhuma mulher foi confiada a missão dos Doze. O sentido dos Doze está claro nos Evangelhos e no pouco que conhecemos da pregação de Jesus: representam os doze patriarcas ou doze filhos de Jacó, ou seja, as doze tribos de Israel. Nenhum dos Doze recebeu a ordenação sacerdotal. Os apóstolos eram judeus e casados, pelo menos alguns, o que não se exige para seus sucessores. As palavras que os evangelistas põem na boca de Jesus com relação aos Doze dizem respeito, com freqüência, à Igreja pós-pascal. Como esse argumento voltará com freqüência nos capítulos seguintes, sobretudo no capítulo X, não queremos insistir. Uma exposição sóbria do significado simbólico dos Doze pode ser encontrada na obra de J. Gnilka[2]. E o nome de apóstolo não pode, certamente, ser reduzido aos Doze: "Historicamente não está nada claro que os Doze fossem apóstolos desde o princípio nem que se possa limitar esse título [de apóstolo] somente a eles"[3].

2. *Jesús de Nazaret, mensaje e historia*, Barcelona, 1993, p. 230-232.
3. Cf. R. AGUIRRE, *La Iglesia de Jerusalén*, Bilbao, 1989, p. 55; J. A. JÁUREGUI, Función de los Doce en la Iglesia de Jerusalén, *Est. Ecles.* 63 (1988) 257-284. Não entramos na questão da missão dos Doze somente em Israel ou em todo o mundo, porque é alheia a nosso objeto. Parece-nos evidente que o fato de nenhuma mulher fazer parte dos Doze não é nenhum argumento nem a favor nem contra a possibilidade de que a mulher possa tomar parte na missão evangelizadora.

Os exemplos de Jesus que se apresentam como de ruptura ou atitude revolucionária no trato com as mulheres supõem uma inovação importante na atenção que Jesus lhes outorga, semelhante à que usa na acolhida dos enfermos e pecadores, entre os quais são incluídas as mulheres. Rompe com os tabus legais de tocar um enfermo ou um morto ou falar com uma mulher, porém nada muda no estamento social. O estranho é que em suas viagens apostólicas também o acompanham algumas mulheres que o ajudam com seus bens. Não temos muitos dados sobre em que consiste sua missão além da ajuda econômica relatada por Lucas (8,1-3). Porém, se algo podemos deduzir deste dado, é que também as mulheres estão entre os discípulos de Jesus e participam de certo modo de sua missão.

O exemplo de Maria, sua mãe, que não é enviada a pregar, não prova nada. Significa que há diversas funções na comunidade e que uma pessoa não tem por que exercê-las todas. Não lhe confia a missão dos Doze nem a de batizar, porém no Calvário confia-lhe a Igreja, o discípulo amado (Jo 19,25-27). Não significa nada esse gesto de Jesus moribundo?

O texto de Marcos 10,2-11, confrontado com Mateus 19,3-9, sobre a igualdade de direitos da mulher e do homem no que se refere aos vínculos do matrimônio parece-me estar muito mal colocado na citação se queremos conhecer a atitude de Jesus. É evidente que Jesus diz somente a primeira parte, que Mateus também relata: "Aquele que repudia sua mulher e se casa com outra comete adultério contra a primeira". Na Palestina, durante a vida de Jesus, não é necessário dizer mais, porque a mulher em Israel não pode dar libelo de repúdio contra seu marido. Marcos, porém, que escreve para as comunidades greco-romanas, nas quais a mulher tem esse poder, acreditando interpretar fielmente a mensagem de Jesus, acrescenta: "Se a mulher repudia seu marido e se casa com outro, ela é adúltera". Não é Jesus quem muda uma lei, mas o evangelista quem a interpreta com rara fidelidade, adaptando-a às novas circunstâncias da sociedade em que vivem os cristãos aos quais dirige seu evangelho. É o que deve fazer a Igreja atual.

Precisamente esse caso das diferentes redações de Marcos e Mateus serviu-me muitas vezes para fazer ver como é possível mudar a letra de uma norma permanecendo fiel ao espírito e à intenção de quem a promulgou. Se a Igreja hierárquica, que reconhece que Jesus mostrou uma grande abertura a respeito das mulheres, em vez de aferrar-se estritamente ao que Jesus fez, tivesse adotado sua postura dinâmica e de caráter aberto, não teria as dificuldades que hoje experimenta em conceder à mulher uma maior participação em seus ministérios. Porém, durante séculos, apoiando-se no exemplo de Jesus, fechou as portas que Jesus começou a abrir. E houve várias tentativas e vários ensaios nessa direção, mas a autoridade hierárquica os impediu.

Soa-nos ainda mais estranho que se faça menção às mulheres que foram as primeiras a ver Cristo ressuscitado e receberam o mandato de comunicar essa boa nova aos apóstolos e não deduzir desse fato singular nenhuma conseqüência prática. São João Crisóstomo chama Maria de Mágdala de "apóstolo dos apóstolos". Pode parecer irrelevante o fato de que recebam o mandato de Jesus de anunciar a grande notícia de sua ressurreição aos próprios apóstolos?

3. A prática dos apóstolos

Parte-se do princípio de que a "comunidade apostólica foi fiel à atitude de Jesus" (p. 13). A declaração repete alguns argumentos e recorre ao testemunho de Paulo.

1. O primeiro argumento funda-se na primitiva comunidade de Jerusalém. Ali está Maria, a mãe de Jesus, e não obstante não é chamada a entrar no colégio dos Doze (ibid.).
2. No dia de Pentecostes, o Espírito Santo desce sobre os homens e mulheres reunidos no cenáculo. Apesar disso, são "Pedro e os Onze" (At 2,14) os que anunciam a mensagem da ressurreição de Jesus.
3. Quando o Evangelho passa para o mundo helenista e romano, surgem dificuldades e os pregadores e os novos cristãos têm de romper com alguns costumes judaicos e observâncias da Lei. A mulher tem menos limitações nessas culturas. Embora existam sacerdotisas no mundo grego e vestais no mundo romano, os apóstolos, por fidelidade ao Senhor, não conferem a ordenação sacerdotal às mulheres (p. 14).
4. Nas cartas de São Paulo, vemos que algumas mulheres colaboram ativamente com ele. Há um grande progresso da atividade das mulheres com relação ao judaísmo. Todavia, em nenhum momento ocorre a Paulo conferir-lhes a ordenação sacerdotal.
5. No *corpus paulino* percebe-se uma terminologia diversa para expressar a função ministerial de seus colaboradores. Chama "meus cooperadores" aos homens e mulheres que o ajudam em seu apostolado. Reserva, porém, o título de "cooperadores de Deus" a Apolo e Timóteo e a si mesmo, porque estão consagrados diretamente ao ministério apostólico.

Ao avaliar tais argumentos, novamente deparamos com interpretações da Escritura muito forçadas e menções inoportunas. Não vou insistir no que concerne a Maria, a mãe de Jesus.

Diz-se que no Pentecostes todos receberam o Espírito Santo, homens e mulheres, embora somente "Pedro com os Onze" (At 2,14) anunciem o cumprimento das promessas (p. 13). Devemos precisar que o anúncio é feito somente por Pedro. Esta frase intencional de Lucas: "Pedro com os Onze", sem dúvida tem importância, porque enfatiza a atuação de Pedro como porta-voz dos demais e inclui os Onze em um grupo especial. É evidente que nenhuma mulher faz parte do grupo dos Doze nem recebe uma missão oficial de pregar às multidões. Tampouco existe algum judeu helenista e menos ainda um pagão entre os apóstolos. Todavia, do fato que nesse momento inicial da evangelização não encontremos a menção de nenhuma mulher exercendo funções de apóstolo, devemos concluir que as mulheres ficam excluídas para sempre das tarefas de evangelização? Parece-me exagerada tal conclusão. Embora mais adiante encontremos nos Atos e nas cartas de São Paulo diversas mulheres que colaboram com ele na evangelização, nada deixa entrever que tiveram os ofícios de presbítero ou bispo, que foram surgindo segundo as necessidades da evangelização e da vida eclesial.

Outro argumento bíblico contra a ordenação da mulher é o fato de que, ao propagar-se o cristianismo no mundo greco-romano, onde existem sacerdotisas e mulheres dedicadas ao culto dos deuses, os apóstolos e primeiros pregadores do Evangelho não sentem a necessidade de mudar sua norma de não conceder o sacerdócio às mulheres para adaptar-se à cultura e aos costumes da nova sociedade, ao passo que o fazem com relação à observância da lei mosaica e às leis matrimoniais. E não o fazem porque querem ser fiéis à vontade do Senhor.

Este argumento assinala um fato e acrescenta uma interpretação. O fato é certo, porém a interpretação não é correta. Pelo menos, cabem outras interpretações. A hierarquia católica não mudou as normas sobre a exclusão da mulher do sacerdócio não por obedecer a uma vontade expressa do Senhor, que não existe, mas porque, dada sua mentalidade judaica, não cabia em sua cabeça que uma mulher pudesse exercer funções sacerdotais. Precisamente o fato de que entre gregos e romanos havia sacerdotisas não favorecia em nada a mudança, mas, ao contrário, constituía um obstáculo pelo temor de recair nos costumes pagãos e cultos idolátricos.

Por último, a diversidade de terminologia de Paulo para designar seus colaboradores em geral (*meus* cooperadores) e os consagrados ao ministério apostólico (cooperadores *de Deus*) não tem importância e não é exata. Só se usa "cooperadores de Deus" em 1 Coríntios 3,9 e em 1 Tessalonicenses 3,2, embora esta última menção referida a Timóteo seja duvidosa, porque outros códices lêem "ministro de Deus". Em Romanos 16,21 chama ao mesmo Timóteo "meu colaborador". E em Filêmon 24 menciona Marcos, Aristarco, Demas e Lucas como "meus colaboradores". Não creio que estes tenham tido menor categoria que Apolo, ao qual se refere em 1 Coríntios 3,9. Trata-se de uma sutileza própria de um especialista.

4. Valor permanente da atitude de Jesus e dos apóstolos

Poderia a Igreja desviar-se atualmente da atitude de Jesus e dos apóstolos considerada normativa por toda a tradição, até hoje? A resposta da Congregação da Fé é um *não* sem paliativos. Para não repetir argumentos, empenha todo o seu esforço em resolver as objeções que costumam se apresentar a essa postura negativa (p. 16-21).

1. Foi dito que a posição de Jesus e dos apóstolos é devida aos condicionamentos religiosos e culturais de seu tempo. A situação das mulheres na Palestina no século I não permitia que lhes fosse confiada uma missão oficial.

   A resposta da Declaração a essa dificuldade é que não ficou provado nem se pode provar que essa atitude se inspire somente em motivos socioculturais. Vimos — continua a Declaração — como Jesus rompeu com muitos preconceitos do tempo com relação à mulher. Por isso mesmo, não se pode sustentar que tenham sido as circunstâncias do ambiente que impediram de incorporar a mulher ao grupo dos Doze. Com maior razão deve-se afirmar que o clima sociocultural não condicionou a atuação dos apóstolos em um ambiente grego no qual não existiam tais discriminações (p. 16-17).

2. Costuma-se objetar também o caráter caduco de muitas disposições de Paulo ou dos apóstolos, tais como, por exemplo, a obrigação da mulher de usar um véu na cabeça nas assembléias (1Cor 11,2-16) e outras semelhantes. Não se pode dizer que também outras normas e proibições caducaram, por exemplo a proibição imposta por São Paulo de falar ou ensinar na igreja? (1Cor 14,34-35; 1Tm 2,12).

   A Declaração responde que no primeiro caso (véu da mulher) trata-se de uma disposição disciplinar secundária, ao passo que a proibição de ensinar é de outro tipo. Paulo permite às mulheres que profetizem na assembléia (1Cor 11,15). A proibição de ensinar refere-se a uma "função oficial de ensinar na assembléia" (1Cor 11,5). Para Paulo, essa proibição está ligada ao plano divino da salvação (cf. 1Cor 11,17; Gn 2,18-24). E não se há de imputar a Paulo sentimentos hostis com relação à mulher, pois a ele devemos um dos textos mais belos que falam da igualdade fundamental do homem e da mulher: "Já não há nem escravo nem homem livre, já não há o homem e a mulher; pois todos vós sois um só em Jesus Cristo"(Gl 3,28) (p. 17-18).

3. Uma terceira objeção provém daqueles que dizem que a Igreja deve evoluir, como sempre fez, sobretudo em matéria de sacramentos. A Igreja de hoje tem consciência de que pode intervir e mudar em matéria de sacramentos, como o fizeram recentemente Pio XII e Paulo VI no que se refere aos sacramentos da ordem e da unção dos enfermos.

A essa censura responde-se que o poder da Igreja em matéria sacramental é limitado. Como ensina o Concílio de Trento e Pio XII repete, qualquer mudança deve respeitar a "substância dos sacramentos", a saber, aqueles pontos essenciais que o próprio Cristo estabeleceu. Por outro lado, não se pode esquecer que os sacramentos são sinais, e até certo ponto são sinais naturais, pois respondem ao simbolismo profundo dos gestos e das coisas: a água purifica, o azeite fortifica, a eucaristia é alimento espiritual. No entanto, são mais do que isso: são destinados a introduzir o homem das épocas posteriores naquele grande acontecimento da história da salvação que é o próprio Cristo. A eucaristia, por exemplo, não é apenas uma comida fraterna, mas também "o memorial que faz presente e atualiza o sacrifício de Cristo e sua oblação feita pela Igreja". "A adaptação aos tempos e às formas da civilização não pode estender-se a ponto de romper, nos pontos essenciais, o vínculo sacramental com os acontecimentos da fundação do cristianismo e com o próprio Cristo" (p. 19-20).

Definitivamente, cabe à Igreja, pela voz de seu magistério, determinar quais elementos, nessa matéria, podem mudar ou não mudar. Se ela houver por bem não aceitar certas mudanças, é porque se sente vinculada pela conduta de Cristo.

Essa prática da Igreja de conferir apenas aos homens a ordenação sacerdotal assume um *caráter normativo* porque se apóia no exemplo de Cristo e na tradição constante da Igreja oriental e ocidental (p. 20-21).

Em meu entender, a declaração poderia ter terminado aqui, uma vez que tudo quanto se segue não esclarece nada, criando, ao invés, mais confusão, dada a fragilidade dos argumentos teológicos aduzidos. O verdadeiro argumento é o bíblico e o da tradição. O argumento bíblico não convence, e o da tradição perde força ao ficar sem uma base bíblica em que se apoiar.

O que mais chama a atenção é a segurança manifestada pelo documento de que essa prática da Igreja não pode mudar, precisamente por fidelidade a Cristo e à tradição. Supõe-se que o "argumento bíblico" insinuado nesta primeira parte seja firme e sólido, quando, na realidade, não o é. O argumento da tradição é apresentado como se essa prática tivesse sua origem no próprio Jesus, o que tampouco é certo. O fato de que os apóstolos e seus "sucessores" não confiaram funções sacerdotais a mulher alguma pode obedecer a diversas razões históricas, religiosas e culturais. Isso é o que a declaração não admite, embora sequer possa provar sua postura. O uso que faz dos textos bíblicos não é correto. Não insinua nem mesmo que os textos de 1 Coríntios 11,7-9; 14,34-35 e 1 Timóteo 2,12, segundo os exegetas atuais, muito provavelmente não são de São Paulo. Os dois primeiros são interpolações, e a Primeira Carta a Timóteo é atribuída a um autor posterior. Trata-se, evidentemente, de textos bíblicos que constituem parte de um escrito canônico, seja quem for seu autor. Todavia, nem todos os textos bíblicos têm a mesma autoridade vinculadora. Na Primeira Carta a Timóteo, afirma-se que é necessário (*dêi*) que os bispos e os diáconos sejam maridos de uma só mulher, que saibam governar bem sua casa e seus filhos (1Tm 3,2-12), e não obstante a Igreja nunca exigiu tal condição dos que são ordenados.

Outro pressuposto falso latente nessa argumentação é pensar que Jesus estabeleceu de uma vez para sempre a "substância" dos sacramentos, ou seja, seus elementos essenciais e imutáveis. A história do cristianismo primitivo e dos sacramentos demonstra que tal posição é insustentável. Sem Jesus, sem sua palavra e sua obra, sem sua morte e ressurreição não haveria Igreja nem sacramentos cristãos. Entretanto, a configuração dos sacramentos foi obra da Igreja pós-pascal ao longo dos séculos. Nem o conceito, nem o número dos sacramentos foram fixados até a alta Idade Média. A configuração do sacramento da ordem é o resultado de um longo processo histórico no qual foi se afiançando cada vez mais a figura do bispo até que se cristalizasse, já no século II, no tríplice grau de bispos, presbíteros e diáconos, embora não em todas as Igrejas.

O Novo Testamento não fala de uma ordenação sacerdotal nem relaciona os bispos ou presbíteros com uma função eucarística. Não podem ser atribuídas a Jesus nem aos apóstolos intenções e exclusões para receber um sacramento que, como tal, ainda não existia. A Igreja mudou muitas coisas na práxis sacramental no que se refere à penitência, ao matrimônio e ao próprio sacramento da ordem.

Não se pode invocar a vontade expressa de Jesus para canonizar uma práxis posterior. O argumento bíblico em seu conjunto é pouco convincente. Faz-se mister aduzir outras razões.

5. O sacerdócio ministerial à luz do mistério de Cristo: *in persona Christi*

Nesta seção tem início a argumentação teológica. Não se trata de uma demonstração propriamente dita, mas de esclarecer a doutrina exposta pela analogia da fé. Pretende-se mostrar a conveniência de que somente os homens sejam chamados à ordem sacerdotal. Resumiremos em primeiro lugar os argumentos, para depois, na seqüência, avaliar sua força probatória (p. 22-35 da declaração).

1. O ensinamento constante da Igreja proclama que o sacerdote, no exercício de seu ministério, atua *in persona Christi*: representa Cristo. Essa representação alcança seu mais alto nível na celebração eucarística. Aqui o sacerdote faz as vezes de Cristo, pronunciando suas mesmas palavras e oferecendo sua mesma imagem. É evidente que essa função de *sinal perceptível* e imagem de Cristo é mais bem desempenhada pelo homem do que pela mulher. Os cristãos devem poder captar facilmente esse sinal: "Os signos sacramentais", diz Santo Tomás, "representam o que significam por sua semelhança natural". A mesma lei vale para as pessoas. Faltaria a semelhança natural se a pessoa que representa Cristo fosse uma mulher e não um homem.
2. A objeção que essa doutrina provoca é que Cristo representa toda a humanidade, homens e mulheres. Não veio salvar somente os homens, ou para assumir a representação diante do Pai somente dos homens, mas sim de todo o gênero humano.

   Isso está certo, responde a declaração, porém na encarnação assumiu o gênero masculino. Trata-se de um fato que não implica superioridade do homem sobre a mulher, mas implica, isto sim, uma ordem na economia da salvação e está em harmonia com o plano de Deus, tal como Deus no-lo revelou, e cujo centro é o mistério da aliança de Deus com o homem. Pois bem, a aliança assume já no Antigo Testamento a forma de um mistério nupcial: o povo se transforma, para Deus, em uma esposa ardentemente amada. Deus é fiel, inclusive quando a esposa trai seu amor.
3. Na plenitude dos tempos, o Filho de Deus se encarna para inaugurar e selar a aliança nova e eterna com seu sangue. De seu lado aberto nasce a Igreja, como Eva nasceu da costela de Adão. Cristo é o Esposo, a Igreja, a Esposa. Esse tema nupcial encontra-se também em São Paulo, nos escritos de São João e nos evangelhos sinópticos. Mediante essa linguagem simbólica da Escritura, que atinge

o homem e a mulher em sua identidade profunda, foi-nos revelado o mistério de Deus e de Cristo. Por conseguinte, não se pode passar por cima do fato de que Cristo seja homem, desde que se queira reconhecer a força desse símbolo para a economia da revelação. Nas ações que exigem o caráter da ordenação e naquelas em que se representa o próprio Cristo, Esposo e Cabeça da Igreja, como ocorre de modo eminente na eucaristia, seu papel ou sua representação devem ser realizados pelo homem. Não se trata de superioridade do homem sobre a mulher, mas simplesmente de diversidade de funções e de serviços.

4. Pode-se objetar, além disso, que Cristo se acha agora em sua condição celeste e, conseqüentemente, poderia ser representado por um homem ou por uma mulher, dado que em sua condição gloriosa já não podemos fazer essas distinções.

   A declaração responde que a condição de homem ou mulher não fica suprimida para os homens bem-aventurados na outra vida. O que vale para nós vale também para Cristo. A diferença sexual afeta profundamente a pessoa e desempenha um papel mais profundo do que as diferenças étnicas, porque é, segundo a revelação, o efeito de uma vontade primordial de Deus, que os "criou homem e mulher" (Gn 1,27).

5. Pode-se também objetar que o sacerdote em suas funções litúrgicas e sacramentais representa a Igreja: *agit in persona Ecclesiae*. A ação litúrgica é celebrada pelo sacerdote em nome de toda a Igreja; ele reza por todos, e na missa se oferece o sacrifício de toda a Igreja: na nova Páscoa, é a Igreja que imola Cristo sacramentalmente por meio do sacerdote (cf. Concíl. Trident.; DS 1741). Deste ponto de vista, poder-se-ia dizer que a mulher representa melhor a Igreja (a esposa) que o homem.

   A resposta oferecida pela declaração é a seguinte: é verdade que o sacerdote representa a Igreja, que é o corpo de Cristo. Isto, porém, deve-se precisamente ao fato de que em primeiro lugar representa o próprio Cristo, que é a Cabeça e o Pastor da Igreja, como afirma o Vaticano II, que precisa e completa a fórmula *in persona Christi*. Enquanto *representante de Cristo, Cabeça e Pastor de toda a Igreja*, o sacerdote preside a assembléia cristã e celebra o sacrifício eucarístico "que toda a Igreja oferece e no qual ela inteira se oferece a si mesma" (Paulo VI, *Mysterium fidei* 3) (p. 28-29).

6. Tomando em consideração o valor dessas reflexões, compreender-se-á melhor o sólido fundamento da práxis seguida pela Igreja de não conceder o sacerdócio à mulher. As controvérsias atuais sobre a ordenação da mulher convidam a um maior aprofundamento no mistério da Igreja e a pesquisar mais acerca da natureza e do significado dos bispos e presbíteros, a descobrir o lugar genuíno e insigne que o sacerdote ocupa na comunidade dos batizados, da qual ele faz parte, porque nas ações que requerem a ordenação é imagem e sinal do próprio Cristo (p. 29-30).

A força principal dessa argumentação teológica baseia-se no princípio de que o sacerdote, em sua função sacramental, *agit in persona Christi*, representa

Cristo, faz as vezes de Cristo[4]. Por essa razão, deve ser um homem, pois o *signo* ou *símbolo* deve ter certa semelhança natural com a realidade significada ou simbolizada, como ensina Santo Tomás[5]. Centra-se deliberadamente a aplicação desse princípio na celebração eucarística, porque se trata de uma função do sacramento da ordem e porque é precisamente aqui que aparece com maior evidência a necessidade da "semelhança natural", porque o celebrante repete os gestos e as mesmas palavras de Jesus. Não se pode negar que o argumento tem feições de verdade e certa força persuasiva. Na realidade, não passa de um "argumento de conveniência", aduzido de uma perspectiva particular, porque não apenas o sacerdote, mas todo cristão representa Cristo na administração dos sacramentos. E existem alguns sacramentos que podem ser administrados pelos leigos e pelas mulheres. Limito-me deliberadamente ao batismo, porque é um caso reconhecido universalmente. Podemos recordar as célebres palavras de Santo Agostinho: "Pedro batiza? Cristo é quem batiza. João batiza? Cristo é quem batiza. Judas batiza? Cristo é quem batiza"[6]. Podemos acrescentar: A mulher batiza? Cristo é quem batiza.

No batismo, a mulher faz as vezes de Cristo. Por que não pode fazê-lo na celebração eucarística? Pode-se dizer de todo cristão, homem ou mulher: *christianus alter Christus*. O cristão é outro Cristo. Qualquer pessoa humana, homem ou mulher, pode ser sinal visível de Cristo enquanto mediador da salvação. Cristo se vale dos homens (dos seres humanos) para transmitir sua palavra, seu amor, sua graça, seu perdão. Declarar que, se uma mulher celebrasse a eucaristia, dificilmente se poderia ver nela a imagem de Cristo soa como algo similar à repetida afirmação dos antigos de que a mulher não é imagem de Deus, mas tão-somente o homem. É a pessoa humana, prescindindo de sua condição masculina ou feminina, a que representa e atualiza a ação salvadora de Cristo na última ceia, ou na pregação, ou na cura dos enfermos, ou em sua atenção aos pobres e marginalizados. O amor, a ternura e a misericórdia com que Jesus acolhe e perdoa os pecadores, não pode

4. Esta expressão, freqüente na teologia, é usada também pelo Vaticano II em diversas ocasiões: *SC* 33; *LG* 10; 28; *PO* 2; 13. Existem ainda outros numerosos estudos sobre esta fórmula. Cf. A. G. MARTIMORT, El valor de una fórmula teológica: "in persona Christi", *Phase* 18 (1978) 303-313.
5. *In IV Sent.* dist. 25, q. 2, a. 2, quaestiuncula 1 ad 4, citado pela declaração, p. 24, nota 19. Veja-se também a nota 18.
6. *In Joh. evang.* tract. 6, c.1, n. 7; *PL* 35, 1428.

encarná-los uma mulher? Quem são, de fato, as pessoas que tornam visível, palpável na Igreja de hoje o amor, o sacrifício, a entrega de Jesus pelos pobres, pelos enfermos, pelos abandonados? Não são em grande parte as mulheres?

Alguns autores fizeram notar a diferença entre ser "representante" de Cristo e ser "sua representação". O embaixador britânico representa a rainha da Inglaterra, mas não é "sua representação". O representante da rainha não tem de ser necessariamente uma mulher. Na eucaristia, o ministro atua em lugar de Cristo, porém não é uma "representação" de Cristo. No batismo, o batizante *agit in persona Christi*, representa Cristo, e, não obstante, pode ser uma mulher[7].

Há outro dado importante a ser levado em conta. O Cristo que atua na ação sacramental e é representado pelo celebrante não é o Jesus terreno, mas o Cristo glorificado, o *Kyrios* que está sentado à direita do Pai e se faz presente por seu Espírito na Igreja e no mundo. Falando do Cristo glorioso, perde toda a importância sua condição de homem. Afirmar que uma mulher não pode representar Cristo ressuscitado por ser mulher seria pensar de um modo semelhante ao dos saduceus, descrito por Marcos 12,18-27. Para enganar-se quanto aos que acreditavam na ressurreição, perguntam com indolência a Jesus: uma mulher esteve casada com sete maridos. Quando ressuscitarem dos mortos, de quem será mulher? A resposta de Jesus é contundente: estão equivocados, por não entender as Escrituras nem o poder de Deus. "Quando ressuscitarem dos mortos, nem se casarão [os homens], nem serão dadas em casamento [as mulheres], mas serão como anjos nos céus" (Mc 12,24-46).

Sem atribuir-lhe grande valor, poder-se-ia acrescentar outro detalhe. Na teologia e na liturgia orientais, a pessoa que atua na celebração é principalmente o Espírito Santo, a quem o sacerdote invoca para que transforme o pão e o vinho no corpo e sangue de Cristo. Vimos que a *Didascalia* e as *Constituições apostólicas* apresentam o diácono como tipo de Cristo e a diaconisa como tipo do Espírito Santo[8]. Sendo o Espírito Santo o principal agente da celebração eucarística, a mulher, por sua condição feminina, representaria melhor o Espírito Santo que o homem. Com essa indicação, que necessitaria de mais explicações, apenas quero indicar que os argumentos de "representação" carecem de todo valor.

7. Cf. CH. HILL, Argomenti contro l'ordinazione delle donne al sacerdozio nel contesto del dialogo tra anglicani e cattolici romani, in C. MILITELLO (org.), *Donna e ministero*, Roma, 1991, p. 170-171.
8. *Did.* II, 26, p. 104; *CA* II, 26, p. 105.

Encontrei uma confirmação inesperada dessa doutrina em um texto de João Paulo II, *Mulieris dignitatem* (n. 4):

> Esta dignidade [da mulher] consiste, por um lado, na *elevação sobrenatural à união com Deus* em Jesus Cristo, que determina a finalidade tão profunda da existência de cada homem, tanto sobre a terra como na eternidade. Partindo deste ponto de vista, "a mulher" é a representante e arquétipo de todo o gênero humano, ou seja, *representa aquela humanidade* que é própria de todos os seres humanos.

Se a mulher pode ser representante de toda a humanidade, homem ou mulher, por que não vai representar a humanidade de Jesus, principalmente se se trata de Jesus glorificado? Como diz muito bem M. Alcalá,

> o que é verdadeiramente fundamental no mistério de Jesus Cristo mediador não é que fosse homem, mas que era verdadeiro Deus encarnado na natureza humana. Este é o mais profundo sentido da expressão que encontramos no prólogo do Evangelho de João: "O Verbo se fez carne" (Jo 1,14). Atuar, pois, *in persona Christi* significa fundamentalmente fazer as vezes de Deus feito homem, porém não precisamente de Deus feito varão[9].

Diz-se freqüentemente que Cristo é o *sacramento de Deus* e a Igreja o *sacramento de Cristo*, epifania de Cristo, o rosto visível de Cristo. Exige-se, nestes casos, a condição masculina para visibilizar ou representar Cristo? Isso equivaleria a excluir mais da metade dos membros da Igreja.

Menos valor ainda tem o argumento deduzido do *conceito de aliança*, que já no Antigo Testamento assume a forma de *mistério nupcial*. Esse símbolo alcança seu zênite no Cântico dos Cânticos: Deus é o esposo; o povo eleito, a esposa. Assim, pois, se aplicará à Igreja, a Maria, a alma individual. Cristo Esposo, Igreja esposa, tema relativamente freqüente no Novo Testamento: João 3,29-30; 2 Coríntios 11,2; Apocalipse 21,2; 22,16-20. Mediante essas comparações, a idéia fundamental que se quer expressar é o amor, a fidelidade, a entrega generosa. Outras vezes, quando se compara o reino dos céus a um banquete de bodas, prevalece a idéia de alegria e felicidade plena dos eleitos. Em todos esses casos, prescinde-se de uma caracterização masculina ou feminina dos que compõem o povo eleito ou a Igreja. Parece-nos, pois, estranho que já algum autor medieval tenha

9. *La mujer y los ministerios*, p. 317.

empregado esse argumento para chegar à conclusão de que a mulher não pode ser bispo de uma Igreja, porque o bispo é o esposo e a Igreja, a esposa[10].

Parece-nos igualmente fora de propósito o ato de forçar essa comparação até deduzir dela a impossibilidade de que uma mulher possa ser sacerdote, porque o sacerdote representa Cristo-Esposo[11]. Com tais princípios, nem sequer a Igreja de Corinto, na qual naturalmente havia homens, poderia ser comparada a "uma virgem pura" (2Cor 11,2).

6. O sacerdócio ministerial no mistério da Igreja: *in persona Ecclesiae*

Se o argumento de que a mulher não pode atuar *in persona Christi* por razão de sexo é tão premente, adquire maior força a objeção de que em tal caso tampouco o sacerdote pode atuar *in persona Ecclesiae*, ou, pelo menos, que por ser a Igreja a esposa de Cristo estaria mais bem representada por uma mulher.

A solução oferecida pela declaração é engenhosa e profunda: "O sacerdote representa realmente a Igreja, corpo de Cristo, precisamente porque, antes de tudo, representa Cristo, Cabeça e pastor da Igreja" (p. 29). Vale dizer, Cristo é Cabeça da Igreja; não se concebe a Cabeça sem seu corpo. Se o sacerdote representa Cristo, *ipso facto* representa também a Igreja, que é seu corpo.

Há aqui uma grave incoerência. No primeiro caso, apelava-se a Cristo homem para exigir um representante masculino, e agora se prescinde da condição feminina para representar a Esposa. Certamente seria um erro forçar aqui o simbolismo da Esposa para deduzir que só uma mulher pode atuar em nome da

10. Assim afirma SÃO BOAVENTURA, *In IV Sentent.* D. 25, a.2 q.1, *Op. Omnia*, Paris, 1866, 200. São muitos os autores dos primeiros séculos que afirmam que o bispo é o esposo da Igreja, e por essa razão não costumavam mudar de diocese, por exemplo Santo Agostinho, que permaneceu em Hipona, sua primeira e única diocese. O que não me consta é que tenham empregado esse argumento para deduzir que a mulher não pode ser bispo.

11. Pela mesma razão, julgamos equivocados em sua idéia fundamental os comentários de G. MARTELET, El mistério de la alianza y sus relaciones com la naturaleza Del sacerdócio ministerial, p. 117-129, e de HANS URS VON BALTHASAR, Importancia de la tradición ininterrumpida de la Iglesia sobre la intrínseca referencia Del sacerdocio al varón, p. 93-102, publicados em *L'Osservatore Romano* e compilados na obra *Misión de la mujer en la Iglesia*, Madrid, 1978 (BAC popular n. 12).

Igreja, mas também nos parece equivocado forçar o simbolismo do homem com relação a Cristo Esposo, mesmo reconhecendo as diferenças entre uma pessoa viva e singular e uma coletividade. Creio que a única atitude sensata seja aceitar a beleza e a expressividade das imagens e dos símbolos para significar o amor, a fidelidade, a entrega, e não reduzi-los a detalhes físicos para justificar uma norma pouco compreensível.

7. Vocação para o sacerdócio

No final do documento (p. 31-34), é abordado também o tema da vocação para o sacerdócio, que dizem ser uma aspiração de várias mulheres. Não será opor-se ao chamamento de Deus se lhes é embargado o passo para esse ministério?

Não podemos fazer menos do que subscrever várias coisas das que aqui se expõem neste último parágrafo, porém nem todas. Aceitamos plenamente que as questões de fé devem ser resolvidas à luz da revelação, porém acrescentamos que não consta nem pode ser demonstrado pela revelação que a mulher tenha de ser excluída para sempre do sacerdócio.

Não se pode utilizar o sacerdócio como meio de promoção da mulher, ele tem outra finalidade. Nem sequer se pode dizer que seja um direito ou uma exigência e invocar, a esse propósito, os direitos da pessoa humana, porque não se trata de um direito, e sim de uma vocação e de um serviço a Deus e à Igreja. Todavia, é indubitável que o fato de excluir a mulher por razão de seu sexo do ministério sacerdotal supõe de fato uma grave discriminação dentro da Igreja.

Há diversos serviços e diversas funções na Igreja, e não se trata de superioridade ou inferioridade entre homem e mulher. Ninguém pode exigir ser ordenado sacerdote, seja homem ou mulher. Compete à Igreja local ou universal discernir a vocação do candidato e verificar a conveniência ou necessidade de sua ordenação. Porém, quando se exclui por princípio mais da metade dos membros da Igreja por sua condição feminina, não se pode negar que, nesse âmbito, a mulher é discriminada.

A declaração afirma que toda vocação deve ser *autenticada* por parte da Igreja e que tal autenticação é parte constitutiva da vocação. É afirmar demais. Esse princípio se presta a muitos abusos. Além disso, na mente do documento, a

Igreja significa aqui a *hierarquia*, e não a respectiva comunidade eclesial, o que seria o correto. Se fosse certo que Cristo excluiu positivamente a mulher do ministério sacerdotal, não se justificaria na mulher uma autêntica vocação para o sacerdócio, mas seria uma vocação ilusória. É o que supõem os autores da declaração. Existem, todavia, pessoas bem preparadas, equilibradas e maduras que acreditam ser chamadas ao ministério apostólico. Pode ser um autêntico chamado de Deus, e isso seria um sinal, uma chamada de atenção à hierarquia para que reconheça que Deus não faz distinção de pessoas, para que não pretenda apagar o Espírito que "sopra onde quer e como quer", para que reflita sobre os sinais dos tempos e escute o que o Espírito diz às Igrejas (Ap 2,7).

CAPÍTULO VIII

Reações ao documento *Inter insigniores*

Como seria de esperar, as reações a esse documento foram diversas. Para prevenir manifestações contrárias dentro da própria Igreja, tal como ocorreu com a *Humanae vitae*, o Vaticano pediu às conferências episcopais de diversos países que apoiassem a declaração. Acredito que teria sido preferível ter consultado antes tais organismos sobre essa questão, exortando-os a expressar livremente seu parecer.

I. Apoio da Cúria Romana e da hierarquia

O primeiro apoio firme e decidido recebido pela declaração provém de Paulo VI. Em 30 de janeiro, três dias depois de sua publicação, em uma alocução dominical aos fiéis reunidos na Praça de São Pedro, ele diz: o documento merece ser conhecido; embora não diga nada novo, confirma a doutrina e a práxis que a Igreja sempre defendeu: a ordenação sacerdotal é reservada aos homens e não é acessível às mulheres. Isso não implica nenhuma discriminação. Há disparidade de função, mas não de dignidade. Na ordem da graça, da caridade e da santidade, a mulher, como demonstra o exemplo de Maria, pode ocupar os primeiros lugares, e não somente passivos, mas também ativos, no exercício de muitíssimas virtudes com amplíssima irradiação benéfica. Porém, a razão verdadeira que nos impede de admitir a mulher ao sacerdócio é que Cristo, ao dar à Igreja sua constituição fundamental, sua antropologia teológica, seguida sempre pela tradição da mesma Igreja, assim o estabeleceu[1].

Essa razão verdadeira e fundamental, que Cristo assim o estabeleceu, não pode ser provada de modo algum. Não se pode dizer hoje que Cristo tenha dado uma *constituição fundamental* à sua Igreja e menos ainda que tenha estabelecido *sua antropologia teológica*. O máximo que se pode afirmar é que a Igreja tem sua origem em Jesus e é o resultado de um processo histórico "que tem seu momento-chave e decisivo na doutrina e na obra de Jesus"[2].

O papa convida a mulher a compreender que, até mesmo na solução desse penoso problema, a Igreja não pretende marginalizar a preciosa funcionalidade feminina no desígnio integral do Reino de Deus nem tampouco no reino temporal. Mais ainda, a Igreja reitera "à mulher a confiança em sua incomparável e indispensável colaboração, exortando-a ao cumprimento, com nova consciência e incrementado vigor, de sua missão de piedade, sabedoria, virtude e amor, que a faz, como à Virgem, mestra e rainha"[3].

Ademais, deseja prevenir toda possível objeção de que essa proibição seja interpretada como falta de apreço. Que certamente não se trata disso fica demonstrado na carta apostólica posterior, de João Paulo II, *Mulieris dignitatem*. Entretanto, o apreço e a estima que a Igreja sente hoje pela mulher deveriam abrir outros canais de expressão na práxis.

O próprio *L'Osservatore Romano* publicou uma série de artigos ou comentários sobre o documento, que tinham como finalidade confirmar, aprofundar e am-

---

1. *L'Osservatore Romano*, 31 jan. 1977.
2. Cf. R. AGUIRRE, *La Iglesia de Jerusalén*, p. 33. Embora não trate expressamente da evolução da Igreja e dos sacramentos, parece-nos muito instrutivo o livro de H. CLARK KEE, *Qué podemos saber sobre Jesús?*, Córdoba, El Almendro, 1992. Admite uma grande evolução eclesiológica em Mateus. Referindo-se a Mateus 16,16-20 (primado de Pedro) e 18,15-20 (poder de ligar e desligar concedido aos discípulos) escreve: "Não há dúvida alguma de que, para Mateus, Jesus autoriza o estabelecimento de uma estrutura institucional com o direito de controlar seus membros e resolver os conflitos entre eles. Não se trata de uma hierarquia eclesiástica plenamente desenvolvida, porém a responsabilidade básica dos seguidores de Jesus reside em sua função apostólica" (p. 133).
3. *L'Osservatore Romano*, loc. cit.

pliar os argumentos da declaração[4]. Um dos mais científicos e mais bem documentados é o de um "especialista" da CDF intitulado "Ocasião e motivo da declaração" (p. 39-67), que segue a mesma ordem que o documento e completa e acrescenta novas razões da história e da teologia a favor da exclusão. Colaboram outros autores ilustres, tais como R. Spiazzi, A. Descamps, H. Urs von Balthasar, G. Martelet, monsenhor J. Bernardin, presidente da Conferência Episcopal dos Estados Unidos, J. Ratzinger e M.-J. Nicolas. Todos eles defendem a posição oficial.

Diga-se o mesmo do artigo de L. Ligier, publicado em *L'Osservatore Romano* (25 de março de 1978) e em *La Documentation catholique* (60 [1978] 478-488), no primeiro aniversário da publicação da *Inter insigniores*. Esse estudo tem certa importância por se tratar de um membro da CDF[5]. Como era de supor, está na linha da declaração e apenas faz eco às críticas de que foi objeto. Parece estranho que queira desqualificar a *cristologia ascendente*, que é o ponto de partida iniludível para compreender e avaliar as palavras e ações de Jesus. Continua afirmando que o sacerdote, por representar Cristo, tem de ser homem. A Igreja não pode mudar a *substância* do sacramento, fato que aconteceria se a Igreja permitisse a ordenação sacerdotal da mulher, porque mudaria o sujeito do sacramento. Considera válida para sempre a práxis de Cristo e dos apóstolos: Quando a Igreja de hoje afirma esse seu caráter normativo, não se limita a identificar-se com seu passado, mas toma posse de seu presente, consciente dos princípios que a dirigem, e manifesta sua responsabilidade diante do futuro[6].

2. Oposição construtiva nos Estados Unidos e no Canadá

Entre as reações contrárias, destaca-se por seu caráter radicalista e por sua dureza a declaração da Faculdade Teológica de San José (Berkeley, EUA). Em uma carta assinada por 23 professores, dirigida ao delegado da Santa Sé em Washington, afirmam que desejam discutir a declaração *Inter insigniores*, não por desobediência, mas por oposição leal. Manifestam seu desagrado e sua discrepância com relação ao documento por considerar a questão encerrada, como se, no caso, se tratasse de uma "impossibilidade dogmática". Sua atitude se baseia nos seguintes pontos:

4. Estes artigos foram publicados em tradução espanhola na obra *Misión de la mujer en la Iglesia*, Madrid, 1978, muitas vezes citada.
5. L. LIGIER, La question du sacerdoce des femmes dans l'église, *Doc. cath.* 60 (1978) 478-488.
6. Ibid., p. 483.

1. A fraca metodologia exegética nos argumentos bíblicos.
2. A pouca consistência dos argumentos patrísticos.
3. O conceito estático da tradição eclesial.
4. A aplicação polarizada da fórmula *in persona Christi*, ao excluir o sexo feminino.
5. O estilo regressivo ou não-evolutivo de todo o documento.

As petições positivas feitas na carta são muito mais aceitáveis e razoáveis:

1. Que sua declaração seja comunicada ao Santo Padre e à CDF.
2. Que, no futuro, tais documentos sejam submetidos à consulta dos bispos, das faculdades teológicas e às instâncias representativas a que concernem.
3. Que se restitua o diaconato feminino sacramental como instituição eclesial.

A carta termina afirmando que foi o amor à Igreja e ao papa que os moveu a manifestar sua discrepância e torná-la pública[7].

O padre David M. Stanley, professor de Novo Testamento em Toronto (Canadá) e membro da Pontifícia Comissão Bíblica, ao tomar conhecimento do texto da *Inter insigniores*, apresentou a demissão de seu cargo como sinal de sua discordância com a CDF por não ter levado em conta o *Informe* da Comissão Bíblica. Ao expor as razões de sua demissão, declarou:

> Como membro de um grupo de especialistas bíblicos, cuja competência não foi levada na devida conta pelos autores desta declaração [*Inter insigniores*], não desejo que meu nome seja relacionado, nem mesmo remotamente, com o tipo de interpretação de algumas passagens do Novo Testamento que não posso adjetivar a não ser como especialmente discutíveis. Ao expressar minha dissensão, tal qual me era ditada por minha consciência, espero contribuir em alguma pequena medida para o ulterior diálogo na Igreja católica sobre o problema da ordenação sacerdotal da mulher[8].

Como contraste, também se deixou ouvir a voz do episcopado. Em nome da Conferência Episcopal dos Estados Unidos, o arcebispo de Cincinnati, J. Bernardin (depois arcebispo de Chicago e cardeal), escrevia ao papa Paulo VI:

> A Conferência Episcopal dos Estados Unidos está satisfeita com a declaração sobre a questão da admissão da mulher ao sacerdócio ministerial e apóia inteiramente o documento. A declaração confirma com autoridade a postura tomada por nossa Con-

7. Cf. M. ALCALÁ, *La mujer y los ministerios en la Iglesia*, p. 331-335.
8. Declaração publicada em *Globe and Mail*, Toronto, 1° mar. 1977. Cf. *Vida Nueva* 1078, 30 abr. 1978, p. 855.

ferência em outubro de 1975. Faremos todos os esforços para explicar o documento a nosso país e para ajudar os que não estiverem de acordo com ele[9].

Do mesmo modo, não podia faltar a tomada de posição do episcopado do Canadá, onde a questão era tão candente quanto nos Estados Unidos. Entretanto, os bispos canadenses, embora aceitando o documento, falam em continuar a busca de novos caminhos para conseguir a plena participação da mulher nas tarefas da Igreja:

> Os bispos do Canadá vão continuar sua busca sobre o papel da mulher na Igreja com interesse crescente. Várias responsabilidades, algumas de ordem ministerial, foram confiadas à mulher em nossos ambientes. O que buscamos não é uma identidade de funções (papéis), mas a promoção de uma autêntica igualdade de homem e mulher e a participação das mulheres na liderança da Igreja e no estabelecimento do Reino pelos dons que lhes são próprios[10].

Assinalemos, finalmente, uma obra coletiva organizada por L. e A. Swidler sob o título *Mulheres sacerdotes*[11], na qual colaboraram 44 autores, entre os quais 28 mulheres e 16 homens. Nesta obra prevalecem as críticas, por vezes muito duras, mais que os elogios.

3. O Congresso de Baltimore (EUA) de 1978

Houve outras manifestações de apoio ou de crítica, além da imprensa. Um acontecimento importante para o ministério sacerdotal da mulher foi o Congresso de Baltimore, realizado de 10 a 12 de outubro de 1978. Havia sido pensado como uma continuação do Congresso de Detroit de 1975, no Ano Internacional da Mulher, porém mediava já a declaração *Inter insigniores* e demais tomadas de posição do papa e dos bispos. Isto provocava as reações exageradas de algumas mulheres e a ausência de outras (especialmente religiosas). O lema do Congresso foi: "Nova mulher, nova Igreja, novos ministérios". O número de participantes superou os dois mil, em sua imensa maioria mulheres. A hierarquia católica declinou o convite oficial e assistiu somente na qualidade de observador privado Ch.

9. Publicado no *L'Osservatore Romano*, 31 jan.-1° fev. 1977.
10. Texto em *Doc. cath.* 60 (1978) 174-175.
11. *Women priests.* A catholic commentary on the Vatican declaration, New York, 1977.

A. Busswel, bispo de Pueblo (Colorado). Em contrapartida, a organização sacerdotal Priests for Equality, fundada em 1975, que conta com mais de dois mil sacerdotes, apoiou decididamente a assembléia.

Entre as *resoluções* deste congresso, algumas se referem a reivindicações e recomendações dirigidas às autoridades eclesiásticas. Na *declaração final*, constata-se que existem duas posições diversas: algumas se sentem profundamente comprometidas e reclamam a ordenação da mulher dentro do sistema eclesial atual; outras consideram a presença de mulheres nas estruturas existentes como um meio para conseguir mudanças significativas na estrutura eclesial. E não faltam sequer as que pensam que sua concepção do ministério não pode ser vivida realmente a não ser no contexto de um sistema socioeconômico e político totalmente diverso.

> Reconhecemos tais posições como expressão de diversas visões da Igreja, que existe em um sistema econômico-político aceitável para algumas, reformável para outras e, finalmente, que deve ser totalmente mudado para outras. Aceitamos tais diferenças entre nós e nos comprometemos, cada uma, a continuar o diálogo com todos aqueles aos quais nunca foi concedido o uso da palavra[12].

O triste final deste congresso foi a divisão na hora de mostrar a unidade na celebração eucarística. Um grupo da assembléia não quis participar, em sinal de protesto, da eucaristia presidida somente por sacerdotes. Em conseqüência, foram celebradas duas liturgias: uma eucarística e outra não-eucarística. Tais atitudes não ajudam em nada a causa que defendem e criam novos obstáculos para uma solução razoável e aceita pela autoridade competente.

4. Acolhida diversa na Europa: França, Espanha, Alemanha

Fizemos referência principalmente aos Estados Unidos e ao Canadá. Indicamos também o apoio prestado à declaração por diversos autores em *L'Osservatore Romano*. Vamos relatar brevemente algumas reações da França, da Espanha e da Alemanha.

Na França, como em todas as partes, foi muito diferente a acolhida desse documento. O grupo Femmes et hommes dans l'Église publicou uma nota muito

12. Cf. D. PEETERS, Seconde conference sur l'ordination des femmes, *Femmes et Hommes dans l'Église* 28 (1978), 2-6 [5].

dura repelindo os argumentos da declaração. A admissão da mulher ao sacerdócio obrigaria a hierarquia a mudar muitas coisas em suas orientações antropológicas e eclesiológicas, o que parece não estar disposta a fazer. "É um anacronismo pretender que Jesus quis instituir um tipo de 'ministério ordenado'. Jesus escolheu os Doze para significar o novo Israel e as doze tribos da estrutura patriarcal, o que excluía negros, escravos, romanos, as mulheres e Maria". Rebate, a seguir, o argumento de que a mulher não pode representar Cristo: "Considerar que nos atos essenciais da aliança somente um homem pode exercer o papel de Cristo, ser sinal de sua presença, é reintroduzir a sexualidade lá onde nada tem a fazer"[13]. Em contrapartida, Pe. M.-J. Le Guillou é de opinião que esse documento constitui "mais um exemplo da tradição católica, que consiste em manter *juntas* verdades complementares que amiúde aparecem entre os homens como absolutamente irreconciliáveis. Com efeito, a Igreja afirma, por sua vez, a total igualdade do homem e da mulher e sua função respectiva e diferenciada na edificação do corpo de Cristo"[14].

Na Espanha, entre as primeiras reações, a nota que mais se destacou foi a publicada pelos secretariados de "Justiça e Paz" de Barcelona, Gerona e Tarragona, intitulada *A discriminação da mulher na Igreja*[15]:

> Os secretariados "Justiça e Paz" de Barcelona, Gerona e Tarragona, sensíveis aos sinais do tempo que vivemos e às discriminações que se opõem às justas aspirações igualitárias, constatamos que a Igreja católica como instituição mantém ainda a mulher em um estado de segregação, como o demonstra o documento publicado pela Congregação do Culto Divino no ano de 1970, que não permite às mulheres o serviço do altar, e o mais recente publicado pela Congregação para a Doutrina da Fé sobre o acesso das mulheres ao ministério.
>
> A mentalidade e a atitude da Igreja como instituição, mostradas por esses documentos e por outros que continuam vigentes, acreditamos sejam pouco conformes à doutrina do Vaticano II, que em sua constituição sobre "a Igreja no mundo de hoje" considera uma das aspirações universais da humanidade o fato de que as mulheres, onde quer que ainda não tenham obtido, reclamem a igualdade de direito e de fato com os homens, e que é necessário eliminar toda espécie de discriminação nos direitos funda-

13. Cf. *La Croix*, 8 fev. 1977, p. 7. Sobre esse grupo ou movimento, que nasceu em Bruxelas e Paris em 1970 sob o impulso de M. Th. van Lunen-Chenu; veja-se M. SALAS, *De la promoción de la mujer a la teología feminista*, Santander, 1993, p. 130-131.

14. *Le Monde*, 1° mar. 1977, p. 15.

15. Cf. J. PIQUER, La decisión de no admitir la mujer al presbiterado, arcaísmo o fidelidad?, *Phase* 17 (1977) 515-534 [529-530].

mentais da pessoa, quer se trate de discriminação social ou cultural, por razão de sexo, raça, cor, condição social, língua ou religião, como contrária aos desígnios de Deus[16].

Maior difusão e ressonância teve o "Ofício" da Vida Nova, intitulado *O sacerdócio da mulher em debate* (n. 1070, 5 de março de 1977). O Pe. Manuel Alcalá apresenta o contexto e a história da declaração, e outros nove autores, entre eles duas mulheres, respondem a estas duas perguntas:

1. Que opinião merece o documento?
2. O que pensa acerca do sacerdócio ministerial da mulher?

As respostas são bastante díspares. Alguns, como J. Perarnau e M. Guerra, contentam-se em elogiar tudo quanto afirma o magistério; outros, ao contrário, como Ana M. Schlütter, M. Vidal e J. Piquer, são mais críticos.

Posteriormente, foram escritos artigos amplos e sérios sobre o tema, os quais não vou enumerar. Todavia, o estudo mais extenso, mais completo e equilibrado e mais bem informado deve-se a P. M. Alcalá, em sua obra muitas vezes citada *A mulher e os ministérios na Igreja*, a qual, em sua III parte, dedica cinco capítulos a estudar e analisar os argumentos da *Inter insigniores*, ponderando seu valor, sua qualificação teológica e as repercussões que teve em diversos países.

Na Alemanha, escreveu-se muito e se continua a escrever sobre a possível admissão da mulher às ordens sagradas. Como comentário à declaração *Inter insigniores*, lembro unicamente um artigo de K. Rahner publicado pouco depois de que se tornou público o documento (27 de janeiro de 1977)[17].

Confesso que encontro nesse comentário de Rahner muitas das coisas que eu quereria dizer, ditas, porém, de maneira melhor e com maior autoridade. E, se me é permitido fazer alusão à situação atual, creio que quase todas as reflexões de Rahner continuam válidas, exceto o que se refere à autoridade do documento. É evidente que a carta de João Paulo II, tanto em razão do autor como pela vontade que manifesta de encerrar definitivamente a questão, apelando para seu ministério de Pastor, que sente sobre si o dever de "confirmar os irmãos na fé" (cf. Lc 22,32), tem um valor teológico e vinculativo muito maior que a declaração da Congregação para a Doutrina da Fé, embora esta tenha sido "aprovada, confirmada e mandada

---

16. Ibid., 529.
17. K. RAHNER, Priestertum der Frau?, *Stimmen der Zeit* 195 (1977) 291-301. As páginas entre parênteses, no texto, referem-se a esse artigo.

publicar" por Paulo VI. Por esse motivo, as considerações feitas por Rahner sobre a "qualificação teológica da declaração romana" não servem para o novo documento. Entretanto, não perderam seu valor as observações que faz *ad rem* sobre os argumentos com que se pretende descobrir uma vontade expressa de Cristo ou um desígnio de Deus de excluir a mulher do sacerdócio[18].

1. Rahner lembra em primeiro lugar que o teólogo, diante de um documento que não seja infalível, tem o direito e o dever de examiná-lo criticamente e aceitá-lo, ou, se puder demonstrá-lo, considerá-lo errôneo em sua tese fundamental (p. 294). Na realidade, existe toda uma série de declarações das congregações romanas dos séculos XIX e XX que hoje são consideradas errôneas. Também hoje se faz necessária essa crítica, ainda que se torne penosa e não possa contar com o agradecimento e o reconhecimento do magistério eclesiástico (p. 294).
2. Quanto aos argumentos aduzidos pela declaração, observa que ela supõe que a práxis de Jesus e dos apóstolos de não ordenar mulher alguma não pode ser explicada pelo fato das condições culturais e religiosas de seu tempo, mas constitui uma manifestação da vontade de Jesus, que não está condicionada pela cultura nem pela sociologia do tempo e, em conseqüência, tem um valor permanente.

   A isto Rahner objeta: Prova a declaração que provém da vontade expressa de Cristo? Não existem no Novo Testamento muitos fatos e normas que não estão condicionados pelos costumes de seu tempo? (p. 294-295).
3. Uma terceira observação importante diz respeito ao fato de que a Declaração passa do conceito de apóstolo e dos Doze para o conceito de sacerdote (ou bispo) sem transição, sem levar em conta o desenvolvimento das estruturas da Igreja primitiva. Tem algo a ver a eleição dos Doze com a eleição de um presidente de uma comunidade local de nossos dias? (p. 295). É possível atribuir a Jesus e aos apóstolos, que esperavam a parusia como muito próxima, uma vontade de estabelecer normas fixas a longo prazo e válidas para sempre? (ibid.).

18. Sobre a autoridade teológica da *Ordinatio sacerdotalis*, reporto-me ao extenso comentário do cardeal J. Ratzinger em *L'Osservatore Romano*, n. 23, 1994, p. 327-328, em sua edição espanhola. Assim se expressa em seu parágrafo essencial: "Na presença de um texto magisterial do peso desta carta apostólica, propõe-se agora, de forma inevitável, a pergunta: que grau de obrigatoriedade possui este documento? Afirma-se explicitamente que o que nele se declara deve ser considerado definitivo na Igreja e que essa questão está fora do jogo das opiniões flutuantes. Assim sendo, trata-se de uma declaração dogmática? A esse propósito, deve-se responder que o papa não propõe nenhuma fórmula dogmática nova, mas confirma uma certeza, que na Igreja se viveu e se afirmou constantemente. Em linguagem técnica, dever-se-ia dizer: trata-se de um ato do magistério autêntico ordinário do Sumo Pontífice e, portanto, de um ato não definidor nem solene *ex cathedra*, ainda que o objeto desse ato seja a declaração de uma doutrina ensinada como definitiva e, por conseguinte, não reformável". Pessoalmente, creio que se antes da Carta não havia uma certeza sobre esse ponto, como consta sobejamente pelas discussões, tampouco existe depois de sua publicação.

4. A declaração não oferece um conceito claro e universal de sacerdócio. Nos parágrafos 5 e 6, tem-se a impressão de que a função própria do sacerdote se reduz ao poder de consagrar. A declaração está disposta a conceder à mulher outras funções, não, porém, a de consagrar e a de "anunciar oficialmente o evangelho", muito embora este mandato tenha sido recebido pelas mulheres diretamente de Jesus ressuscitado. Tal redução do sacerdócio apresenta notáveis dificuldades dogmáticas e pastorais (p. 295-296).
5. Na situação cultural e sociológica do tempo de Jesus e dos apóstolos não era concebível nem possível que uma mulher presidisse uma comunidade ou assembléia religiosa (p. 297). Se nem sequer lhes era permitido participar no culto e lhes era assinalado um lugar à parte no templo e na sinagoga!
6. A declaração deveria provar que os elementos culturais e sociológicos do tempo de Jesus não bastavam para explicar o fato de que nem Jesus nem os apóstolos confiaram às mulheres cargos de direção. E isso não é provado pela declaração (p. 298).
7. Concluo com a reflexão final de Rahner:

   A declaração romana afirma que nesta questão a Igreja tem de se manter fiel a Jesus Cristo. Naturalmente, em princípio, isso é exato. Não obstante, porém, a questão permanece aberta sobre em que consiste a fidelidade com relação a esse problema. Por isso, a discussão deve continuar. Com prudência, com respeito mútuo na crítica diante de argumentos deficientes, que se dão em ambas as partes, e na crítica diante de emoções inconvenientes, que atuam também em ambas as partes, explícita ou tacitamente. Mas também com coragem, para uma mudança histórica, que faz parte da fidelidade que a Igreja deve a seu Senhor (p. 301).

K. Rahner afirma aqui duas coisas importantes: a primeira, que é preciso discernir em que consiste, neste caso, a fidelidade a Cristo: em excluir a mulher do ministério ou em incorporá-la à evangelização em condições iguais às do homem?; e a segunda que a questão não terminou. De minha parte, creio que o mesmo podemos afirmar hoje, depois da publicação da carta *Ordinatio sacerdotalis*.

CAPÍTULO IX

A ordenação sacerdotal da mulher na comunhão anglicana e sua repercussão nas demais igrejas[1]

I. Primeira etapa: a força dos fatos consumados

A ordenação sacerdotal de mulheres na Igreja anglicana comoveu profundamente tanto a Igreja católica e ortodoxa como a própria Comunhão Anglicana. São as Igrejas que reclamam com maior direito a origem apostólica mediante a sucessão ininterrupta de seus ministros e admitem o sacramento da ordem como instituído pelo próprio Jesus Cristo. Os acontecimentos que vivemos nestes últimos anos deram origem a um diálogo ativo, fecundo e promissor entre as diversas Igrejas cristãs. Embora outras confissões cristãs, nascidas da Reforma, se tenham adiantado confiando o ofício de pastor a mulheres, este fato não assumia a mesma importância, porque tais Igrejas não admitem o sacramento da ordem. As mulheres que são constituídas no cargo de pastor em sua Igreja não recebem um "poder sagrado em virtude do sacramento instituído por Cristo", segundo a doutrina tradicional católica. Não obstante, na atualidade, cresce nas Igrejas protestantes a consciência de que o ofício de pastor não deve ser reduzido a mera função admi-

1. Este capítulo foi publicado pela primeira vez em *Naturaleza y Gracia* 42 (1995) 103-128.

nistrativa. Na Relação do Congresso Católico-Luterano sobre a *apostolicidade da Igreja* (Estrasburgo, 1°-6 de junho de 1988), afirma-se expressamente que "a Igreja luterana de modo algum pode renunciar a reivindicar a validade e a legitimidade de sua prática de ordenação mantida até agora"[2]. Não obstante, esse delineamento muda notavelmente nas Igrejas católica, ortodoxa e anglicana.

Devemos partir dos fatos que criaram a situação atual. A primeira ordenação de uma mulher na Comunhão Anglicana teve lugar em Hong Kong em 1944. O bispo R. O. Hall, procedendo por iniciativa própria, sem consultar o parecer de outros bispos, ordenou sacerdote a diaconisa Li Tim Oi para atender às necessidades pastorais dos fiéis de Macau, então ocupada pelos japoneses. A reação das outras províncias anglicanas àquele proceder "não-canônico" foi muito negativa, principalmente na Inglaterra. Diante daquela atitude, a "ordenada" renunciou voluntariamente ao exercício de seu ministério.

Em setembro de 1958, a Igreja luterana da Suécia decidiu "ordenar" ou confiar o cargo de pastor às mulheres, com os mesmos direitos e os mesmos deveres que os homens. Esta iniciativa suscitou muitas tensões e não pequena oposição em sua Igreja, porém foi ganhando terreno entre os reformados, especialmente na França.

Entre 1971 e 1973, o bispo anglicano de Hong Kong sucessor de Hall, de acordo com seu sínodo, conferiu a ordenação sacerdotal a três mulheres. Desta vez não houve tantos protestos.

Em 1974, os episcopalianos de Filadélfia ordenaram 11 mulheres, porém o fato suscitou uma grande polêmica e a Câmara de Bispos declarou inválida a ordenação.

Um fato de maior importância teve lugar em julho de 1975. O sínodo geral da Igreja anglicana do Canadá, reunido em Quebec, aprovou, em princípio, a admissão das mulheres ao sacerdócio. Em julho do mesmo ano, o sínodo geral da Inglaterra tomou idêntica decisão, sendo arcebispo de Canterbury o doutor Donald Coggan. O arcebispo Coggan sentiu-se na obrigação de informar o papa Paulo VI acerca da decisão. Teve início, assim, uma interessante correspondência epistolar, que logo apresentaremos. O tema da ordenação sacerdotal da mulher também esteve presente no Conselho Ecumênico das Igrejas celebrado em Nairóbi em dezembro de 1975.

2. Veja-se essa Relação em *Diál. Ecum.* 24 (1989) 203-207 [205].

Essa atitude da Igreja anglicana provocou um duro protesto do arcebispo dos ortodoxos da Grã-Bretanha, Atenágoras de Tiatira[3]. Não obstante, as ordenações de mulheres foram se multiplicando nos anos seguintes em diferentes países: Estados Unidos, Canadá, Nova Zelândia, Austrália etc.[4]. Essa primeira etapa culminou com a XI Conferência de Lambeth (julho de 1978), na qual foi aprovada uma proposição que deixava cada província em liberdade para proceder à ordenação de mulheres segundo seu critério. Abordaremos esse assunto mais adiante.

2. O diálogo entre Canterbury e Roma

Havia começado em diversos países da Ásia e da América a ordenação de mulheres ao sacerdócio. Parecia impossível deter esse movimento. Na Igreja da Inglaterra, viam-se esses fatos com certa preocupação, em virtude das conseqüências que implicava para as relações com outras Igrejas e mesmo em razão das tensões surgidas no seio da própria Igreja anglicana. No sínodo geral da Inglaterra, celebrado em julho de 1975, na cidade de York, L. M. Moos apresentou uma moção na qual era pedido ao sínodo que, diante das dificuldades ecumênicas que possivelmente surgiriam em decorrência da ordenação sacerdotal das mulheres, fosse informado às demais Igrejas cristãs acerca da eventual ordenação sacerdotal da mulher na Comunhão Anglicana. O informe devia considerar dois pontos:

1. Comunicar às demais Igrejas que a Igreja anglicana não via objeções fundamentais contra tal ordenação.
2. Convidar a uma revisão dos fundamentos teológicos que impediam o acesso da mulher à ordem sacerdotal.

Seguindo essa indicação, o arcebispo de Canterbury (Cantuária), doutor Donald Coggan, iniciou depois do sínodo uma viagem a Roma e a Utrecht para tratar do assunto com o papa e com o arcebispo dos veterocatólicos. Mais tarde, encontrou-se também com os responsáveis pela Igreja ortodoxa russa e grega.

---

3. Cf. *L'Osservatore Romano*, 16-17 jul. 1975.
4. Extraímos esses dados do livro de M. ALCALÁ, *La mujer y los ministerios en la Iglesia*, p. 109-120, e do artigo de J. PIQUER, La decisión de no admitir la mujer al presbiterado, arcaísmo o fidelidad?, 515-534.

Esse primeiro contato deu lugar a um fecundo diálogo epistolar entre Canterbury e Roma, que continuou até nossos dias. Em primeiro lugar, vou mencionar a correspondência entre D. Coggan e Paulo VI e, mais tarde, entre Robert Runcie e João Paulo II. O diálogo não se limitou, naturalmente, aos chefes das Igrejas, pois houve também uma correspondência interessante entre o cardeal J. Willebrands, presidente do Secretariado para a União dos Cristãos, e o bispo J. Howe, secretário geral do Conselho Consultivo Anglicano. Além disso, a Congregação para a Doutrina da Fé interveio com o documento decisivo *Inter insigniores*.

Começamos pela carta do arcebispo de Canterbury a Paulo VI (9-7-1975)[5]:

1. Cresce na Igreja anglicana a convicção de que não existem objeções fundamentais de princípio à ordenação da mulher.
2. Reconhece-se, não obstante, que tal iniciativa poderia constituir um obstáculo no caminho para a unidade que Cristo quer para sua Igreja.
3. Por este motivo, a autoridade central da Comunhão Anglicana e o sínodo geral da Igreja da Inglaterra chegaram a um acordo sobre a matéria.
4. Tomando em consideração a verdade, tal como se concebe na tradição anglicana, e o parecer ecumênico, empreendeu-se uma série de medidas para informar e promover um diálogo sobre o tema. Esse diálogo já teve início entre o cardeal Willebrands e o bispo Howe e deverá desenvolver-se no futuro.
5. Temos a firme esperança de que semelhante parecer comum poderá conduzir ao cumprimento do ensinamento do apóstolo, segundo o qual, "vivendo de acordo com a verdade na caridade, busquemos em tudo crescer até quem é a cabeça: Cristo"[6].

A resposta de Paulo VI tardou alguns meses, quase meio ano. Porém, em 30 de novembro, enviou-lhe a seguinte carta, que também resumimos:

1. O papa se compraz com o trabalho sério realizado entre as duas Igrejas, tanto no âmbito teológico como na colaboração cristã.
2. Dada a disposição de franqueza e confiança que reina entre os representantes das duas Igrejas, toma nota da informação que lhe envia sobre o problema surgido e de seu desenvolvimento na Igreja anglicana acerca da ordenação sacerdotal das mulheres e agradece-lhe a cortesia.

---

5. Por razões de brevidade, prescindimos das saudações e dos protocolos, muito embora tenhamos compilado todas as idéias importantes da carta e citemos literalmente, entre aspas, os parágrafos essenciais.
6. Texto completo dessa carta e da resposta de Paulo VI em GONZÁLEZ MONTES, *Enchir. Oecum.*, 2, p. 750-751.

3. "Vossa Graça está naturalmente muito ao corrente da posição da Igreja católica nesta matéria. Ela sustenta que não é possível ordenar mulheres ao sacerdócio por razões verdadeiramente fundamentais. Tais razões incluem: o exemplo de Cristo registrado nas Sagradas Escrituras, ao escolher seus apóstolos exclusivamente entre homens; a prática constante da Igreja, que imitou Cristo na escolha exclusiva de homens, e seu magistério vivo, que determinou coerentemente que a exclusão da mulher do sacerdócio está em harmonia com o plano de Deus para sua Igreja."
4. O papa recorda o trabalho da Comissão Conjunta Católico-anglicana sobre *ministério e ordenação*, na qual se chegou a um texto comum.
5. O novo curso empreendido pela Comunhão Anglicana, ao admitir mulheres ao sacerdócio ministerial, "não pode fazer nada menos do que introduzir nesse diálogo um elemento de grave dificuldade, que deverá ser levado em conta por todos aqueles implicados no diálogo. Todavia, os obstáculos não destroem o mútuo esforço na busca da reconciliação".
6. Paulo VI constata com satisfação que já teve lugar um primeiro colóquio entre os representantes anglicanos e os representantes do Secretariado para a União dos Cristãos, "durante o qual se reconheceu a importância teológica fundamental da questão". Termina expressando seu desejo de que "este começo possa guiar para um futuro parecer comum e para o crescimento da compreensão recíproca".

Já nessa carta, Paulo VI adianta o esquema e as razões que serão desenvolvidas na declaração *Inter insigniores* da CDF, publicada um ano depois. Entretanto, a comunicação epistolar continua com uma nova carta do arcebispo Coggan a Paulo VI (10-2-1976):

1. "Santidade! Transcorreram dez anos desde que nosso querido predecessor (Michael Ramsey) visitou a cidade do Vaticano. Em 23 de março de 1966, Vossa Santidade e o arcebispo de Canterbury se encontraram para um intercâmbio fraternal de saudações. Aquele encontro teve um profundo significado para as relações subseqüentes entre as Igrejas da Comunhão Anglicana e a Igreja católica romana. Por isso, damos graças a Deus."
2. Recorda que, por ocasião desse encontro, em 24 de março, na basílica de São Paulo Fora dos Muros, "Vossa Santidade e Sua Graça fizeram uma declaração comum, anunciando suas intenções de dar vida a um sério diálogo entre nossas respectivas tradições, que produziu rapidamente notáveis frutos no trabalho da Comissão Internacional Anglicano-romano-católica acerca dos matrimônios mistos".
3. Referindo-se à carta de Paulo VI de 30 de novembro de 1975, continua: "Nós cremos que a unidade irá se manifestar em uma diversidade de legítimas tradições, porque o Espírito Santo nunca deixou de estar ativo nas Igrejas locais de todo o mundo. Irá suceder, por vezes, que aquilo que a uma das duas tradições

parece ser expressão genuína de tal diversidade na unidade irá mostrar-se à outra como algo que avança para além dos limites da legitimidade. Tal é o caso atual da discussão no seio da Comunhão Anglicana acerca da ordenação das mulheres".

4. Manifesta seu agrado pelo diálogo já começado entre católicos e anglicanos e espera que tal diálogo continue "de modo que nossas tradições cresçam na recíproca compreensão".
5. Reconhece que "existem ainda muitos obstáculos a ser superados no caminho 'para a restauração de uma completa comunhão de fé e de vida sacramental', invocada por meu predecessor e por Vossa Santidade. Cremos, não obstante, que pelo poder do Espírito se tornará realidade a oração de Cristo, Sumo Sacerdote, pela unidade". E conclui: "Nós mesmos humildemente fazemos nossa esta oração e apresentamos a Vossa Santidade nossas cordiais saudações em recordação daquele encontro histórico acontecido em Roma há dez anos. Ademais, esperamos o dia no qual também possamos encontrar Vossa Santidade para empreender juntos ulteriores passos no caminho que conduz à união"[7].

Nessa carta, além de apresentar razões teológicas que justificam o proceder da Igreja Anglicana, quais sejam, a ação do Espírito Santo em todas as Igrejas locais e a unidade que se manifesta na diversidade de legítimas tradições, o doutor Coggan confia em poder manter um novo encontro com o papa para empreender novos passos rumo à unidade. Esse encontro teve lugar um ano mais tarde. O arcebispo Coggan foi recebido por Paulo VI em abril de 1977 e presidiram juntos a Liturgia da Palavra na Capela Sistina. Será João Paulo II quem irá retribuir a visita ao sucessor de Coggan na sede de Canterbury, R. Runcie, em maio de 1982, por ocasião de sua visita pastoral à Inglaterra.

Desta vez, a resposta do papa não se fez esperar. Precisamente em 23 de março de 1976, dez anos depois do primeiro encontro com M. Ramsey, Paulo VI contesta ao doutor Coggan:

1. "Vós aludis em vossa carta de saudação a um problema muito propagado recentemente: a possibilidade, que parece ter muito fundamento em diversos lugares, de que as Igrejas anglicanas procedam à admissão das mulheres à ordenação sacerdotal. Já tivemos um intercâmbio de cartas sobre este tema e tivemos oportunidade de expressar a convicção católica de forma ainda mais exaustiva ao bispo John Howe, quando veio nos trazer vossas saudações. Grande foi por muitos anos nosso afeto pela Comunhão Anglicana e sempre fomentamos e freqüentemente manifestamos a ardente esperança de que o Espírito Santo se transmita no

---

7. Texto desta carta e da resposta de Paulo VI em *Enchir. Oecum.* 2, p. 752-753.

amor e na obediência à vontade de Deus ao longo do caminho da reconciliação. Esta é também a medida da tristeza que experimentamos ao tropeçar com este novo obstáculo e esta nova ameaça naquele caminho. Não obstante, a crise da virtude da esperança significa não corresponder à obra do Espírito Santo. Com toda a força do amor que nos move, nós pedimos que neste tempo crítico o Espírito de Deus derrame abundantemente sobre nós todos sua luz e que sua mão nos guie pelo caminho da reconciliação segundo sua vontade".

2. Paulo VI termina acolhendo a idéia de um novo encontro: "Asseguramos-vos que de nossa parte desejamos tal encontro como uma grande bênção e como um modo ulterior de promover aquela unidade querida por Cristo para sua Igreja".

Essa carta comovedora não conseguiu menos do que impressionar o arcebispo Coggan e não poucos anglicanos. Entretanto, as posições de ambas as Igrejas, no que se refere a seus representantes, não no que diz respeito a suas bases, ficam perfeitamente determinadas:

a) A Igreja anglicana acredita não existirem dificuldades insuperáveis para a ordenação sacerdotal da mulher. O Espírito Santo não deixa de agir nas Igrejas locais. Esta nova situação não deve prejudicar o espírito e o desejo de unidade que anima as duas Igrejas.
b) Roma mantém-se firme na tradição da Igreja recebida de Cristo e dos apóstolos. Crê firmemente que a prática de conceder a ordem sacerdotal somente aos homens está em harmonia com o plano querido e estabelecido por Deus para a Igreja.

Não é o momento de fazer um comentário às duas cartas. Digamos somente que o arcebispo de Canterbury age pressionado pelas bases e pelos fatos consumados de muitas igrejas locais, onde já se procedeu à ordenação de mulheres. Paulo VI fala em nome de toda a Igreja católica, mesmo que não ignore que não é isso o que pensam muitos bispos, teólogos(as) e escrituristas. Nos sínodos de bispos, como vimos, os padres sinodais falavam outra linguagem, embora na realidade não tenham sido atendidas suas reivindicações.

3. A XI Conferência de Lambeth (1978)

A posição anglicana não era de maneira alguma monolítica. Estava anunciada para o verão (23 de julho-13 de agosto) a XI Conferência de Lambeth, o que deu origem a toda uma série de livros, artigos de estudo e de vulgarização e outras manifestações nos meios de comunicação. Eram muitos aqueles que, na Inglaterra, não viam com bons olhos a ordenação de mulheres. Não faltaram nem mesmo novas conversações com os católicos e ortodoxos. Com os católicos em Versalhes, de 27 de fevereiro a 3 de março, e com os ortodoxos em Pendeli, Atenas, de 13 a 18 de julho do mesmo ano. Em ambos os encontros, fez-se alusão às dificuldades que uma decisão unilateral poderia criar para o diálogo das Igrejas. Não se pode afirmar que a Igreja anglicana tenha procedido de forma isolada, pois todos esses encontros e conversações tratavam precisamente de encontrar uma postura comum ou, pelo menos, de fazer que as outras Igrejas compreendessem as razões que moviam a dar esse passo.

As tensões cresciam na própria Igreja anglicana. Alguns bispos e muitos sacerdotes advertiram sobre o perigo de cisma, caso fosse aprovado oficialmente o acesso da mulher à ordem sacerdotal. Outros manifestaram sua vontade de se transferir para a Igreja católica, caso se chegasse efetivamente à ordenação da mulher. O cardeal Hume, arcebispo de Westminster, insistia no perigo que tal fato representava para o diálogo ecumênico, não somente em relação com a Igreja católica, mas também em relação com os ortodoxos e veterocatólicos. Nesse clima de tensões internas e externas, teve início a XI Conferência de Lambeth, em 23 de julho de 1978, sob a presidência do arcebispo de Canterbury, doutor Coggan. Foi assistida por 450 bispos de todo o mundo. Participaram também, como observadores, três católicos: Cahal Dali, bispo de Ardagh (Irlanda), William Purdy, do Secretariado para a Unidade dos Cristãos, e Richard Steward, secretário da Comissão Ecumênica da Conferência Episcopal Britânica[8].

No discurso de abertura, o arcebispo de Canterbury fez uma chamada à unidade, apesar da diversidade e do pluralismo de opiniões. A morte de Paulo VI durante a assembléia, à qual havia dirigido uma mensagem, causou profundo impacto. A assembléia encontrava-se diante de uma situação de fatos consumados muito delicada para tomar uma decisão em um ou outro sentido. Em fins de 1977, segundo as estatísticas, havia 122 mulheres ordenadas como sacerdotes em diversas províncias da Comunhão Anglicana: 95 nos Estados Unidos, dezoito no Canadá, cinco na Nova Zelândia e quatro no Sudeste asiático[9].

8. Cf. G. GALEOTA, L'undicesima conferenza di Lambeth, *Civ. cat.* 129 (1978) 139-153.
9. Extraímos esses dados de M. ALCALÁ, *La mujer y los ministerios*, p. 118.

Após muitas discussões, foi submetida a votação *a possibilidade de que cada comunidade pudesse proceder livremente à ordenação de mulheres ao sacerdócio.* O resultado foi: 316 votos a favor, 37 contra, dezessete abstenções. Mais tarde, no intuito de prevenir os maus efeitos que pudesse provocar nas outras Igrejas, aprovou-se a seguinte resolução, dirigida principalmente às Igrejas católica, ortodoxa e veterocatólica:

> Estamos conscientes de que os membros das Igrejas romano-católica, ortodoxa e veterocatólica podem se sentir defraudados pelo fato de que a Comunhão Anglicana aceite diferentes opiniões doutrinais e modos de proceder. Não obstante, quereríamos dizer claramente que:
>
> — a manutenção do pluralismo na unidade da fé e do serviço divino é parte da herança anglicana;
>
> — quem participou na ordenação de mulheres crê que tais ordenações ocorreram dentro do ministério histórico da Igreja, tal qual o recebeu da Comunhão Anglicana;
>
> — esperamos que o diálogo entre as Igrejas restantes e os membros de nossa comunhão eclesial terá prosseguimento, porque cremos compreender a verdade e a vontade de Deus e aprender dela, quando juntos progredimos para uma maior catolicidade e para uma mais profunda comunhão no Espírito Santo[10].

A Igreja da Inglaterra, mãe da Comunhão Anglicana, era mais pertinaz em relação a essa decisão. Naquele mesmo ano de 1978, celebrou-se em princípios de novembro o sínodo local da Igreja da Inglaterra e discutiu-se o tema da ordenação da mulher. Ao ser proposto esse ponto à votação, o resultado foi: 246 votos favoráveis e 271 contra. Os votos negativos procederam principalmente do baixo clero. Os bispos e os seculares votaram majoritariamente a favor.

O doutor D. Coggan, que pessoalmente era favorável à ordenação, temia uma ruptura na Igreja anglicana e insistia em que, a propósito desse assunto, não deveriam ser criadas divisões entre as Igrejas cristãs. O resultado foi que, ao menos na Inglaterra, ficou adiada a decisão até o próximo sínodo.

4. A XII Conferência de Lambeth (1988)

O lapso de tempo entre 1978 e 1988 foi rico em acontecimentos, encontros, declarações e fatos relevantes que não iremos relatar. A ordenação de diaconisas

10. LAMBETH CONFERENCE, *Report and conference résolutions*, London, 1978.

e presbíteras na Igreja anglicana havia crescido vertiginosamente. As estatísticas atestavam para essas datas o número de 1.424 diaconisas e 1.269 mulheres sacerdotes espalhadas pelos diversos continentes. As mulheres sacerdotes estavam assim distribuídas: 958 nos Estados Unidos, 205 no Canadá, 94 na Nova Zelândia, seis em Macau, duas no Brasil e duas no Quênia. Permanecia ainda como rocha forte, que não cedia aos embates das inovações, a Igreja da Inglaterra; esta situação, todavia, não duraria muito tempo.

Em 1988, o papa João Paulo II publicava a carta apostólica *Mulieris dignitatem*, na qual exaltava a dignidade e a função da mulher na Igreja, porém mantinha e ratificava a posição tradicional da Igreja católica com relação à ordenação da mulher:

> Cristo, chamando como apóstolos seus somente homens, fê-lo de um modo totalmente livre e soberano. E o fez com a mesma liberdade com que em todo o seu comportamento pôs em evidência a dignidade e a vocação da mulher, sem amoldar-se ao uso dominante e à tradição avalizada pela legislação de seu tempo. Portanto, a hipótese de que chamou como apóstolos alguns homens seguindo a mentalidade difundida em seu tempo não reflete completamente o modo de operar de Cristo (*MD* 26).

E um pouco mais adiante insistia: "Somente eles [os Doze] receberam o mandato sacramental: 'Fazei isto em memória de mim' (Lc 22,19; 1Cor 11,24), que está unido à instituição da eucaristia" (ibid.). Por conseguinte, não se podia esperar uma mudança de atitude por parte da Igreja católica.

A XII Conferência de Lambeth, ao contrário, não tratou somente da ordenação sacerdotal da mulher, mas também da episcopal. Renovaram-se os mesmos debates de 1978 sobre o sacerdócio e chegou-se aos mesmos resultados. Aprovou-se uma resolução na qual se pedia respeito às Igrejas que haviam decidido a ordenação episcopal de mulheres, sem que isso implicasse a aceitação de seus princípios, e respeito às mulheres que fossem ordenadas pelo bispo sem romper a comunhão. Questionar a validade dos atos episcopais de uma mulher ordenada e não aceitar em consciência sua ordenação iria supor graves danos para a Igreja.

Ficava assim aberto o caminho para a ordenação episcopal da mulher. Também nessa ocasião, a Igreja anglicana sentiu-se na obrigação de informar as outras Igrejas.

5. Nova correspondência entre Canterbury e Roma

Valeria a pena transcrever integralmente a carta que o arcebispo R. Runcie dirigiu a João Paulo II em 6 de agosto de 1988. Porém, dada sua extensão e para facilitar sua leitura, reunimos os pontos principais:

1. O doutor Runcie agradece ao papa a presença de observadores católicos, em especial a do padre Pierre Duprey, secretário do Secretariado para a Unidade dos Cristãos, que pronunciou um importante discurso e foi o portador de uma carta de João Paulo II à assembléia.
2. Embora a ordenação sacerdotal e episcopal da mulher tenha estado no primeiro plano das deliberações, a Conferência tratou da questão fundamental da autoridade da Igreja, no desenvolvimento da tradição e da eclesiologia. "Eu mesmo falei destes pontos com bastante amplitude diante da Conferência, incluindo as estruturas requeridas para a unidade: o episcopado, a conciliaridade e o primado".
3. "Falei de forma particular do primado que vós haveis posto de manifesto em Assis em 1986, ao convocar a Jornada de Oração pela Paz. A propósito de vosso cargo de bispo de Roma, perguntava eu: Não seria possível que todos os cristãos reconsiderassem o modelo de primado exercido na Igreja primitiva, a saber, uma presidência da caridade para a salvaguarda da unidade da Igreja? Mas a peregrinação ecumênica não alcançou ainda esta etapa. E enquanto não chega faz-se mister enfrentar questões urgentes, é necessário responder a novos problemas e organizar a missão da Igreja, até mesmo quando nos encontremos separados. Por isso, em certo número de províncias da Comunhão Anglicana delineia-se a questão da ordenação das mulheres para o sacerdócio, e agora já para o episcopado. A Conferência de Lambeth não tem autoridade jurídica sobre a Comunhão Anglicana, e tampouco eu mesmo. Cada província tem a autoridade canônica necessária para exercer a missão da Igreja como considerar melhor para sua própria cultura. Desta sorte, a questão da ordenação das mulheres, particularmente no que se refere à função episcopal, foi uma fonte de profundas divisões."
4. Apesar de todas as divergências, o arcebispo R. Runcie reconhece que a nota dominante foi a unidade. É possível que muito rapidamente, principalmente nos Estados Unidos, uma mulher seja consagrada bispo. A Conferência de Lambeth decidiu respeitar essa decisão, mesmo quando todos os demais bispos e províncias não estavam dispostos a reconhecer a ordenação de uma mulher para o episcopado.
5. Isso provoca dor e sofrimento em virtude de certo enfraquecimento da Comunhão. Porém, por dolorosa que seja essa solução, é preferível à de um cisma no seio da própria Comunhão Anglicana.
6. "Reconhecemos as implicações ecumênicas deste debate, porém sabemos que a Igreja católica consideraria um cisma na Comunhão Anglicana um obstáculo ecumênico grave."

7. Reconhece-se igualmente a necessidade de um estudo mais amplo sobre a ordenação das mulheres, que deveria ser levado a cabo sobre uma base ecumênica.
8. Alegra-se de que o metropolita João de Pérgamo, co-presidente do diálogo anglicano-ortodoxo e membro da Comissão Internacional Católica-Ortodoxa, faça eco à proposição que o mesmo havia apresentado no discurso de abertura: "Parece-me que não começamos a tratar o tema da ordenação de mulheres como um problema teológico em um plano ecumênico. Minha súplica é que se elabore tal debate ecumênico, incluindo todos os cristãos, em um clima de confiança e respeito mútuo".
9. Um dos atos mais importantes da Conferência foi estabelecer um *consensus* da Comunhão Anglicana sobre as declarações de acordo do diálogo estabelecido por nossos predecessores em 1966. Os bispos anglicanos aceitaram com uma ampla maioria os acordos da ARCIC I sobre *Eucaristia e ministério ordenado*, que estão "substancialmente em harmonia com a fé dos anglicanos".
10. "Ao mesmo tempo em que os bispos da Comunhão Anglicana estão conscientes de que não haverá uma solução fácil para o difícil problema da ordenação de mulheres, eu vejo esta vigorosa aprovação do trabalho da ARCIC I como um passo significativo à frente por parte dos anglicanos para 'um reconhecimento mútuo dos ministérios de nossas duas Comunhões', do qual falamos juntos em Canterbury em maio de 1982".
11. E termina esta importante carta manifestando seus desejos de prosseguir no esforço pela unidade: "Apesar dos obstáculos, os bispos da Comunhão Anglicana estão decididos a continuar buscando a unidade que Nosso Senhor quer e a prosseguir na busca da unidade plena e visível na qual se acham empenhadas nossas duas Comunhões. Que Deus nos conceda esse dom e a graça de recebê-lo".

A resposta de João Paulo II virá quatro meses mais tarde, em 8 de dezembro de 1988. Agradece-lhe a cortesia de havê-lo informado sobre o desenvolvimento da Conferência e manifesta-lhe, ao mesmo tempo, sua preocupação com as decisões tomadas. Também aqui, limito-me aos pontos essenciais:

1. Em primeiro lugar, reconhece os sinais de abertura para uma mais plena comunhão com a Igreja católica, manifestados no discurso de abertura e nas resoluções adotadas sobre a relação final da ARCIC I. "Ao mesmo tempo, devo manifestar minha inquietude no que concerne aos desenvolvimentos de Lambeth, que parecem haver colocado novos obstáculos no caminho de reconciliação entre católicos e anglicanos".
2. A forma como a Conferência de Lambeth tratou a questão da ordenação de mulheres criou uma situação nova que provoca perplexidade entre os membros da segunda Comissão Internacional Anglicana-católico-romana (ARCIC II), aos

que, em 1982, demos o mandato de estudar "o que nos impede de reconhecer reciprocamente os ministérios de nossas comunhões". A ordenação de mulheres para o sacerdócio em algumas províncias da Comunhão Anglicana, assim como o reconhecimento do direito de cada província de proceder à ordenação de mulheres para o episcopado parecem antecipar-se a esse estudo e bloqueiam de fato o caminho do reconhecimento mútuo dos ministérios.

3. "A Igreja católica, tal como a Igreja ortodoxa e as antigas Igrejas orientais, opõe-se firmemente a esse desenvolvimento, considerando-o uma ruptura com a tradição de tal natureza que ela não tem competência alguma para autorizá-la. Pareceria que a ordenação de mulheres na Comunhão Anglicana não levou suficientemente em conta as dimensões ecumênica e eclesiológica da questão."
4. "Sendo um fato que a Comunhão Anglicana se encontra em diálogo com a Igreja ortodoxa e as antigas Igrejas orientais, é urgente conceder maior atenção a este aspecto, de modo que se possa evitar a erosão séria do grau de comunhão entre nós."
5. João Paulo II salienta o fato de que na Inglaterra não se tenha tomado ainda nenhuma decisão definitiva sobre a ordenação de mulheres e toma a si a delicada situação do arcebispo de Canterbury, dada a autonomia de que gozam as diversas províncias para decidir essas questões. A seguir, o papa faz alusão aos problemas que podem surgir nas províncias que se opõem à ordenação de mulheres, no caso em que chegue a haver mulheres sacerdotes na Igreja da Inglaterra, e conclui: "Ao dirigir-me de forma tão direta a Vossa Graça neste assunto, quisera insistir em que minha motivação é unicamente a de servir à busca da unidade, na qual nossos predecessores, o papa Paulo VI e o arcebispo Michael Ramsey, se empenharam em 1966, empenho este que Vós mesmo e eu renovamos por ocasião de minha visita a Canterbury em 1982"[11].

Por ora, o último intercâmbio de alto nível sobre esse tema foi constituído pelo encontro de João Paulo II com o arcebispo de Canterbury em Roma, em 30 de setembro de 1989. Na Igreja romana dos santos André e Gregório, celebraram Vésperas em comum. Ambos pronunciaram uma homilia na qual fizeram referência aos problemas da ordenação da mulher, mantendo suas respectivas posições.

O doutor Runcie remontou às origens do cristianismo e evocou também os começos da fé cristã na Inglaterra. Citou a história de Beda o Venerável, o qual narra que Santo Agostinho, o apóstolo dos ingleses enviado por São Gregório Magno, ficou perplexo ao constatar que, "sendo uma a fé, eram diversos os costumes em umas e outras igrejas", e pediu conselho ao papa Gregório. Este contestou-lhe que "escolhesse com cuidado o que achasse ser mais agradável a

11. Texto completo de ambas as cartas em A. GONZÁLEZ MONTES, *Ench. Oecum*, 2, p. 772-776, *Ecclesia* 2441, 49 (1989) 1337-1338.

Deus, quer fosse da Igreja romana, ou das Gálias ou de qualquer outra, e que ensinasse isso na Igreja da Inglaterra. Porque as coisas não haverão de ser amadas pelos lugares, mas os lugares por suas coisas boas"[12].

Runcie citou algumas palavras de João Paulo II em sua recente visita à Suécia: "A unidade não somente abraça a diversidade, mas se realiza na diversidade". Acrescentou ainda uma evocação aos conflitos da Igreja primitiva: "Quando há discrepância entre cristãos, que recentemente descobriram quanto têm em comum, é hora de intensificar consultas recíprocas. Isto foi sempre assim desde o tempo do Concílio de Jerusalém, de que falam os Atos dos Apóstolos".

Tais alusões não passaram despercebidas ao papa, pois conhecia de antemão o texto de Runcie. Em sua homilia, não respondeu diretamente ao arcebispo, mas orientou seu discurso em outro sentido, à responsabilidade que incumbe à autoridade docente da Igreja para discernir a doutrina e a práxis que fazem parte do "depósito da fé", que nos foi confiado e que devemos guardar (cf. 1Tm 6,20). Como ensina o Vaticano II, "o ofício de interpretar autenticamente a Palavra de Deus, escrita ou em forma de tradição, foi confiado unicamente ao magistério vivo da Igreja" (DV 10). "O papel específico dos bispos, que há de ser desempenhado em comunhão com a sede de Pedro, é vital para assegurar a unidade e a continuidade da fé, se temos de transmitir a fé de Pedro, de Gregório e de Agostinho, se temos de evangelizar uma vez mais os povos da Europa e pregar o Evangelho aos povos do mundo."[13]

6. Última etapa. A primeira mulher bispo

Dada a evolução que se havia operado em diversas Igrejas da Comunhão Anglicana, era inevitável que a Igreja da Inglaterra aceitasse, mais cedo ou mais tarde, tal proceder. Era a política dos fatos consumados.

Pouco depois da XII Conferência de Lambeth, teve lugar a primeira ordenação de uma mulher como bispo. Em 11 de fevereiro de 1989, a presbítera Barbara

12. Cf. BEDA O VENERÁVEL, *Historia ecclesiastica*, I, 1, capit. 27, 2; PL 95, 58-59.
13. *L'Osservatore Romano*, 2-3 out. 1989, p. 6-7. Sobre toda essa questão, veja-se o excelente estudo de H. DOMÍNGUEZ PÉREZ, La ordenación sacerdotal de la mujer. El debate anglicano-católico, *Proyección* 40 (1993) 193-208.

Harris, de raça negra e com 58 anos de idade, transformava-se na primeira mulher bispo na Igreja episcopaliana dos Estados Unidos. Nada importava que fosse de raça negra ou branca, porém acrescente-se a isso uma situação nada recomendável: tratava-se de uma divorciada. Essa situação matrimonial não parecia a mais indicada para quem haveria de ser a primeira mulher bispo.

Em dezembro de 1990, outra mulher da mesma Igreja foi consagrada bispo titular de Dunedin, na Nova Zelândia: a presbítera Penelope Jamieson, de 47 anos, mãe de três filhas. A estas, outras ordenações dariam continuidade nos anos seguintes.

Com estes dados pela frente, ia ser celebrado o sínodo geral da Inglaterra em novembro de 1992, no qual devia ser tomada uma decisão histórica. Em fins de 1992, a situação real se refletia na seguinte estatística: 1.959 diaconisas; 1.381 mulheres sacerdotes e três mulheres bispos no conjunto da Comunhão Anglicana. É indubitável que não foi pouca a influência dessa situação na tomada de decisões. Muitos teriam preferido uma discussão serena e profunda e proceder com calma, sem a pressão e o temor de uma ruptura, caso a decisão do sínodo se atrasasse. No dia 11 de novembro de 1992, o sínodo geral da Igreja da Inglaterra aprovou a legislação que introduzia a ordenação das mulheres ao sacerdócio.

Na relação a favor, apresentada pelo bispo de Guilford, Michael Adie, declara-se:

> Recentemente, a Igreja da Inglaterra enriqueceu-se com a presença de mulheres autorizadas a exercer o ministério de leitoras, acólitas e diaconisas... A questão sobre a qual temos hoje que decidir é se as mulheres, assim como são leitoras e diaconisas, podem ser também sacerdotes. Proponho ao sínodo que a resposta seja 'Sim'... A ordenação das mulheres ao sacerdócio é um desenvolvimento bem meditado, coerente com a Escritura e que responde à Tradição[14].

Ele então aduz argumentos bíblicos e culturais. Do ponto de vista da representatividade, Michael Adie afirma que o ministério ordenado representa todo o povo de Deus, homens e mulheres, tal como Cristo ao assumir a natureza humana, razão por que também as mulheres devem ter participação nele. Uma verdade antiga é agora contemplada de forma diferente. De nós é exigida hoje a fidelidade à tradição. Não podemos esperar um acordo ecumênico entre a Igreja católica e a ortodoxa, porque não há nenhuma esperança de alcançá-lo. A

14. Cf. *Il Regno* 696 (1993) 55-64 [56].

Igreja católica nem sequer reconhece a validade das ordenações anglicanas. Temos de nos decidir e dar nossa contribuição à multiforme vida da Igreja[15].

A relação contra, lida por David Silk, arquidiácomo de Leicester, não é menos vibrante e eloqüente. Reunimos algumas de suas idéias: denuncia o abuso de autoridade produzido nas Igrejas particulares da Comunhão Anglicana, que assumiram decisões que só podem ser tomadas pela Igreja universal. Houve sínodos provinciais que, sem nenhuma justificação na Escritura nem na Tradição, agiram como se fossem um concílio ecumênico. "Pode-se acaso fazer o que se quer da própria fé? É Cristo quem dirige sua Igreja, e existem coisas, como o cânon da Escritura, o texto do símbolo da fé e a matéria dos sacramentos, sobre as quais a Igreja não tem poder de legislar."

Sua relação alcança tons patéticos quando se pergunta: "Equivocou-se a Igreja durante dois mil anos, viveu enganada e corrompida pelos condicionamentos sociais e culturais?".

E referindo-se aos argumentos da Escritura responde: "Digamos a verdade, a ordenação das mulheres ao presbiterado não é um preceito contido na Sagrada Escritura nem aparece como uma conseqüência"[16].

Há também uma longa e ponderada intervenção feita pelo arcebispo de Canterbury, George Carey, em que expõe razões e motivos de índoles diversas a favor do voto positivo:

> Creio que Deus esteja chamando sua Igreja a ordenar as mulheres para o sacerdócio. Chegamos a este debate com a devida preparação. Não se trata do procedimento precipitado de uma Igreja em má disposição. Este tema esteve na ordem do dia no Sínodo desde há quase trinta anos. Temos a experiência de mais de um milhar de mulheres no diaconato. Por onde quer que seja, na Comunhão Anglicana, as mulheres sacerdotes estão dando uma contribuição cada vez mais importante. E nos níveis de diocese e de decanatos o voto sobre esta legislação demonstrou claramente que conta com o sim da maioria da população. Agimos com pressa, porém lentamente[17].

Procura uma maioria de dois terços na votação, porém adverte:

> O discernimento não chega somente por meio do voto, mas por meio da manifestação dos carismas. Os carismas são a magnanimidade de Deus. Vimos os sinais do Espírito se

15. Ibid., 56.
16. Ibid., 57-60.
17. Ibid., 60.

> manifestarem cada vez mais no ministério das mulheres, não menos que no ministério dos homens. Temos de recorrer a todos os talentos disponíveis para ser uma Igreja crível, comprometida na missão em um mundo sempre mais confuso e disperso.

Afirma que a ordenação da mulher não impõe nenhuma mudança nos símbolos da fé, nem nas Escrituras e nem na vida da Igreja. E termina com estas emocionantes palavras:

> Espero com todo o meu coração que o sínodo sancione hoje o posto da mulher no sacerdócio da Igreja de Cristo com a mesma obediência confiante com que Pedro sancionou o posto dos gentios na Igreja (At 10). Digamos com ele: Se Deus concedeu a essas pessoas o mesmo dom gracioso que a nós, por termos crido no Senhor Jesus Cristo, quem era eu para impedir a Deus de agir? (At 11,17)[18].

A votação quase deparou com uma surpresa. Necessitava-se de uma maioria de dois terços de cada uma das três câmaras que compunham o sínodo. Na câmara de bispos e clérigos não houve dificuldade, porém na dos leigos obteve-se a maioria requerida pela escassa diferença de dois votos. Entre os bispos, 39 votaram a favor e treze contra (70,45% favoráveis); dos clérigos, 176 a favor e 74 contra (68,91% a favor); entre os leigos, 168 a favor e 82 contra (61,41% a favor)[19]. Embora a ordem normal das votações fosse a de bispos, clérigos e leigos, desta vez inverteu-se a ordem: leigos, clérigos e bispos.

Apesar dessa decisão favorável, acordou-se retardar por algum tempo a ordenação efetiva de mulheres ao sacerdócio. Em outubro de 1993, obteve-se a aprovação das duas Câmaras do Parlamento. Em janeiro de 1994, a rainha Isabel II, cabeça visível da Igreja da Inglaterra, outorgou seu consentimento. Finalmente, em 22 de fevereiro de 1994, o sínodo geral ratificou e promulgou definitivamente os cânones que modificavam o antigo direito canônico.

Chegou, assim, o grande dia tão esperado por muitos e tão temido por outros. Em 12 de março de 1994, receberam a ordenação sacerdotal as 32 primeiras mulheres da Igreja da Inglaterra, na catedral de Bristol; o ministro consagrante foi o doutor Barry Rogerson, bispo daquela cidade. A cerimônia teve um esplendor inusitado. A imprensa, a televisão e demais meios de comunicação divulgaram amplas reportagens do acontecimento. Renovaram-se nessa ocasião

18. Ibid., 60-61.
19. Cf. Documents. Église d'Angleterre. L'ordination des femmes au presbytérat, *Istina* 38 (1993) 156-191; resultado das votações, 173.

as reações a favor e contra que haviam sido suscitadas pela decisão do sínodo de 1992. Vários bispos e pastores anglicanos pediram formalmente a passagem para a Igreja católica, porém, por diversos motivos, o Vaticano preferia um procedimento individual, e não conversões em massa. Não obstante, deixemos assinalado que o País de Gales e a Escócia não admitiram, naquele momento, a ordenação de mulheres em suas respectivas dioceses.

7. Reflexão teológica

Não podemos encerrar esta relação dos fatos sem apresentar um breve comentário teológico. Sem dúvida existe uma posição distinta entre a hierarquia católica e a anglicana. A posição da hierarquia católica ficou fixada com a declaração *Inter insigniores*. Os documentos posteriores ou repetem ou comentam o que nela foi exposto. A postura oficial da Igreja anglicana permaneceu exposta nas cartas do arcebispo R. Runcie a João Paulo II e ao cardeal Willebrands, onde expõe sua atitude e as razões que a justificam[20]. São principalmente três:

1. Não existe nem na Escritura nem na Tradição uma objeção fundamental à ordenação de mulheres ao sacerdócio ministerial.
2. As províncias anglicanas que procederam à ordenação de mulheres para o presbiterado fizeram-no com a convicção sincera de que a Tradição está aberta a esse desenvolvimento, pois não se pode provar que a exclusão de mulheres do ministério sacerdotal pertença à "lei divina".
3. Prescindindo de considerações sociológicas e culturais, "de acordo com meu ponto de vista", é a razão doutrinal que não somente justifica a ordenação de mulheres, mas também a exige[21].

Qual é essa razão teológica? Em resumo, equivale a dizer: Cristo, ao encarnar-se, assumiu a natureza humana em sua totalidade, na qual se integram homem e mulher, a não ser que se pretenda que metade do gênero humano não foi redimida. O sacerdócio ministerial representa Cristo, Sumo Sacerdote, em quem toda a humanidade é redimida. Como a humanidade de Cristo, Sumo

20. *Enchir. Oecum.*, 2, p. 757-761.
21. Ibid., p. 758-759.

Sacerdote, inclui toda a natureza humana, homem e mulher, o sacerdócio ministerial deveria estar aberto também às mulheres, e assim representaria mais perfeitamente o supremo sacerdócio completo de Cristo[22].

A verdade é que este argumento não convence. A meu ver, tanto quanto não têm valor os argumentos usados por muitos católicos baseados na condição masculina de Cristo para excluir a mulher do sacerdócio, porque não pode representar Cristo homem, igualmente esta argumentação teológica do doutor Runcie também não tem validade para exigir que a mulher deva ter acesso ao sacerdócio, a fim de que o sacerdócio de Cristo, que abarca toda a humanidade, esteja devidamente representado por ambos os sexos. O cardeal Willebrands faz um bom resumo desta argumentação do doutor Runcie e a rebate, porém mais adiante apela ao fato de que Cristo foi homem e à sua identidade masculina como um traço inerente da economia da salvação para deduzir ou insinuar que o sacerdote, que representa Cristo, deve ser homem, com o que incide na mesma arbitrariedade teológica que seu oponente[23].

Tudo isso ocorre no nível de hierarquias. Entre os teólogos e escrituristas católicos e anglicanos, a diversidade não afeta tanto as confissões quanto os indivíduos ou grupos. Há teólogos e escrituristas católicos e anglicanos que não vêem objeções fundamentais nem na Escritura nem na Tradição. Baseiam-se em um conceito dinâmico da tradição e da vida da Igreja, que tem de pregar e encarnar o Evangelho para todos os tempos e para todas as culturas. Seja como for, exige-se fidelidade ao Evangelho, porém ao mesmo tempo se requer a abertura necessária para que o Evangelho chegue a todos os homens e possa assumir as diversas situações históricas. O Espírito de Cristo não deixa de atuar na Igreja e sugerir os meios adequados que respondam às necessidades pastorais de cada época. A fidelidade à tradição não consiste em não mudar nada, mas em propor de uma maneira sempre viva e atual a verdade que se quer transmitir.

Todavia, existem também em ambas as confissões teólogos e escrituristas de grande prestígio que não consideram compatível com a Sagrada Escritura e menos ainda com a tradição milenar da Igreja o acesso da mulher ao sacerdócio. Seria uma mudança substancial no que Cristo estabeleceu. A Igreja, por fidelida-

22. Ibid., p. 759.
23. Carta do cardeal Willebrands ao arcebispo R. Runcie, de 17 de junho de 1986, ibid., p. 762-766.

de a Cristo, seu Senhor, não se sente autorizada a efetuar tais mudanças. Esta é a situação atual. Com a diferença, porém, de que entre os anglicanos vai ganhando terreno a convicção de que não existem dificuldades dogmáticas, ao passo que na Igreja católica tal convicção é provavelmente ainda minoritária e se choca com a oposição do magistério hierárquico.

A Igreja anglicana admite o pluralismo na unidade da fé e do serviço divino (Conferência de Lambeth de 1978). Não considera tal diversidade de critério com relação à ordenação da mulher um obstáculo para o diálogo ecumênico nem para a unidade da fé. Em contrapartida, a hierarquia católica julga este fato um obstáculo "que impede de reconhecer reciprocamente os ministérios de nossas duas Comunhões" (carta de João Paulo II a R. Runcie, 8-12-1992).

A Igreja anglicana entende que

> Deus está chamando sua Igreja para conferir o sacerdócio às mulheres. Chegamos a este debate com a devida preparação. Temos a experiência de mais de um milhar de mulheres no diaconato. Vimos os sinais do Espírito se manifestarem no ministério das mulheres não menos do que no ministério dos homens. Se Deus concedeu a essas pessoas o mesmo dom gracioso que a nós, quem sou eu para impedir a Deus de agir? (cf. At 1,17). (Discurso de G. Carey, arcebispo de Canterbury, no sínodo geral de 1988).

Os anglicanos crêem escutar a voz do Espírito, manifestada nos sinais e carismas, que os convida a ordenar as mulheres, do mesmo modo que Pedro seguiu a inspiração do Espírito Santo admitindo os gentios na Igreja. A Igreja católica, ao contrário, acredita que, por fidelidade a Cristo e por respeito à tradição, não está autorizada a dar esse passo.

Quem tem razão? A quem fala o Espírito de Cristo? Não poderiam os apóstolos ter apelado para a palavra de Cristo: "Não vades para os pagãos, nem entreis em cidade da Samaria; dirigi-vos, antes, às ovelhas perdidas da casa de Israel" (Mt 10,5-6)? E, não obstante, Pedro e Paulo e muitos outros, movidos pelo Espírito, dirigiram-se aos gentios e cumpriram a vontade do Senhor. Não estaremos diante de um caso similar?

Uma diferença muito notável entre a Igreja católica e a anglicana é a presença ou ausência de uma autoridade suprema. O primado da Igreja anglicana, doutor Runcie, confessa que nem ele nem a Conferência de Lambeth possuem autoridade jurídica para impor-se às outras províncias da Comunhão Anglicana[24]. Isto é um

24. Carta de 6 de agosto de 1988 a João Paulo II; *Enchir. Oecum.*, 2, p. 773.

inconveniente muito grave para favorecer e conservar a unidade. Creio que se tenha cometido um erro eclesiológico grave ao deixar a critério de cada Igreja local uma decisão de tamanha transcendência para a Comunhão Anglicana e para as outras Igrejas cristãs. Como dizia David Silk em seu discurso no sínodo da Inglaterra em 1992, uma Igreja local não pode assumir a função de um concílio ecumênico.

Na Igreja católica, ao contrário, o papa possui a autoridade suprema em toda a Igreja e pode até definir como dogma de fé o que pertence ao "depósito revelado". Isto supõe uma vantagem imensa para a unidade da fé. No entanto, tem também seu perigo, quando se apela à autoridade para impor ensinamentos que não pertencem ao "depósito revelado" ou para tomar decisões que não respondem ao mandato de Cristo.

Não creio que se possa provar que Cristo quis excluir a mulher dos ministérios para sempre. Jesus não ordenou ninguém sacerdote ou bispo, mas simplesmente deu-lhes o encargo de batizar, de pregar a boa nova a todas as gentes, de curar os enfermos e perdoar os pecados. Na última ceia, disse também a seus discípulos: "Fazei isto em memória de mim" (Lc 22,19; 1Cor 11,25). Daqui não se deduz que as mulheres fiquem excluídas para sempre de anunciar o Evangelho ou de celebrar a ceia do Senhor. Alguém observou que se se tomassem com tanto rigor essas palavras as mulheres nem mesmo poderiam receber a comunhão.

Na Igreja católica, a questão foi decidida a partir de cima, entre as congregações romanas e o papa. Não foram suficientemente consideradas as opiniões das diferentes conferências episcopais e dos sínodos dos bispos celebrados em Roma. Com os documentos pontifícios à frente, limitou-se a liberdade de reflexão e de expressão das Igrejas locais e dos teólogos. Neste, como em outros casos, por exemplo o da *Humanae vitae*, seria conveniente levar mais em conta a opinião e as convicções de toda a Igreja, livremente expressas, a fim de que o papa fosse realmente o porta-voz e representante de toda a Igreja.

Pessoalmente, acredito que o argumento mais forte da postura da Igreja católica e ortodoxa seja a tradição bimilenária de não conceder o sacerdócio às mulheres. Esse fato pesa muito na consciência da Igreja, obrigando-a a não proceder com ligeireza em um assunto de tamanha transcendência. Também é necessário ter em conta a posição das outras Igrejas cristãs orientais e ocidentais. Não podemos negar que também em outras Igrejas atua e está presente o Espírito de Jesus. Por isso, é preciso estudar e investigar serenamente a questão sem preconceitos dogmáticos e admitir o resultado das investigações bíblicas e históricas. Não é honesto nem admissível aceitar somente os estudos que favorecem a opinião que se quer defender. Um teólogo de Roma dizia que é necessário estudar detidamente a questão do possível acesso da mulher ao sacerdócio para que se compreenda quão solidamente está fundamentada a posição da Igreja. Se o resultado da investigação é o contrário do que se pensa, omite-se e nem sequer se publica.

No final destas reflexões surge a dúvida inquietante lançada por David Silk em seu discurso de 11 de novembro de 1992: Pode-se admitir que a Igreja tenha se equivocado durante dois mil anos, que foi seduzida e corrompida pelos condicionamentos sociais e culturais? Há decisões que podem ser tomadas corretamente pelas dioceses ou províncias, porém há decisões que só podem ser tomadas pela Igreja universal. Existem coisas que a Igreja não pode mudar: o cânon das Escrituras, o símbolo da fé, a matéria dos sacramentos. No caso da Igreja anglicana, pode-se permitir que cada província atue como se fosse um concílio ecumênico?[25]. Parece justa a acusação de que as decisões foram precipitadas diante dos fatos consumados e não se respeitou o ritmo do Espírito.

Por parte da Igreja católica, surge o mesmo problema, porém em sentido inverso. Parece que Deus oferece sinais suficientes de que concede seu Espírito às mulheres ordenadas, que já estão exercendo o ministério com grande fruto espiritual de suas comunidades. Não exigem estes fatos que se escute o que o Espírito diz a suas igrejas? Acima de tudo, não é conveniente que um assunto de tamanha importância seja estudado e tratado com plena liberdade e responsabilidade pelas conferências episcopais, pelos sínodos provinciais e pelos teólogos, sem pressões de espécie alguma? Não é necessário escutar a voz das Igrejas, nas quais atua o Espírito Santo, em vez de resolver o problema com um ato de autoridade?

25. Cf. *Il Regno* 966 (1993) 57-58.

CAPÍTULO X

Recepção da *Ordinatio sacerdotalis*[1]

A carta apostólica *Ordinatio sacerdotalis* (OS), de João Paulo II, assinada em 22 de maio de 1994, festa de Pentecostes, embora não tenha se tornado pública até 30 de maio, foi escrita com a intenção de encerrar definitivamente as discussões entre os católicos sobre a possibilidade ou não de conferir a ordem sacerdotal à mulher. É evidente que o documento do papa não encerrou o problema, mas, ao contrário, avivou-o e provocou uma série de artigos e publicações entre católicos e não-católicos que dificilmente teriam sido escritos se não tivesse ocorrido a intervenção de João Paulo II.

A carta é dirigida aos bispos da Igreja católica, porque afeta a eles de um modo especial. Embora não seja nada provável, não estaria fora de cogitação que, dado o ambiente reinante a favor da ordenação da mulher, algum bispo católico se atrevesse a proceder à ordenação de alguma mulher[2].

---

1. Este capítulo reproduz, com diversas modificações, o texto publicado com o mesmo título em *Naturaleza y Gracia* 44 (1997) 7-42.
2. De fato, sabe-se que nos países comunistas do Leste europeu procedeu-se à ordenação de algumas mulheres, para não privar os fiéis dos serviços sacerdotais. Cf. M. ALCALÁ, *Iglesias europeas en catacumbas*, Valencia, Edicep, 1991, p. 225-229. Possuo vários recortes de imprensa e alguns artigos

O que pretendemos neste artigo é fazer uma espécie de crônica breve de algumas reações ao documento pontifício. Foram muitas e muito duras por parte de alguns teólogos. O cardeal Ratzinger e outros teólogos, ao contrário, pronunciaram-se incondicionalmente a favor da postura do papa e foram mesmo além do que diz o texto da OS, pois afirmaram que se trata de uma verdade infalível e que pertence ao *fidei depositum*.

As duas questões que surgem a partir de um princípio são:

1. Fecha este documento a porta, de modo definitivo, para a ordenação sacerdotal da mulher entre os católicos?
2. Deve-se considerar uma verdade infalível e revelada que a mulher não pode ser sujeito da ordenação sacerdotal?

Tais questões estão correlacionadas.

I. Trata-se de uma questão definitivamente fechada?

Antes de tudo, devemos averiguar o que diz o papa. Em sua carta apostólica *Ordinatio sacerdotalis*, João Paulo II usa uma linguagem solene, porém não emprega a palavra *infalível*, nem diz expressamente que se trata de uma *definitio ex cathedra*. Não obstante, suas afirmações são muito graves:

1. Sustenta que não se trata de uma questão disciplinar, mas doutrinal.
2. Deseja suprimir toda dúvida possível sobre um assunto de grande importância.
3. Esta questão pertence à própria constituição divina da Igreja.
4. Apela a seu ministério, como sucessor de Pedro, de confirmar os irmãos na fé (cf. Lc 22,32).
5. Declara que a Igreja não tem de modo algum a faculdade de conferir o sacerdócio às mulheres.
6. Esta sentença deve ser mantida de modo definitivo por todos os fiéis da Igreja (OS 4; *AAS* 86 [1994] 548).

Isto é o que o papa afirma, e não é pouco. As palavras escolhidas para essa declaração são, em boa parte, extraídas da constituição *Lumen gentium* (25b e 25c),

---

de revistas que falam dessas ordenações. Todavia, nunca consegui encontrar nomes concretos e número de mulheres ordenadas. O Vaticano nunca reconheceu a validade dessas ordenações. Cf. *ABC*, 11 nov. 1995, p. 69; E. GÖSSMANN, *Christ in der Gegenwart*, n. 53, 31-12-1995.

quando se fala da infalibilidade dos bispos em comunhão com o sucessor de Pedro e da infalibilidade do Romano Pontífice. É preciso comparar o texto latino.

a) Referindo-se aos bispos, diz o texto: "*licet per orbem dispersi, sed communionis nexum inter se et cum Successore Petri servantes, authentice res fidei et morum docentes in unam sententiam tamquam definitive tenendam conveniunt, doctrinam Christi infallibiiter anuntiant*" (LG 25b): Os bispos, no exercício do seu magistério autêntico em matéria de fé e costumes, enunciam a doutrina de Cristo de modo infalível quando — dispersos pelo mundo, mas conservando a comunhão entre si e com o sucessor de Pedro — concordam em propor uma sentença a seguir como definitiva. Isto é ainda mais manifesto quando, reunidos em Concílio ecumênico, são para toda a Igreja juízes e doutores da fé e dos costumes, devendo aderir-se às suas definições com assentimento de fé.

b) Com relação ao papa, o texto afirma: "*Qua quiden infallibilitate Romanus Pontifex, Collegii Episcoporum Caput, vi muneris sui gaudet, quando ut supremus omnium christifidelium pastor et doctor, qui fratres suos in fide confirmat* (cf. Lc 22,32), *doctrinam de fide vel moribus definitivo actu proclamat*" (LG 25c).

   A infalibilidade, de que o Divino Redentor dotou a sua Igreja para definir a doutrina de fé e costumes, abrange o depósito da revelação que deve ser guardado com zelo e exposto com fidelidade. O Romano Pontífice, cabeça do colégio episcopal, goza dessa infalibilidade em virtude do seu ofício, quando define uma doutrina de fé ou de costumes, como supremo Pastor e Doutor de todos os cristãos, confirmando na fé os seus irmãos (cf. Lc 22,32).

No caso que abordamos, trata-se de um ato do Romano Pontífice que declara definitiva uma doutrina. Fala-se aqui de um *ato definitivo*; no caso dos bispos dispersos pelo mundo, diz-se *sententia definitive tenenda*. Em ambos os casos, tal doutrina caracteriza-se como infalível. Referimo-nos ao texto do Vaticano II.

Compreende-se, assim, por que o cardeal Ratzinger, já desde o primeiro comentário à OS, publicado em *L'Osservatore Romano*, defende que se trata de uma verdade infalível.

2. Congregação para a Doutrina da Fé: três passos à frente

A Congregação para a Doutrina da Fé (CDF), por meio de seu presidente cardeal J. Ratzinger, deu passos à frente até declarar que se trata de uma doutrina infalível e que pertence ao *fidei depositum*.

Em 1976, a CDF publica a declaração *Inter insigniores*, em que se lê na introdução: "A Congregação para a Doutrina da Fé sente-se no dever de recordar que a Igreja, por fidelidade ao exemplo de seu Senhor, não se considera autorizada a admitir as mulheres à ordenação sacerdotal"[3].

A *Ordinatio sacerdotalis* proclama decididamente que "a Igreja não tem de modo algum a faculdade de conferir a ordenação sacerdotal às mulheres, e esta sentença deve ser mantida como definitiva por todos os fiéis da Igreja" (n. 4).

No primeiro comentário de Ratzinger à OS, publicado em *L'Osservatore Romano*, ele afirma que "uma concepção unilateral de infalibilidade como única forma vinculadora de decisão na Igreja converteu-se em pretexto para relativizar todos os documentos citados e para declarar que a questão ainda continua em aberto"[4]. Para eliminar essa situação de incerteza e afastar toda dúvida, o papa viu-se obrigado a publicar esse novo documento.

Após explicar os pressupostos da decisão do papa, pergunta-se sobre o valor teológico de sua autoridade:

> Na presença de um texto magisterial do peso desta carta apostólica, impõe-se agora de forma inevitável a pergunta: que grau de obrigatoriedade possui este documento? Declara-se explicitamente que o que nele se afirma deve ser considerado definitivo na Igreja e que esta questão fica fora das questões flutuantes. Assim sendo, trata-se de uma declaração dogmática? A propósito, cumpre responder que o papa não propõe nenhuma nova fórmula dogmática, mas confirma uma certeza que na Igreja foi vivida e afirmada constantemente. Em linguagem técnica, deve-se dizer: trata-se de um ato do magistério autêntico ordinário do Sumo Pontífice e, portanto, de um ato não definidor nem solene *ex cathedra*, embora o objeto deste ato seja a declaração de uma doutrina ensinada como definitiva e, por conseguinte, não reformável[5].

Ou seja, trata-se simplesmente de uma doutrina definitiva e não reformável. Não soa ainda aqui a palavra *infalível* ou definição *ex cathedra*. O difícil é compreender como uma doutrina pode ser definitiva e não reformável sem que seja proposta como infalível.

Ratzinger deseja precisar mais ainda sua posição:

---

3. Edição em latim e espanhol in *Misión de la mujer en la Iglesia*, Madrid, 1978, p. 7 (BAC popular n. 12).
4. *L'Osservatore Romano*, n. 23 (edição espanhola), 10 jun. 1994, p. 327-328. Para maior comodidade, citamos esse comentário extraído de *Claune* n. 126 (1994) 204-210 [205].
5. Ibid., p. 208.

> O *proprium* da nova intervenção magisterial não corresponde, por conseguinte, à explicação do conteúdo da doutrina proposta, mas somente à estrutura formal e gnosiológica dela, no sentido de que se torna explícita com a autoridade apostólica do Santo Padre uma certeza que sempre existiu na Igreja e que alguns haviam posto como objeto de julgamento[6].

Essa primeira explicação bastante rígida não foi suficiente para fazer calar as dúvidas e controvérsias. A questão se agrava com a *Resposta* da CDF de 28 de outubro de 1995 a uma dúvida sobre se a doutrina proposta como definitiva pela OS deva ser considerada pertencente ao *fidei depositum*. A resposta é contundente. Afirma-se que "a doutrina segundo a qual a Igreja não tem a faculdade de conferir a ordenação sacerdotal às mulheres" pertence ao "depósito da fé".

Com isso, o caminho fica livre para que se possa declarar que se trata de uma verdade infalível e que se exige a anuência definitiva. Assim o declara Ratzinger em sua explicação:

> Trata-se de uma plena anuência definitiva, a saber, irrevogável, a uma doutrina proposta infalivelmente pela Igreja. Com efeito, como explica a resposta, este caráter definitivo deriva da verdade da mesma doutrina, porque, fundada na Palavra de Deus escrita e constantemente mantida e aplicada na Tradição da Igreja, foi proposta infalivelmente pelo magistério ordinário universal (cf. *Lumen gentium*, 25)[7].

É muito possível que a pergunta tenha sido preparada pela própria CDF para dar lugar a essa ampla resposta arrazoada. Não nos interessam os argumentos que aduz, porque são sempre os mesmos, atentando somente para o fato desta afirmação tão grave: que pertence ao depósito da fé. Sem essa afirmação, não poderia ser exigida a aprovação irrevogável. Trata-se de uma verdade infalível porque é professada e proclamada pelo magistério ordinário da Igreja e pertence ao "depósito da fé".

Bernard Sesboüé escrevia a esse propósito em *La Croix*: "A apelação à infalibilidade para uma nova questão é de certo modo a 'bomba atômica' no depósito dogmático de armas da Igreja. Essa arma terrível ameaça converter-se em um bumerangue"[8].

6. Ibid., p. 208.
7. *L'Osservatore Romano*, 19 nov. 1995, p. 2.
8. *La Croix*, 30 nov. 1995. Extraímos e traduzimos essa citação do alemão, do artigo de K. Nientiedt, HK 46 (1996/6), 462.

3. A postura dos teólogos

Vamos nos limitar à qualificação teológica desse documento. Como é de supor, há diversidade de opiniões. É preciso distinguir duas fases: a primeira antes da *Resposta* de 28 de outubro de 1995; a segunda depois dessa *Resposta*.

Os primeiros comentários e reações de bispos e teólogos, antes da *Resposta* de 28 de outubro, consideram que não se trata de um documento infalível, muito embora percebam a contradição que ocorre ao aceitar que se trata de uma sentença que deve ser mantida como definitiva e irreformável e, por outro lado, negar-lhe o caráter de infalibilidade. Algumas dessas reações de periodistas, bispos e teólogos de bastante destaque foram publicadas no boletim *ET Newsletter*, n. 1 e 2[9]. Todos concordam em negar que se trata de um documento infalível. E o mesmo podemos afirmar com relação à maior parte dos comentários dos teólogos. Assim, entre eles, podemos citar P. Hünermann, W. Beinert, J. Moingt, D. M. Ferrara, F. Sullivan e muitos outros[10].

Nem todos apresentam os mesmos argumentos. Diversos são de opinião que uma carta apostólica não é o instrumento adequado para declarar uma verdade infalível. Por que o papa preferiu uma carta a uma constituição apostólica? Não será porque não ousou declarar como dogma esta doutrina, apesar de sua vontade de remover de uma vez por todas as dúvidas e as controvérsias?

Alguns, como Hünermann e W. Beinert, analisam os argumentos do papa e os consideram deficientes. R. Gaillardetz e F. Sullivan insistem mais no fato de que falta o consentimento dos bispos e dos fiéis para uma declaração infalível.

Pessoalmente, sou de opinião que o instrumento para declarar um dogma de fé não tem de ser necessariamente uma constituição dogmática. Pode ser uma carta, um decreto ou outro meio. O principal está na forma e na vontade que se manifesta. Neste caso, usa-se uma forma solene inspirada nos escritos do Vaticano II e no texto do novo CIC (cân. 749,1), baseado no Vaticano II.

Permanece, não obstante, uma dificuldade não pequena para conceder o caráter de definição infalível à OS. O novo CIC, cânon 749,3, tal como o antigo, diz

---

9. ET *Newsletter*, n. 1, Sept. 1944, p. 2-4; n. 2, Febr. 1995, p. 7.

10. P. HÜNERMANN, Schwerwiegende Bedenken, *HK* 48 (1994) 406-410; W. BEINERT, Priestertum der Frau, *StdZ* 212 (1944) 723-738; J. MOINGT, Sur un débat clos, *RSR* 82 (1994) 321-323; D. M. FERRARA, The ordination of women: tradition and meaning, *Theol. Studies* 55 (1994) 706-719; F. A. SULLIVAN, La strada della tradizione, *Il Regno-Documenti* 9 (1996) 312-313.

taxativamente: "Nenhuma doutrina pode ser considerada definida infalivelmente se assim não consta de modo manifesto". A única solução é afirmar que se trata de uma verdade infalível, porque assim o ensina o magistério ordinário universal.

Ante tantas discussões sobre seu valor teológico, é difícil afirmar que consta "de um modo manifesto". Todavia, provêm as dúvidas dos teólogos sobre o caráter infalível desse documento da falta de clareza do texto e da forma empregada, ou melhor, da falta de vontade dos teólogos que não querem admiti-lo?

Depois da *Resposta* da CDF de 28 de outubro, as coisas mudaram um pouco. Alguns falam sem reticências de uma verdade infalível e outros consideram a intervenção do papa um abuso de poder[11]. Os bispos e as conferências episcopais, ainda que alguns tenham manifestado sua perplexidade, aceitaram a decisão do papa e exortaram os fiéis a aceitá-la.

3.1. *Teólogos que defendem a infalibilidade da OS*

Entre os teólogos, foram publicados alguns estudos que afirmam claramente tratar-se de uma proclamação infalível.

Quero referir-me somente a dois autores de renome, que fizeram estudos muito extensos e pormenorizados, com uma documentação impressionante: Manfred Hauke e Norbert Lüdecke[12].

M. Hauke, que elaborou sua tese de doutorado sobre a *Problemática do sacerdócio da mulher*[13], publicou dois artigos muito extensos e documentados sobre as recentes controvérsias teológicas em torno da *Ordinatio sacerdotalis* ou do sacerdócio da mulher. Em ambos, defende a mesma posição. Na 4ª edição de sua obra *Die Problematik*..., acrescentou também um apêndice no final no qual, referindo-se à

11. Como não é possível citar aqui diversos autores e artigos, remetemos ao estudo de N. LÜDECKE, Also ein Dogma?, *TrThZeits* 105 (1996) 174 s.

12. M. HAUKE, Ordinatio sacerdotalis: das Päpstliche Schreiben zum Frauenpriestertum im Spiegel der Diskussion, *Forum Kath.Theol.* 11/4 (1995) 270-298; ID., Il sacerdozio femminile nel recente dibattito teologico, *Rev.Th. Lug.* 1 (1996/2) 257-281; N. LÜDECKE, Also doch ein Dogma? Fragen zum Verbindlichkeitsanspruch der Lehre über die Unmöglichkeit der Priesterweihe für Frauen aus kanonistischer Perspektive, *Trier.Th. Zeits.* 105 (1996) 161-211.

13. *Die Problematik um das Frauenpriestertum vor dem Hintergrund der Schöpfung-und Erlösungs-ordnung*, Paderborn 4, 1995.

Resposta da CDF de 28 de outubro, escreve: "Acentua-se, com isto, tanto a reivindicação (*Anspruch*) de infalibilidade de dita doutrina como também sua qualificação como verdade de fé" (p. 518). Ele confessa que antes da publicação da OS havia qualificado essa doutrina como *sententia fidei proxima*; porém, depois desse documento, deve ser considerada *sententia de fide*[14].

No final de seu longo artigo, quando se pergunta sobre as perspectivas de futuro, afirma só existirem duas saídas:

1. Considerar a decisão papal um caso omisso e preparar, para o futuro, a práxis contrária.
2. Dar um sim claro à decisão do papa e procurar aprofundar em suas conseqüências.

A primeira opção não tem futuro. O tempo espera, todavia não resolve nada. É inútil alimentar vãs esperanças. A Igreja não vai mudar.

A segunda opção pode conduzir a uma autêntica renovação da Igreja no sentido desejado pelo Vaticano II. Esqueceu-se da importância do sacerdócio universal e das múltiplas tarefas que a mulher pode e deve realizar na Igreja sem o sacerdócio ministerial. Faz-se necessário redescobrir a grande riqueza de ser homem e ser mulher em sua complementaridade recíproca[15].

Li com muita atenção esse estudo de Hauke, com suas 194 notas de rodapé, assim como seu novo artigo publicado em italiano, *Il sacerdozio femminile*[16]. Admiro sua erudição, sua abundante documentação e suas críticas certeiras a diversos autores. Entretanto, alguns de seus argumentos bíblicos ou da história me parecem pouco convincentes. Não se justifica levar a sério como argumento contra a ordenação das mulheres o fato de que Jesus não houvesse incluído nenhuma mulher no grupo dos Doze.

Não obstante, ele apresenta outro argumento bíblico ao qual dá muita importância e que desenvolveu amplamente em *Die Problematik*... e em outros artigos[17]. Trata-se do famoso "preceito de silêncio" imposto às mulheres em 1 Corín-

14. Em seu artigo Ordinatio sacerdotalis, p. 283.
15. Ibid., p. 297-298. Resumo livremente seu pensamento.
16. Il sacerdozio femminile nel recente dibattito teologico, *Rev. Th. de Lugano* 1 (1996) 257-281.
17. Vejam-se os títulos completos na Nota bibliográfica, no final deste capítulo. Indico o título e as páginas: *Die Problematik*, p. 358-399; Ordinatio sacerdotalis, *Forum Kath. Theol.* (1995) 288-291; Il sacerdozio femminile, *Rev. Th. Lugano* 1 (1996), 263-264.

tios 14,34-37, onde, no final, é mencionado um "mandato do Senhor": "Como é de praxe em todas as Igrejas dos santos, as mulheres calem-se nas assembléias; elas não têm permissão para falar; devem permanecer submissas, como o diz a lei. Se elas desejam instruir-se sobre algum detalhe, interroguem o marido em casa. Não convém que uma mulher fale nas assembléias". E conclui esta passagem: "Se alguém se julga profeta ou inspirado, reconheça no que vos escrevo um mandamento do Senhor" (14,34-37). Ele compara a estrutura deste texto com a de 1 Coríntios 9,1-14 e tira diversas conseqüências.

Hauke sustenta que se trata de um texto autêntico de Paulo, e não de uma interpolação. Paulo não faz mais que anunciar um preceito do Senhor. Segundo essas premissas, teria de ser atribuída ao próprio Jesus a proibição de que as mulheres tomem a palavra nas assembléias cristãs.

O argumento merece ser estudado pelos especialistas, com atenção e sem preconceitos. O autor se surpreende com o fato de que alguns teólogos e teólogas passem por cima dele e apresenta um novo dado a ser levado em conta: alguns grupos de protestantes, aprofundando-se no estudo do Novo Testamento, chegaram à conclusão de que é preciso anular as ordenações de mulheres já realizadas[18].

Sem entrar na análise desse argumento, parece impossível pensar que Jesus desse normas precisas sobre a ordem das assembléias cristãs, uma vez que durante sua vida não existiam tais assembléias.

Todavia, o autor mais arrojado, mais decidido a favor da infalibilidade do documento pontifício e mais duro com a opinião contrária é Norbert Lüdecke, em um artigo que impressiona por sua documentação e sua argumentação[19]. Trata-se de um especialista em direito canônico, que trabalhou na redação do novo Código e oferece muitos dados de interesse. Considera a questão do ponto de vista jurídico. Creio que não seja a melhor óptica para solucionar um problema teológico. Correspondem todos os cânones e todas as normas jurídicas à verdade evangélica?

Mergulha desde logo a fundo nos problemas teológicos, porém a partir de uma perspectiva arcaica e defasada. Referimo-nos especialmente à eclesiologia e à cristologia. Oferece, todavia, dados e reflexões de tamanho interesse e tão graves, que não resistimos e recolhemos alguns.

---

18. Ordinatio sacerdotalis, p. 289.

19. N. LÜDECKE, Also doch ein Dogma?, *TThZ* 105 (1996) 161-211. Quando, no texto, for citado o número da página entre parênteses, estaremos sempre nos referindo a este artigo.

1. Relativamente às posições sobre a OS, afirma com razão que depois da *Resposta* de 28 de outubro de 1995: a) alguns falam de uma *definição ex cathedra*; b) outros de um abuso escandaloso do poder (à p. 174 e notas, apresenta vários testemunhos).
2. Estabelece um princípio, a meu ver falso, que deteriora grande parte de sua exposição: o magistério eclesiástico sempre afirmou a possibilidade de declarar infalíveis doutrinas que, enquanto tais, não são reveladas, mas estão em uma relação específica com a revelação (p. 170-171 e notas).

   Isto é importante e muito grave. Pretende-se estender o objeto secundário da infalibilidade sem limitações precisas. Na impossibilidade de abordar aqui esta questão clássica, parece-me sumamente perigosa a postura do autor e de outros por ele citados, como U. Betti, o qual afirma sem pejo que em muitos casos pode-se exigir um assentimento irreformável, mesmo em coisas que não pertençam ao "depósito da fé" (p. 197; além disso, p. 170 e nota 42). Por isso, às p. 187-188, quando lança a pergunta a P. Hünermann se acaso pensa que a proibição de ordenar as mulheres não cai dentro do objeto primário da revelação, eu respondo sem vacilar que não. Não se trata de uma verdade revelada, não pertence ao *depositum fidei* e, pela mesma razão, não pode ser objeto de uma definição infalível.
3. Todavia, para Lüdecke não existe dúvida: uma decisão que afeta a "constituição divina" da Igreja não pode ser menos do que infalível. Não há outra alternativa: ou se afirma a exclusão da mulher do sacerdócio, ou se nega a infalibilidade do magistério ordinário e universal do Colégio episcopal (p. 210-211).

   O autor dá por certo o que é preciso provar: que a exclusão ou admissão da mulher ao sacerdócio muda "a constituição divina da Igreja". Não se trata de normas jurídicas ou de textos do magistério, mas de provar que isso obedece à vontade expressa de Cristo ou a um mandato dado por Cristo aos apóstolos.
4. Dá também como certo que o papa acredita que com a OS fica suficientemente claro que se trata de uma verdade infalível (p. 208), e acredita também que exista um consentimento geral dos bispos no repelir o sacerdócio da mulher (p. 207).

Penso que isso não seja verdade. Não se trata de recepção e assentimento, mas de uma imposição. Confirmam-no os próprios dados oferecidos por Lüdecke. Nos informes sobre possíveis bispos, procura-se conhecer sua posição sobre a ordenação da mulher, exigindo-se dos candidatos a firme rejeição da ordenação da mulher (p. 208). A Santa Sé enviou um exemplar da OS a todos os bispos do mundo. Faz o mesmo também com outros documentos, sendo, todavia, um modo de pressionar. Se um bispo expressa uma opinião diferente ou contrária, chamam-no à ordem ou o castigam. Nesse ambiente, não se pode falar em "assentimento livre". Hoje não se permite que falem os teólogos que expressarem opiniões diferentes das propostas pelo magistério, mesmo que não pertençam à fé cristã. Uma questão de fé não pode converter-se em uma questão de obediência e de submissão: "*Ubi Spiritus, ibi libertas*" (2Cor 3,17). E onde não há liberdade, ali não está o Espírito do Senhor.

Quando os bispos podiam falar com mais liberdade, manifestaram seus desejos de que se estudasse a fundo essa questão, e vários cardeais, bispos, congressos, concílios nacionais e os próprios sínodos dos bispos de Roma pediram que houvesse um aprofundamento no estudo desse tema ou que se procedesse à ordenação das mulheres.

Conta o cardeal J. Mindszenty, primado da Hungria, em suas *Memórias*, que no processo que lhe moveram os comunistas obrigaram-no a assinar sua própria acusação. Assinou-a, acrescentando duas letras: c. f. Os comunistas não deram importância a essas duas letras, porém Roma soube interpretá-las: *coactus feci* (eu o fiz obrigado). E não concederam valor a tal documento[20]. Isso deveria ser aplicado a todas as adesões forçadas.

3.2. *Teólogos e grupos que rejeitam a infalibilidade da OS*

Neste tópico podem entrar teólogos ou grupos muito diversificados. Vamos expor também aqui, em primeiro lugar, a opinião de dois teólogos muito conhecidos, que escreveram vários artigos importantes sobre o tema e que, mesmo depois da *Resposta* da CDF de 28 de outubro de 1995, rechaçam o caráter infalível da OS: W. Beinert e P. Hünermann.

W. Beinert tem dois estudos fundamentais sobre o tema. A importância de seus estudos valeu-lhe a honra de serem citados e impugnados por J. Ratzinger. O mais importante para nosso tema e também o que mais estudei é *Priestertum der Frau*[21]. É precedido por uma longa introdução sobre o estado da questão antes da OS e sobre a função da teologia. O que deve fazer o teólogo? Calar e aceitar humildemente tudo o que é dito pelo papa ou cumprir seu dever de examinar e julgar à luz da revelação e da tradição os ensinamentos que se propõem? Ele acredita que o dever da teologia é o exame crítico da doutrina. Faz um estudo sério dos pressupostos dogmáticos e uma análise da *Ordinatio sacerdotalis* ampla e bem documen-

20. Cf. M. ALCALÁ, *Iglesias europeas en catacumbas*, p. 147.
21. Veja-se título completo na Nota bibliográfica.

tada. Como não podemos fazer um resumo de todo o artigo, fazemos referência à sua conclusão: a carta OS do papa não oferece provas convincentes. Não se trata de uma definição infalível. Não se fechou definitivamente a cortina. É função dos teólogos continuar estudando a questão e abrir novas perspectivas[22].

P. Hünermann, já em junho de 1994, publicou um bom estudo sobre a OS, salientando as aporias a que nos conduzia essa carta do papa. Hünermann estudou especialmente os documentos do magistério e editou o Denziger em alemão. Antes da publicação da OS, havia escrito em *ThQS* (173 [1993] 205-218) um amplo estudo dos documentos do magistério sobre a ordenação das mulheres. Depois da *Resposta* da CDF e seu comentário, publicou outro artigo no qual toma a si os novos problemas que esses escritos apresentam. Não é o menor o assinalado por H. Küng: estão os teólogos e fiéis católicos dispostos a aceitar a doutrina da infalibilidade tal como se apresenta nos Concílios Vaticano I e II? Vinte e cinco anos depois do livro de H. Küng, *Unfehlbar?*, volta-se a abrir esse problema[23]. Entretanto, o autor não se ocupa desse tema, mas sim da *Resposta* da CDF. Pondera o valor formal e o conteúdo da *Resposta*, analisa novamente os argumentos bíblicos e da tradição sobre a ordenação da mulher e mostra sua falta de consistência. Termina com algumas reflexões sobre a competência doutrinal do papa e dos bispos. Recomendamos sua leitura atenta e tranqüila.

Diversas revistas científicas e de divulgação dedicaram números monográficos ou alguns estudos à questão suscitada pela OS. Em geral, não admitem que a questão esteja encerrada definitivamente, nem que o ensinamento que nela se propõe possa ser considerado infalível. Como são muitas as revistas que adotaram essa postura, mencionaremos apenas algumas como amostra: *Stimmen der Zeit* 212 (1994) 723-738; *Revue de Science Religieuse* 82 (1994) 321-323; *Lumière et Vie* 44 (1995) n. 224 (número monográfico dedicado à não-ordenação das mulheres e seus diversos problemas); *Revue de Droit Canonique* 46 (1996) (número monográfico com diversos estudos); *Theological Studies* 55 (1994) 706-719. Esta revista continuou tratando dessa questão em 1995 e 1996; *Il Regno Documenti* 9 (1996) 312-313; *Herder-Korrespondenz* 48 (1994) 406-410. Nos anos seguintes, voltou a tratar

---

22. Um resumo desse estudo foi publicado em *Selecciones de Teología* 35 (1996) 3-15.
23. P. HÜNERMANN, Dogmatische Reflexionen anläslich der Antwort der Glaubenskongregation von 28 Oktober 1995, in W. GROSS (Hrsg.), *Frauen-Ordination*. Stand der Diskussion in der Katholischen Kirche, München, 1996, p. 130-131.

com freqüência do mesmo tema. Remetemos à bibliografia que incluímos no final deste capítulo.

Também o famoso documento *Kirchenvolks-Begehren* (Os desejos do povo), do grupo Wir sind Kirche, pronunciou-se a favor da ordenação das mulheres, embora trate do assunto somente de passagem. Lüdecke relata que esse documento suscitou alarme no Vaticano. "Por indicação de fora", o documento teve de ser corrigido, conforme o próprio escrito afirma no início. A começar por Roma, exortaram o núncio a portar-se com moderação[24]. A tese 16 diz: "A proibição da ordenação das mulheres funda-se de um modo sumamente problemático na masculinidade de Jesus e dos apóstolos. Com isso não se faz justiça nem ao trato de Jesus com as mulheres, nem à vida real das mulheres".

Não podemos fazer menos que mencionar também o documento da Catholic Theological Society of America, que tem como título *Resolution*, assinado também por muitos teólogos de todo o mundo. Esse escrito faz um estudo sério e objetivo da OS e da *Resposta* da CDF e assinala as diferenças entre os dois documentos. Afirma que a CDF não pode mudar o caráter teológico do documento pontifício e elevá-lo ao nível de uma definição *ex cathedra* ou de um ensinamento infalível. No final, chega à conclusão de que se deve continuar estudando a questão, guiados pelo Espírito e permanecendo fiéis à autêntica tradição do Evangelho em nossos dias[25].

Alguns teólogos particulares foram muito mais longe. H. Küng, baseando-se no texto da OS, na *Resposta* da CDF e no comentário feito em *L'Osservatore Romano* a essa resposta, não hesita em afirmar que reivindica para si a infalibilidade do magistério ordinário e universal do Colégio episcopal. De então em diante, não se pode advogar pela ordenação da mulher sem questionar a infalibilidade do magistério eclesiástico[26]. Evidentemente, o que aqui se questiona é a infalibilidade do magistério da Igreja, que Küng rechaça sem vacilar, pois sempre defendeu e defende a possibilidade da ordenação da mulher.

Também Karl-Heinz Ohlig (professor em Saarbrücken) sustenta que a *Ordinatio sacerdotalis* deve ser considerada uma definição *ex cathedra*, à qual é preciso contradizer, pois Jesus nunca quis fundar uma Igreja e não existe uma sucessão

24. N. LÜDECKE, Also doch ein Dogma?, 176.
25. Texto completo dessa *Resolution* em *Bulletin ET* 8 (1997) 209-219.
26. H. KÜNG, Das Nein zur Frauenordination –unfehlbar?, in *Süddeutsche Zeitung*, 2 dez. 1995, p. 10.

apostólica[27]. A atitude mais negativa é representada talvez por N. Greinacher (professor em Tübingen), o qual pediu a renúncia do papa e mais tarde convocou um boicote da missa (*Gottestdienstboykott*) em sinal de protesto[28].

Na Espanha, J. M. Díez Alegria, como presidente da Associação de Teólogos João XXIII, publicou um breve artigo intitulado *Os católicos e a infalibilidade*, no qual assinala alguns pontos frágeis à exigência de que "os atos não infalíveis do magistério sejam aceitos como se fossem infalíveis"[29].

Faz algumas reflexões sobre a problemática do magistério papal e a infalibilidade. Aceita a definição dada pelo Vaticano I sobre a infalibilidade do papa, sem esquecer, porém, os limites e precisões assinalados pelo mesmo concílio e as extensões abusivas que se fizeram do objeto da infalibilidade. A matéria das definições está delimitada objetivamente e não depende da vontade do papa. Acima de tudo, é preciso considerar que o papa "goza daquela infalibilidade de que está dotada a Igreja". Não se define a infalibilidade da Igreja a partir do papa, mas ao contrário: os casos em que o papa é infalível são determinados a partir da infalibilidade da Igreja, que constituem o primeiro e o principal[30].

Entendo que esta reflexão deva ser tomada em grande consideração. *Romanus Pontifex non est extra Ecclesiam, nec super Ecclesiam, sed in Ecclesia*. Eu não consigo imaginar um papa fora da Igreja ou acima da Igreja, e não em comunhão com toda a Igreja, com os bispos, com os teólogos(as) e com todo o povo de Deus. Isto requer diálogo, liberdade de expressão, escutar as opiniões alheias. Se somente um fala e somente um pensa, a teologia e a vida da Igreja se empobrecem lamentavelmente. A Igreja é uma comunhão. Se não são utilizados os meios para que o seja verdadeiramente, estamos no caminho errado.

A carta do papa e sua interpretação rígida e vinculadora não foram suficientes para esclarecer dúvidas nem pôr fim às controvérsias. A imprensa fez uso de títulos sensacionalistas: "Pancada definitiva na ordenação da mulher"[31]; "O Vaticano

---

27. KARL-HEINZ OHLIG, Dem Papst widersprechen ist Pflicht, *Imprimatur* 27 (1994) 99s. Citado por M. HAUKE em Ordinatio sacerdotalis, *Forum Kat. Theol.* 11/4 (1995) 276.
28. Citado em ibid.
29. J. M. DÍEZ ALEGRÍA, Los católicos y la infalibilidad, *Vida Nueva* 2023, 6 jan. 1996, p. 12-13.
30. Ibid. Assinam o documento outros dezoito teólogos espanhóis, grande parte dos quais pertence à mesma Associação de Teólogos João XXIII.
31. *Ecclesia* 2764, 25 nov. 1995, p. 21. Para não citar cada periódico, os títulos e artigos mencionados a seguir podem ser encontrados em "Serviço de imprensa-Confer" n. 102, dezembro de 1995.

diz não ao sacerdócio feminino" (*A Vanguarda*); "O papa declara irrevogável a proibição do sacerdócio feminino na Igreja" (*ABC*); "O papa envia a todos os bispos do mundo sua declaração contra a ordenação feminina" (*ABC*).

A hierarquia e os teólogos reagiram de modo muito diferente. Os bispos aceitaram sem crítica alguma o documento papal e os comentários e a resposta da CDF. Os teólogos examinaram, ponderaram, criticaram ou elogiaram algumas coisas desses documentos. Para muitos, a questão não está encerrada para sempre, e devem continuar as investigações. Assim se pronunciaram diversas revistas que indicamos acima.

4. *Roma locuta est, causa non finita est*

A frase *Roma locuta est, causa finita est* é atribuída a Santo Agostinho, embora ele nunca a tenha pronunciado tal como é citada. Todavia, reflete bem as palavras do bispo de Hipona pronunciadas em um sermão no ano 417. Referindo-se à causa dos pelagianos, diz: "Sobre esta causa, foram enviadas [as atas] dos concílios à Sé apostólica; de lá também nos chegaram alguns escritos. *Causa finita est* (a causa terminou); oxalá também o erro termine algum dia"[32]. Isto foi o que pretendeu João Paulo II com essa carta: "afastar toda dúvida sobre uma questão de grande importância, que diz respeito à constituição divina da Igreja", e que todos os fiéis católicos acatassem humildemente sua opinião: "Roma falou, a causa terminou". Nesta ocasião, porém, podemos mudar a frase: *Roma locuta est, causa non finita est*. Não fazemos um juízo de valor, mas narramos um fato. Porém, com certeza, podemos acrescentar que não é possível encerrar em falso uma questão que está ainda viva, uma ferida que está sangrando há algumas décadas.

O papa não pode declarar algo definitivo e irrevogável se não pertence ao "depósito revelado". Um dos primeiros, se não o primeiro, que defenderam que os decretos e pronunciamentos do papa eram irrevogáveis e não podiam conter erro foi frei Pedro de Olivi, franciscano do século XIII (1248-1298), e foi condenado por este e outros pontos de sua doutrina por João XXII. A imensa maioria dos teólogos e canonistas de então defendia que a doutrina de Pedro de Olivi

32. *Sermo* 131, 10, 10; PL 38, 734; RJ 1507.

limitava a liberdade e a soberania de outro papa futuro; por isso sustentavam que os decretos de qualquer papa eram revogáveis, a não ser que se tratasse de verdades de fé contidas na Sagrada Escritura[33].

A autoridade do papa não é absoluta. Está ligada à Palavra de Deus, à qual todo fiel cristão deve submeter-se, e à tradição viva da Igreja universal.

A Escritura não diz nada expressamente sobre essa questão. Conforme insinua a Pontifícia Comissão Bíblica, é um anacronismo perguntar-se sobre a ordenação sacerdotal da mulher no Novo Testamento quando ali não se fala de "sacerdotes" (*hiereus*) em relação com o culto ou a eucaristia, mas de evangelizadores e dirigentes da comunidade, que recebem diversos nomes, não, porém, o de sacerdotes[34].

O argumento tão repetido de que Jesus não incluiu nenhuma mulher no grupo dos Doze carece de valor para provar que a mulher não pode ter acesso ao ministério ordenado. Jesus elegeu livremente Doze, que formavam um grupo especial, para que estivessem com ele e para enviá-los a pregar (Mc 3,13-14). Os Doze eram todos homens, judeus e casados, pelo menos alguns, e representavam os doze filhos de Jacó, a saber, todo o Israel. Não foram os únicos apóstolos nem os únicos evangelizadores e, certamente, nenhum foi ordenado sacerdote. Depois de Pentecostes, o número de Doze perdeu seu significado e já não buscaram completá-lo, como no caso de Judas (At 1,15-26). W. Beinert comenta com um toque de humor que, dado insistir-se tanto no sexo dos Doze, também deveriam ser levadas em conta outras circunstâncias e que o Sucessor de Pedro deveria ser casado e ter filhos[35]. Esse argumento foi estudado à saciedade e não é necessário remexer mais nesse tema. Já declarei que, a meu ver, seu valor como prova é nulo.

O fato significativo está no fato de que Jesus aceitou que algumas mulheres o acompanhassem (Lc 8,1-3) e o ajudassem com seus bens. Nas comunidades primitivas, as mulheres desempenharam algumas funções importantes, como

33. Sobre essa questão e as intermináveis discussões dos franciscanos com João XXII, veja-se a interessante obra de B. TIERNEY, *Origins of papal infallibility*, 1150-1350, Leiden, Brill, 1972, especialmente o capítulo III, p. 93s.

34. Veja-se o Biblical Commision Report. Can Women be Priests, in L. e A. SWIDLER, *Women priest*, New York, 1977, Appendix II, p. 338-346.

35. Dogmatische Überlegungen... *ThQS* (Tüb) 173 (1993) 189-190. Esse artigo foi reeditado em W. GROSS (Hrsg.), *Frauenordination*, p. 64-82. A citação está às p. 67-68. Volta à questão dos Doze em *Priestertum der Frau*..., p. 730-731. Veja-se uma exposição sóbria do significado dos Doze em J. GNILKA, *Jesús de Nazaret, mensaje e historia*, Barcelona, 1993, p. 230-232.

presidir ou ter um papel de destaque em algumas comunidades (Filipos, Cencréia). Se a Igreja tivesse seguido esse caminho iniciado por Jesus, não se teriam criado os problemas e a marginalização da mulher durante séculos.

5. Lições da História

Santo Agostinho escreveu até o final de sua vida (426/427) o livro de suas *Retractationes*, no qual corrige e perfila algumas de suas antigas afirmações. Na Igreja católica não é costume fazer oficialmente retratações de decisões ou sentenças errôneas, embora ultimamente tenham sido feitos gestos muito significativos, como suspender a excomunhão de Miguel Cerulário ou reabilitar de certo modo Galileu Galilei. Representa algo, embora se tenham passado séculos antes de dar esse passo. O que, na realidade, ocorre inevitavelmente são mudanças de opiniões, abandono de uma doutrina insustentável que se julgava definitiva e irreformável, evolução doutrinal e melhora de fórmulas antigas. O artigo de H. Waldenfels, *Unfehlbar*[36], apresenta, às p. 152-154, alguns casos notáveis de afirmações ou sentenças definitivas da Igreja que hoje são insustentáveis.

O caso mais escandaloso e o mais citado é o do XVII Concílio Ecumênico de Florença em seu decreto *Pro Iacobitis*, de 4 de fevereiro de 1442. Em um de seus parágrafos, assim se expressa: "[A Igreja] crê, professa e prega que 'ninguém que esteja fora da Igreja católica' (*nullos extra catholicam Ecclesiam existentes*), não só os pagãos, mas também judeus ou hereges e cismáticos, pode tornar-se participante da vida eterna, mas sim que irá *para o fogo eterno que foi preparado para o diabo e para seus anjos* (Mt 25,41), a não ser que antes de sua morte se una a ela" (DS 1351). Trata-se do antigo axioma teológico *extra Ecclesiam nulla salus*, que vem sendo repetido desde o século III e que recebeu tão diferentes interpretações ao longo da história da Igreja.

Um exemplo bem concreto das diferentes interpretações recebidas por esse axioma nos próprios documentos oficiais da Igreja é o que constitui o caso do Pe. Feeney. Em 8 de agosto de 1949 o Santo Ofício dirigiu uma carta ao arcebispo de Boston para que admoestasse o padre Leonard Feeney, SJ, e outros membros do St. Benedict's Center e do Boston College que defendiam uma interpretação

36. StZ 214 (1996) 147-159.

rigorosa e radical do aforismo *Extra Ecclesiam nulla salus*. Feeney defendia que todos os não-católicos se condenariam, exceto os catecúmenos que fizeram o voto explícito de ingressar na Igreja católica. Como o padre Feeney não se retratou de sua doutrina, foi excomungado em 4 de fevereiro de 1953, cinco séculos depois que o Concílio Florentino dissera a mesma coisa.

O caso de Bonifácio VIII (1294-1303) não é menos significativo. Na famosa bula *Unam Sanctam* (de 18 de novembro de 1302), defende que a Igreja tem o poder temporal e espiritual sobre a sociedade: "As palavras do evangelho nos ensinam que na Igreja há duas espadas, a saber, a espiritual e a temporal. Assim, pois, uma e outra espada, a espiritual e a material, pertencem ao poder da Igreja" (DS 873). Prescindindo dessa doutrina tão discutível e hoje insustentável, citemos somente sua definição solene: "*Por conseguinte, declaramos, afirmamos, definimos e pronunciamos que o ato de submeter-se ao Romano Pontífice é absolutamente necessário a toda criatura humana para a salvação*" (DS 875). Pode essa definição ser apresentada como válida para todos os tempos e para todos os futuros papas?[37]

O decreto do Concílio Tridentino sobre o texto autêntico da Vulgata latina (DS 1506-1508) e o cânon 6 sobre o sacramento da ordem que afirma que a hierarquia eclesiástica, que consta de bispos, presbíteros e ministros, "foi instituída por ordenação divina" (DS 1776) poderiam ser outros exemplos de afirmações que não correspondem à verdade, mas necessitariam de maior explicação.

O *Syllabus* de Pio IX, uma coleção de erros reprovados pelo papa em diversos documentos, publicado em 8 de dezembro de 1864, e que foi considerado infalível[38] por vários teólogos eminentes, entre outras agudezas, condena a seguinte proposição: "A abolição do poder civil de que goza a Sé apostólica contribuiria de modo extraordinário para a liberdade e a prosperidade da Igreja" (DS 2976). Hoje todos reconhecem a verdade e o acerto desta proposição; no entanto, foi condenada.

---

37. Esse caso e muitos outros são objeto de estudo na obra de J. I. GONZÁLEZ FAUS, *La autoridad de la verdad*. Momentos oscuros Del magisterio eclesiástico, Herder, 1996, p. 44-52. Esta obra chegou a minhas mãos quando já havia enviado à revista *Naturaleza y Gracia* meu artigo Recepción de la "Ordinatio sacerdotalis".

38. Monsenhor Castán Lacoma, bispo de Sigüenza, depois do Vaticano II, publicou um artigo em *Iglesia-Mundo* sobre o *Syllabus*, defendendo sua infalibilidade e citando outros teólogos ilustres da mesma opinião. De certo modo, escusa-se quanto à sua publicação, dizendo que o escreveu na década de 1940. Conservei esse artigo durante muitos anos como testemunho, mas atualmente não o encontro entre meus papéis.

Em princípios deste século, houve uma série desafortunada de decisões da Comissão Bíblica que não correspondiam à verdade, muito embora se pretendesse impor aquelas opiniões errôneas aos escrituristas e teólogos católicos por obediência e sob o pretexto de pecado grave ou ameaça de excomunhão. Podem ser facilmente confrontadas no Denziger ou *Enchiridion Biblicum*. Aponto algumas: propõe-se como doutrina obrigatória defender que Moisés é o autor do Pentateuco e que esses cinco livros não foram compostos com fontes posteriores (DS 3394); que o apóstolo João é o autor do quarto Evangelho e que os discursos desse evangelho são do próprio Jesus, e não alguns discursos que o escritor põe na boca de Jesus (DS 3398-3400); que o livro de Isaías foi composto somente por ele, e não por dois ou mais autores (DS 3505-3509).

Todas essas questões estavam já suficientemente estudadas em princípios do século pelos especialistas e não podiam ser impostas com ameaças e sanções. Para que ninguém imagine que estou exagerando, veja-se no *motu proprio Praestantia Scripturae* de São Pio X (18 de novembro de 1907) as penas para os que não aceitarem os ensinamentos da Comissão Bíblica, ou o decreto *Lamentabili*, ou a encíclica *Pascendi*. As palavras mais graves foram omitidas nas edições modernas do Denziger, razão pela qual será conveniente recordar as frases essenciais, aconselhando, porém, que se leia por inteiro este *motu proprio* (*ASS*, 40 (1907) 724s):

> Por nossa autoridade apostólica, reiteramos e confirmamos tanto o Decreto da Congregação da Sagrada Suprema Inquisição, como dita Carta Encíclica nossa, acrescentando a pena de *excomunhão* contra os contraditores, e declaramos que se alguém, que Deus não o permita, chegasse a tamanha audácia que defendesse qualquer das proposições, opiniões e doutrinas reprovadas em um ou outro dos documentos acima citados, fica *ipso facto* ferido pela censura causada pelo capítulo *Docentes* da Constituição *Apostolicae Sedis*, que é a primeira das excomunhões *latae sententiae*, simplesmente reservadas ao Romano Pontífice" (*Denz.*, n. 2114 nas edições antigas e na edição espanhola, *El magisterio de la Iglesia*, Barcelona, 1963, p. 509-510).

Grande parte dos ensinamentos aqui reprovados com tanto vigor são hoje doutrina corrente aceita por todos: a liberdade religiosa, a diversidade de documentos e de autores no Pentateuco, que o quarto Evangelho não é obra do filho de Zebedeu, e assim muitos outros.

Há outros fatos que não têm importância doutrinal mas são indicativos de uma mentalidade da Santa Sé e como teve de mudar. Em 1904, o cardeal Merry

Del Val, secretário de Estado de São Pio X, transmite em nome do papa algumas instruções a todos os bispos da Itália sobre o desenvolvimento dos congressos e assembléias diocesanas. Entre essas instruções, figura a seguinte: "Jamais se concederá a palavra às mulheres, por respeitáveis e piedosas que sejam". Admite, porém, uma exceção para as reuniões realizadas somente por senhoras: "Se algum bispo considerar oportuno permitir reuniões especiais de senhoras, neste caso poderiam falar, porém sempre sob a vigilância de sérios personagens eclesiásticos"[39]. J. M. Javierre conta outra anedota digna do bom Papa Santo: quando a princesa Maria Cristina Giustiniani apresentou ao papa Pio X um projeto de uma organização feminina para fazer oposição à influência das associações neutras ou sectárias, contam que o papa lhe respondeu sorrindo: "*La dona che la piasa, che la tasa, che la staga in casa*" (a mulher que seja valente, que se cale, que esteja em sua casa)[40]. Assim se pensava e assim se procedia naquelas épocas não muito distantes.

Há outro caso surpreendente, que não tem nada a ver com a infalibilidade, mas que revela uma atitude contrária a todo o novo e a todo progresso técnico. O doutor Jenner efetuou a primeira vacina contra a varíola em 1796 e teve um grande êxito. O papa Leão XII (1823-1829) acreditou-se obrigado a protestar contra esse método, que ameaçava romper o equilíbrio do corpo humano. Em 1829, fez a seguinte declaração: "Quem quer que seja que proceda à vacinação deixa de ser filho de Deus... a varíola é um juízo de Deus... a vacinação é um desafio dirigido ao céu"[41].

6. *Non possumus*

Declara-se que a Igreja não tem de modo algum a faculdade de conferir a ordenação sacerdotal às mulheres (OS 4) e indicam-se muito brevemente os motivos dessa afirmação tão grave (OS 1), remetendo às razões que já foram expostas por Paulo VI em sua carta de 30 de novembro de 1975 ao doutor Coggan, e principalmente à Declaração *Inter insigniores*, na qual esses argumentos são explicados

39. Citado por MARÍA SALAS, *De la promoción de la mujer a la teología feminista*, Santander, 1993, p. 16-17.
40. MERRY DEL VAL, Barcelona, 1961, p. 281.
41. Extraímos esse dado do artigo de A. JEANNIÈRE, Pour une sexualité humaine, *Projet* 30 (1968) 1235.

com maior amplitude[42]. Atribui-se essa exclusão da mulher à vontade expressa de Cristo: "A Igreja, por fidelidade ao exemplo de seu Senhor, não se considera autorizada a admitir as mulheres à ordenação sacerdotal"[43]. É um argumento muito freqüente, sobretudo no sacramento da ordem, o fato de atribuir à vontade expressa de Cristo as instituições criadas pela Igreja, muitas das quais desapareceram, como o subdiaconato e várias ordens menores.

Neste caso de que tratamos, fala-se do exemplo de Cristo, que escolheu somente homens para que estivessem com ele e para enviá-los a pregar (Mc 3,13-19). Isto é indubitável. Creio que Jesus, em seu tempo, não podia agir de modo diferente. Já indicamos acima o significado dos Doze e não insistiremos nisso.

Todavia, não se pode deduzir daqui que as mulheres sejam excluídas para sempre da função sacerdotal ou da missão evangelizadora. Os Doze não foram ordenados por Jesus nem receberam uma consagração sacerdotal. Isso foi obra da Igreja, motivo pelo qual não se pode atribuir à vontade expressa de Jesus a exclusão de um ministério que não existia. Admito que Jesus não enviou tampouco mulher alguma a evangelizar durante sua vida terrena, confiando-lhes, porém, a missão mais importante: anunciar aos apóstolos a ressurreição de Jesus.

Por outro lado, é muito estranho que a Igreja, que se atribuiu o poder de estabelecer e mudar tantas coisas nos sacramentos da ordem, da eucaristia, da penitência e em outros, apele neste caso para a impossibilidade de mudar o que Jesus estabeleceu. Existem muitas mudanças e muitos outros contrastes mais importantes entre o que Jesus fez e o que se faz hoje na Igreja. A Igreja, como comunidade de salvação hierarquicamente organizada, pode fazer em cada momento o que for mais conveniente para sua missão de anunciar o Evangelho a todas as pessoas, contanto que não vá contra a vontade expressa de Deus manifestada na Sagrada Escritura.

Quanto ao que se refere à eucaristia, na última ceia Jesus distribuiu aos discípulos seu corpo e seu sangue sob as espécies de pão e vinho. Existe um fato e algumas palavras explícitas de Jesus: "Tomai, comei, isto é o meu corpo". A seguir, tomou uma taça e, depois de ter dado graças, deu-a a eles, dizendo: "Bebei dela todos, pois isto é o meu sangue, o sangue da Aliança" (Mt 26,26-28 par.). Não

---

42. Carta de Paulo VI ao doutor Coggan, *AAS* 68 (1975) 599-600; Declaración *Inter Insigniores*, *AAS* 69 (1977), 98-116.

43. Assim consta nos documentos citados na nota anterior.

obstante, a Igreja, por razões práticas, permitiu a comunhão sob a única espécie de pão, apesar da vontade expressa de Cristo. Este costume foi sancionado pelo Concílio de Trento (*DS*, 1728), ainda que tenha ficado a critério do papa conceder o uso do cálice em algum caso particular ou a alguma nação (DS 1760).

Se, em um caso tão concreto, e diante de um convite expresso de Jesus, a Igreja não hesitou em mudar o modo da comunhão, não pode introduzir a ordenação da mulher, que não se opõe a nenhum mandato de Jesus?

A regra estabelecida pelo Concílio de Trento é que a Igreja tem poder para modificar a administração dos sacramentos para maior utilidade e fruto espiritual dos fiéis, *salva illorum substantia* (DS 1728). Pertence à substância do sacramento da ordem o fato de que o sujeito seja homem ou mulher?

7. Reflexões pessoais

Considerando-se que alguém tenha lido tantas coisas verdadeiras e falsas, a favor e contra a ordenação da mulher, deveria ser-lhe permitido expor livremente e com simplicidade sua própria opinião sem intenção de ofender a ninguém e sem pretender de modo algum que seja a única verdadeira ou mais bem fundada que outras. Respeito as opiniões dos demais, agradem-me ou não me agradem, todavia parece-me que também eu tenho o direito e o dever de expor minha opinião e as razões nas quais se apóia. Infelizmente, com freqüência, só me é permitido o papel de cronista, referindo as opiniões de outros.

1. Estou plenamente de acordo com os documentos oficiais de que na ordem da graça, como pessoas e cristãos batizados, somos todos iguais, homens e mulheres, somos todos filhos de Deus, temos a mesma dignidade, os mesmos direitos e as mesmas obrigações e não existe desigualdade possível.

Essa igualdade fundamental não significa uma identidade de funções na Igreja, que é um corpo com muitos membros, cada um com sua função própria. Os pés não podem exercer a função dos olhos, nem a cabeça a função dos braços, embora nenhum membro do corpo funcione sem a cabeça.

2. Nessa questão do sacerdócio da mulher, não se trata de um direito que se possa exigir pessoalmente, nem de uma superioridade de uns sobre outros. Existe diversidade de dons e de ministérios. A cada um é concedido seu próprio

dom. O carisma melhor e superior a que todos devemos aspirar é o da caridade (1Cor 12,13).

3. A mulher pode exercer muitos ministérios e muitas funções distintas do ministério ordenado. Nesse âmbito, pode-se e deve-se abrir novas possibilidades de participação da mulher nas tarefas eclesiais. Até aqui todos podemos estar de acordo.

4. A meu ver, as mulheres também exerceram durante séculos o ministério ordenado do diaconato. Tal ministério deveria ser restabelecido o quanto antes, de forma adequada às necessidades pastorais de nosso tempo. Esse ponto não pode suscitar nenhuma objeção dogmática. Outra coisa é julgar-se oportuno ou não tal restabelecimento[44].

5. Se, quanto a esses princípios, todos podemos estar de acordo, penso igualmente que todos deveriam reconhecer honestamente que excluir de um modo expresso mais da metade dos batizados e membros ativos da Igreja católica do ministério sacerdotal apenas por razão de sexo constitui uma discriminação intolerável em nossos dias. Nisto, é preciso ser honrados e sinceros e não procurar adoçar essa pílula amarga com o exemplo de Maria, a mãe de Jesus, ou com o de outras mulheres que prestaram e continuam a prestar grandes serviços à Igreja sem ser sacerdotes.

6. Tal exclusão só poderia se justificar se obedecesse a uma vontade expressa de Cristo ou a um desígnio divino para sua Igreja, como afirma Paulo VI e o repete a OS (n. 1).

Isso, porém, não se pode provar. Vinte anos de estudo não conseguiram convencer nem os teólogos, nem os biblicistas de que seja vontade expressa de Cristo excluir as mulheres do ministério ordenado. Os ministérios foram criados pela Igreja segundo as necessidades dos tempos e segundo a cultura da época. Mudaram e continuam a mudar. Quem estudar um pouco a história do sacramento da Ordem irá deparar com as opiniões mais diversas e contraditórias atribuídas à vontade expressa de Cristo. É um argumento muito cômodo para dar autoridade a uma opinião própria.

São Beda, por exemplo, afirma que a distinção entre os bispos e presbíteros remonta ao próprio Cristo, muito embora nem no Novo Testamento, nem nos primeiros séculos esteja clara essa distinção[45]. Santo Tomás sustenta que todas as

44. Sobre essa questão, veja-se o capítulo VI desta obra.

45. Cf. L. OTT, *Historia de los dogmas*, t. IV, Cuad. 5: El sacramento del orden, Madrid, BAC, 1969, p. 48 e nota 38; p. 81 e nota 13.

ordens maiores e menores foram instituídas por Cristo e são um verdadeiro sacramento, menos o episcopado, que não é um sacramento, mas somente uma dignidade ou ofício[46]. Esta opinião era defendida pela maior parte dos teólogos e canonistas medievais[47]. Não é o momento de aduzir dados da história do dogma, mas de convidar a seu estudo e à reflexão suscitada pelos dados históricos.

7. Compreende-se e admite-se sem dificuldade que o papa, neste momento histórico, não queira mudar uma tradição multissecular e que se mantenha a norma pastoral de não admitir a mulher ao sacerdócio. Não é esse o problema, nem é isso o que se rejeita. O que não parece oportuno nem conveniente é querer remover de um modo definitivo a questão de princípio, quando não há argumentos válidos que fundamentem essa decisão. Uma decisão do papa não pode converter em palavra revelada o que realmente não o é. Não existem argumentos bíblicos nem a favor nem contra a ordenação da mulher. É um anacronismo invocar o exemplo de Cristo ou dos apóstolos para deduzir que se trata de uma verdade que pertence ao *depositum fidei*. E se não se trata de uma verdade revelada o papa não tem autoridade para proclamá-la infalível ou verdade de fé. O Vaticano I estabelece-o taxativamente:

> Pois não foi prometido aos sucessores de Pedro o Espírito Santo, a fim de que, por revelação sua (*ut eo revelante*) manifestassem uma nova doutrina, mas também que, com sua assistência (*ut eo assistente*), guardassem santamente e expusessem fielmente a revelação transmitida pelos apóstolos, ou seja, o depósito da fé" (*DS*, 3070).

A função do magistério é conservar na íntegra, explicar e interpretar autenticamente o revelado, não proclamar novas verdades. No caso de proposições não reveladas, a autoridade do papa não tem mais força que a de seus argumentos.

8. Não se deve esquecer que a assistência do Espírito Santo não foi prometida unicamente ao papa. Foi prometida a todo o povo de Deus, aos bispos e aos teólogos, aos jovens e aos anciãos, aos homens e às mulheres (cf. At 2,17-18). É muito importante reconhecer que cada qual tem seu carisma, seu dom para o serviço da comunidade e saber aceitá-lo. Parece-me essencial que haja mais diá-

46. Cf. *In IV Sent.* D. 24, q. 2 a. 1 sol. 2 (=*Suppl.* Q. 37 a. 2). Cf. D. FERNÁNDEZ, Distinción entre episcopado e presbiterado y su problemática respecto al ministro extraordinario del sacramento del orden, in *XV Semana Española de Teología*, Madrid, 1956, p. 121-234. Sobre Santo Tomás, p. 145-155.
47. Cf. L. OTT, *Historia de los dogmas*, t. IV, cuad. 5: El sacramento del Orden, p. 81-93.

logo, mais liberdade, mais espírito de comunhão. Que Roma não se limite a proclamar verdades e dar ordens. É necessário escutar o que os outros dizem, inclusive o que nos dizem outras Igrejas cristãs. Escutar para refletir e aprender, e não somente para ensinar. É importante descobrir o que Deus nos fala hoje por meio dos sinais dos tempos: "É necessário, pois, voltar a escutar a voz de Deus que fala na história do homem"[48]. E os sinais dos tempos nos mostram que é uma realidade irreversível que a mulher pode exercer qualquer função, qualquer serviço ou ministério, tanto na sociedade civil como na Igreja. "Se Deus deu a elas o mesmo dom que a nós, quem sou eu para impedi-lo a Deus?" (cf. At 11,17)[49].

9. Entre tantas coisas belas e admiráveis, como escreveu o cardeal Ratzinger em seus numerosos livros e artigos, quisera recordar um parágrafo com o qual, faz já muitos anos, me senti identificado. Em seu livro *O novo povo de Deus* afirma Ratzinger que quase todos os documentos do Vaticano II

> estão repassados de uma tendência fundamental, que pode ser caracterizada como *abertura dentro da teologia*, na qual fica ultrapassada uma forma estreita de teologizar que poderia ser definida, rebaixando-a um pouco, como *teologia das encíclicas*, para chegar a uma maior largueza do horizonte teológico. Teologia das encíclicas significa uma forma de teologia em que a tradição parecia lentamente estreitar-se às últimas manifestações do magistério papal. Em muitas manifestações teológicas antes do concílio e ainda durante o próprio concílio, podia-se perceber o empenho em reduzir a teologia a ser registro e — talvez também — sistematização das manifestações do magistério. O problema parecia já suprimido de antemão com a solução, o sistema dominava diante do acesso que interroga a própria realidade[50].

Precisamente este é o defeito que venho assinalando desde meus anos de juventude: partir das fórmulas do magistério, partir de teses que já se supõem verdadeiras para buscar argumentos que as provem. É o chamado *método regressivo*, que tanto dano causou à teologia. É a teologia do *Denziger*, ou das encíclicas,

48. Cf. JOÃO PAULO II, *Cruzando el umbral de la esperanza*, Barcelona, 1994, p. 138. Em suas encíclicas e outros documentos fala com muita freqüência dos "sinais dos tempos", principalmente em sua exortação apostólica *Vita consecrata*: "O discernimento dos sinais dos tempos, como diz o Concílio, há de ser feito à luz do Evangelho, de tal modo que se 'possa responder às perenes interrogações dos homens sobre o sentido da vida presente e futura e sobre a relação mútua entre ambas'" (*Vit. Cons.* 73; vejam-se, além disso, os números 37; 81; 83; 94; 97).

49. Discurso de G. CAREY, arcebispo de Canterbury, no sínodo geral de 1988.

50. J. RATZINGER, *El nuevo pueblo de Dios*. Esquemas para una eclesiologia, Barcelona, Herder, 1972, p. 318-319. A edição original alemã data de 1969.

como a chama Ratzinger, que não pensa nem reflete sobre a realidade, sobre a experiência cristã, sobre os frutos de uma vida espiritual que podem advir de uma nova práxis, mas que só atende à norma, à letra, à fórmula. Esquece-se a realidade, prescinde-se de Deus e interpretam-se as fontes em função das fórmulas do magistério. A pneumatologia é reduzida a uma função da eclesiologia, quando deveria ser o inverso: a eclesiologia depende da pneumatologia, do que o Espírito diz às Igrejas (Ap 2,7; 1,17 etc.)[51].

Todavia, o cardeal Ratzinger continua com outro parágrafo a que não resisto citar:

> Não obstante, o concílio manifestou e impôs também sua vontade de cultivar de novo a teologia a partir da totalidade das fontes, de não olhar essas fontes unicamente no espelho da interpretação oficial dos últimos cem anos, mas de lê-las e entendêlas em si mesmas; manifestou sua vontade não só de escutar a tradição dentro da Igreja católica, mas de pensar e apreender criticamente o desenvolvimento nas Igrejas restantes e confissões cristãs; deu finalmente o mandato de escutar as interrogações do homem de hoje como tais e, partindo delas, repensar a teologia e, acima de tudo isso, escutar a realidade, "a própria coisa em si mesma", e aceitar suas lições[52].

Parecem-me estupendos esse projeto e essa orientação. Esse é o programa que me convence. "*Hoc fac et vives*" (Lc 10,28). Não obstante, a realidade foi muito diferente do que indica esse projeto. Hoje, a abertura, o método heurístico, o recurso à totalidade das fontes, a atenção à própria realidade esfumaram-se. O que hoje predomina são os documentos do magistério. Depois do concílio, houve um curto período de abertura e liberdade, que despertou muitas esperanças. Tiveram início uma revisão e uma renovação da teologia, que era muito necessária. Infelizmente, houve muitos excessos e desvarios. Assim sendo, logo começaram as proibições de ensinar ou de escrever sem prévia censura, remoção de cátedras, vigilância de centros de formação, instruções aos bispos e aos superiores maiores dos religiosos, juramento de fidelidade ao magistério da Igreja etc. Prefiro que sejam outros a falar dessa nova situação criada. O padre Víctor Codina, em seu livro *Creio no Espírito Santo*, assinala não poucos aspectos negativos do "novo contexto eclesial"[53]. Afirma que, atualmente, se vive na Igreja uma atmosfera de insegurança e de medo.

---

51. Cf. W. KASPER, *Einführung in den Glauben*, Mainz, 1972, p. 121.
52. Ibid., p. 318.
53. V. CODINA, *Creo en el Espíritu Santo*. Pneumatologia narrativa, Santander, Sal Terrae, 1994, cap. 6, p. 143-159.

Há medo da colegiatura episcopal e do ressurgir das Igrejas locais... Há medo da mulher e de sua participação nas decisões da Igreja, embora sejam defendidos seus direitos na sociedade. Há medo dos teólogos, sobretudo de sua dissensão, que pode minar a autoridade do magistério e criar divisões no seio das comunidades... Há medo de revisar temas como o do ministério ordenado, o do celibato, o dos ministérios laicais ou o da ordenação sacerdotal da mulher (p. 155-156).

O autor prossegue dizendo que os bispos têm medo dos núncios e da Cúria Romana; a vida religiosa, dos bispos; os teólogos, do magistério; as Igrejas locais, do centro (p. 156). Diante dessa situação, "alguns se perguntam se não estaremos nos encaminhando para certa forma de integrismo eclesial, como sucedeu nos tempos de Pio X" (p. 157)[54].

E termina esse capítulo com as seguintes interrogações:

Para onde nos leva o Espírito? Trata-se de voltar atrás, para uma nova Idade Média, para uma nova cristandade, aproveitando as raízes cristãs do Ocidente? Ou se trata de reconhecer os sinais dos tempos e olhar para a frente, a distância, como João XXIII propunha em seu Diário espiritual poucos dias antes de sua morte? (texto de 24 de maio de 1963)[55].

10. O papa João Paulo II disse mais de uma vez que "nenhuma autoridade humana tem o direito de intervir na consciência de homem algum... Todos devem respeitar a consciência de cada um e não procurar impor a ninguém a própria 'verdade', respeitando o direito de professá-la e sem, por isso, desprezar quem pensa de modo diverso. A verdade não se impõe senão em virtude de si mesma"[56].

Em TMA repete esta última frase mais completa, extraída do decreto sobre a liberdade religiosa do Vaticano II: "A verdade não se impõe de outro modo senão pela sua própria força, que penetra nos espíritos de modo ao mesmo tempo suave

54. Em nota, remete a J. I. GONZÁLEZ FAUS, En el 75 aniversario de la Sapinière, in *Memoria de Jesús, memoria del pueblo*, Santander, 1984, p. 155-157. Tenha-se presente que V. Codina fala da situação da América Latina, mas é aplicável a outras latitudes.

55. Ibid., p. 159.

56. Mensagem para a Jornada Mundial da Paz, 1° de janeiro de 1991, *AAS* 83 (1991) 411 s.; *Ecclesia* 2508 (29 dez. 1990) 27; também o n. 39 da encíclica *Redemptoris missio*. A esse propósito, cumpre recordar a doutrina do Concílio: "A verdade não se impõe de outra maneira senão pela força da própria verdade, que penetra suave e fortemente nas almas" (*DH* n. 1; cf. também o n. 10). É interessante recordar, a esse respeito, algumas palavras pronunciadas por Karol Wojtyla no Concílio, compiladas em *Ecclesia* 1907 (28 out. 1978) 4.

e forte"[57]. Repete também com freqüência que o povo cristão tem direito a que lhe seja pregada a verdade íntegra, e não hipóteses ou ideologias. Estou plenamente de acordo. Porém, sou de opinião que esses princípios marcam uma pauta que obriga a todos os cristãos, inclusive o papa. Não se deve impor a verdade por força. Não se deve propor uma opinião ou verdade discutível como uma verdade de fé. Na história da Igreja, isso foi feito com freqüência. Na *Evangelium vitae*, o papa afirma: "Jesus é o único Evangelho: não temos outra coisa a dizer e testemunhar" (n. 80). Isto é o que pedimos e desejamos. Que nos anunciem Jesus e seu Evangelho integralmente e sem manipulações. Se assim se fizesse, não teríamos dificuldades.

11. A infalibilidade é uma arma sumamente perigosa que não deveria ser usada a não ser em casos de suma gravidade e quando se trata de verdades ou normas fundamentais para a fé cristã ou para a vida da Igreja. Quase todas as vezes em que se deu uma definição dogmática, surgiram divisões e cismas. Isso sucedeu já no primeiro Concílio Ecumênico de Nicéia (325). Depois desse concílio, além dos que representavam a doutrina ortodoxa (os homousianos) e dos arianos radicais que o concílio repeliu (os anomeus), surgiram outros grupos intermediários que não admitiam a doutrina de Nicéia: os homeus e os homoiusianos.

Depois do Concílio de Éfeso (431), consolidou-se o nestorianismo e surgiram os monofisistas. Para o equilíbrio cristológico, foi necessário o Concílio de Calcedônia (451). Este concílio, no cânon 28, confirma o cânon 3 do primeiro Concílio de Constantinopla (381) e concede o primado sobre todo o Oriente ao patriarca de Constantinopla, a nova Roma[58]. Em torno do Concílio de Calcedônia, além dos monotelitas, criaram-se os grupos de calcedonenses radicais e neocalcedonenses.

E, dando um salto de séculos, a definição da infalibilidade do papa no Vaticano I deu origem aos veterocatólicos. Além disso, depois do Vaticano II, que não quis pronunciar nenhuma definição infalível, surgiu o grupo de M. Lefèbvre, que sobrevive até nossos dias.

12. Estes fatos nos convidam à reflexão e à moderação. Se considerarmos a história serena e desapaixonadamente, creio que poderemos admitir que as últimas definições dogmáticas não eram necessárias e não trouxeram frutos de vida cristã para a Igreja. Durante dezenove séculos a Igreja havia vivido sem uma definição do

57. *Tertio mill. adv.*, n. 35; *Dignit. Hum.*, 1.
58. *Conc. Oecum. Decreta* (ed. 1962), cân. 28, p. 75-76.

primado romano e da infalibilidade do papa. Já se acreditava nessas verdades e bastava a fé da Igreja, dos concílios ecumênicos e do poder do Romano Pontífice para dirimir as controvérsias em matéria de fé e de costumes para que a Igreja pudesse desenvolver-se e governar-se sem dificuldades. Em contrapartida, as dificuldades criadas por esses dogmas superam as vantagens de que poderiam usufruir. Tampouco era necessária a definição dogmática da Assunção, porque já era uma fé comum na Igreja. Essa definição criou problemas graves para outras Igrejas cristãs, inclusive as Igrejas orientais, que desde épocas muito antigas (pelo menos desde o século VI) celebravam com grande solenidade tal festa.

A missão do papa é presidir na caridade e favorecer e manter a integridade da fé e a unidade de toda a Igreja católica e, também, na medida do possível, de todos os cristãos. As definições dogmáticas, quando se trata de uma verdade fundamental da fé ou da constituição da Igreja, são necessárias. Porém, no caso de questões um tanto secundárias, ou de questões disciplinares e outras semelhantes, seria preferível que fossem propostas pela autoridade competente e por meios ordinários, sem apelar às fórmulas solenes e sem invocar a autoridade de Cristo.

13. Quanto a mim, chama muito minha atenção o fato de que nos documentos oficiais sejam citados muitas vezes textos como: "*Tu es Petrus...*" (Mt 16,16-19), "*confirma fratres tuos*" (Lc 22,32), "*pasce agnos meos, pasce oves meas*" (Jo 21,15-16), ao passo que se omitem outros, também importantes. No Evangelho de Mateus, às palavras da confissão de Pedro e promessa do primado, continua outra cena de sinal diferente: Jesus, "voltando-se, disse a Pedro: Afasta-te de mim, Satanás; escândalo és para mim porque teus pensamentos não são os de Deus, mas os dos homens" (Mt 16,23). Os planos de Pedro eram muito diferentes dos planos de Deus.

Poderiam ser citados não poucos textos de Mateus, de João ou de Paulo importantes para o governo da Igreja que não costumam ser citados. Apenas um par de exemplos. Referindo-se ao modo de governar, Jesus diz a seus discípulos: "Como sabeis, os chefes das nações as mantêm como sob seu poder, e os grandes, sob seu domínio. Não deve ser assim entre vós. Pelo contrário, se alguém quer ser grande entre vós, seja vosso servo, e se alguém quer ser o primeiro entre vós, seja vosso escravo" (Mt 20,25-26). Isso tem aplicação na comunidade cristã para as Igrejas locais e para a Igreja universal. E não deveríamos esquecer Mateus 23,8, que cito de maneira bastante incompleta: "Quanto a vós, não vos façais chamar de *mestre*, porque tendes um só Mestre e sois todos irmãos".

Não se costuma sequer citar nos documentos romanos o instrutivo episódio de Paulo e Pedro em Antioquia, onde Pedro permaneceu algum tempo à frente da comunidade. A conduta de Pedro não era boa, dividia a comunidade e arrastava com seu exemplo outros cristãos, inclusive Barnabé. Paulo não pôde resistir mais e enfrentou-se com Cefas cara a cara, porque era digno de repreensão: "Mas, quando vi que eles não andavam direito segundo a verdade do Evangelho, disse a Cefas diante de todos: 'Se tu, que és judeu, vives à maneira dos pagãos e não à judaica, como podes obrigar os pagãos a se comportar como judeus?'" (Gl 2,11-14). Aqui não é Pedro quem estimula os irmãos, mas sim é admoestado, é corrigido porque os desvia do bom caminho. Uma vez é Jesus, outra é Paulo quem repreende Pedro.

E certamente, como em tantas cartas que João Paulo II dirigiu a nós, sacerdotes, que lhe devemos agradecer de coração, nunca citou as passagens bíblicas que falam mais expressamente das virtudes e qualidades que devem possuir os bispos ou presbíteros, segundo a carta pastoral a Timóteo:

> Por isso, o epíscopo deve ser irrepreensível, esposo de uma só mulher [ou seja, não casado em segundas núpcias], sóbrio, ponderado, de maneiras corretas, hospitaleiro, capaz para ensinar... Saiba governar bem a própria casa e manter os filhos na submissão, com toda a dignidade: pois, alguém que não soubesse governar a própria casa, como cuidaria de uma Igreja de Deus? (1Tm 3,2-4).

O "epíscopo" de que aqui se fala se parece muito pouco com os bispos de hoje. O que aqui se pede é exemplaridade nas circunstâncias daquele tempo. Descrevem-se os dotes e qualidades que deve possuir um dirigente eclesiástico. Não têm valor essas qualidades para os sacerdotes e bispos de hoje? E se, neste caso, é preciso saber adaptar e relativizar as recomendações da Escritura, por que não é lícito fazê-lo em outras ocasiões?

14. Impõe-se uma reflexão final. Grande parte dos problemas sofridos pela Igreja e pela teologia de hoje não provém dos teólogos, dos escrituristas ou da vida dos fiéis, mas dos documentos do magistério eclesiástico que não acerta na maneira de oferecer soluções teológicas e pastorais, a partir da fé e do Evangelho e a partir da teologia e da antropologia atuais, aos problemas do indivíduo e da sociedade. Com razão ou sem ela, atribuem-se posições muito negativas em questões que não afetam as verdades fundamentais da fé e dos bons costumes. Em vez de fazer tantas recomendações de fidelidade ao magistério da Igreja e de submissão, nas questões importantes, dever-se-ia, antes, fazer uma consulta mais

ampla a teólogos, bispos, conferências episcopais e especialistas na matéria para poder apresentar uma doutrina e normas que respondam à realidade eclesial e social em que vivemos. Não é questão de submissão e obediência, mas sim da busca sincera da verdade e da aceitação gozosa da vontade de Deus.

8. Últimas perguntas

1. A *Ordinatio sacerdotalis* fecha definitivamente à mulher a porta para o ministério sacerdotal? Sinceramente, creio que não. Os poucos dados da história que ofereço neste capítulo tendem a mostrar que situações semelhantes se deram na história da Igreja e foram resolvidas de modo diferente do que então se pensava.

Note-se a diferença de terminologia. Enquanto os teólogos e exegetas, a Comissão Teológica Internacional e a Pontifícia Comissão Bíblica preferem falar de "ministério sacerdotal", a Congregação para a Doutrina da Fé e os documentos da Cúria Romana usam a expressão "sacerdócio ministerial", ou melhor, "ordenação sacerdotal", que relega a segundo plano o conceito de serviço e ressalta o caráter sacro da função. Essa terminologia nos afasta das realidades do Novo Testamento.

2. Deve ser considerada uma verdade infalível e revelada que a mulher não pode ter acesso ao ministério sacerdotal? A meu ver, não. E certamente não estou sozinho nessa opinião. Não se trata de uma questão doutrinal, mas de uma norma pastoral. Não afeta a "constituição divina da Igreja", embora, de fato, tenha importância para a vida eclesial. Não, porém, uma importância decisiva, que afete a essência do sacramento da ordem.

Não se trata de uma verdade fundamental da fé. As definições dogmáticas devem ser reservadas às questões que afetam problemas fundamentais e importantes da fé cristã, tal como nos foi revelado na pessoa e na mensagem de Cristo.

3. Pode o papa proclamar como dogma de fé que a Igreja não tem poder para conferir o sacerdócio à mulher? Se não se trata de uma verdade ou de um fato revelado, não pode fazê-lo. Até agora não se pôde demonstrar que seja vontade expressa de Cristo ou uma tradição divino-apostólica a incapacidade da mulher de receber o ministério sacerdotal.

4. Foi a *Ordinatio sacerdotalis*, em geral, aceita pela Igreja? Não é fácil responder a essa pergunta. Eu diria que, na verdade, foi imposta. Desde 1977, em que se

tornou pública a declaração *Inter insigniores*, não se deixou de pressionar por todos os meios para que se aceitasse a posição defendida pela Congregação para a Doutrina da Fé e assinada por Paulo VI. Vários documentos de Paulo VI e de João Paulo II insistiram na mesma coisa, como: *Christifideles laici* (n. 51), *Mulieris dignitatem* (n. 26), *Catechismus Ecclesiae Catholicae* (n. 1577), *Codex Iuris Canonicis* (cân. 1024). Se, apesar de todos esses documentos, o papa acreditou ser necessário ratificar sua opinião com maior autoridade e declarar de um modo definitivo essa doutrina, foi porque na Igreja não havia sido aceita por muitos. Por conseguinte, não se pode falar de um consentimento livre, que procede da vivência da fé.

9. Nota bibliográfica sobre a *Ordinatio sacerdotalis*

ANTÓN, Angel. "Ordinatio sacerdotalis". Algunas reflexiones de "gnoseología teológica". *Gregorianum* 75 (1944) 723-742.

BANDERA, Armando. *Redención, mujer y sacerdocio*. Madrid, 1995.

BEINERT, Wolfgang. Priestertum der Frau. Der Vorhang zu, die Frage offen?. *Stimmen der Zeit* 212 (1994) 723-738. Um resumo deste artigo: El sacerdocio de la mujer. Telón cerrado, cuestión abierta? *Selecciones de Teología* 35 (1996) 3-15.

BÉRÈRE, Marie-Jeanne. L'ordination des femmes dans l'Église Catholique: Les decisions du Magistère. *Revue de Droit Canonique* 46 (1996) 7-20.

DÍEZ ALEGRÍA, José Mª. Los católicos y la infalibilidad. *Vida Nueva* 2023, 6 jan. 1996, p. 12-13. Breve tomada de posição sobre esse tema, subscrita por outros dezoito teólogos.

Femmes et Hommes dans l'Église, Supplement n. 2 au *Bulletin* 58 (1994).

FERNÁNDEZ, Domiciano. La ordenación sacerdotal de la mujer en la Comunión anglicana y su repercusión en las demás Iglesias cristianas. *Naturaleza y Gracia* 42 (1995) 103-128.

_____. Recepción de la "Ordinatio sacerdotalis". *Naturaleza y Gracia* 44 (1997) 7-42.

FERRARA, Dennis Michael. The ordination of women: Tradition and meaning. *Theological Studies* 55 (1994) 706-719. Um resumo desse artigo: La ordenación de las mujeres: tradición y significado. *Selecciones de Teología* 35 (1996) 16-22.

GAILLARDETZ, Richard R. Infallibility and the Ordination of Women. *Louvain Studies* 21 (1976) 3-24. Defende que não se trata de uma verdade infalível.

GÖSSMANN, Elisabeth, Tradition in der Gegenwart. Zur Diskussion über das Frauenpriestertum. *Christ in der Gegenwart* 53, 47 (1995) 440.

GROSS, Walter (Hrsg.). *Frauenordination: Stand der Diskussion in der Katholischen Kirche*. Mit Beitr. Von W. Beinert, P. Hünermann... München, E. Wewel Verlag, 1966.

HAUKE, Manfred. Il sacerdozio femminile nel recente dibattito teologico. *Revue Théologique de Lugano* 1 (1996) 257-281.

_____. "Ordinatio sacerdotalis": das päpstliche Schreiben zum Frauenpriestertum im Spiegel der Diskussion. *Forum Katholische Theologie* 11/4 (1995), 270-298.

_____. *Die Problematik um das Frauen Priestertum vor dem Hintergrund der Schöpfungs- und Erlösungsordnung* (KKTS, 46), Paderborn, Verlag Bonifatius-Druckerei, 1995.

HÜNERMANN, Peter. Lehramtliche Dokumente zur Frauenordination. Analyse und Gewichtung. *Theol. Quartalschrift* 173 (1993) 205-218. Anterior à *OS*.

_____. Dogmatische Reflexionen anlässlich der Antwort der Glaubenskongregation vom 28 Oktober 1955. In: GROSS, Walter (Hrsg.). *Frauen-Ordination*. Stand der Diskussion in der Katholischen Kirche, München, Erich Wewel Verlag, 1996.

_____. Schwerwiegende Bedenken. Eine Analyse des Apostolischen Schreibens "Ordinatio sacerdotalis". *Herder-Korrespondenz* 48 (1994), 406-410.

JOUBERT, Jacques. L'ordination des femmes et le depôt de la foi. A propos d'une "réponse" de la Congrégation pour la doctrine de la foi. *Revue de Droit Canonique* 46 (1996) 29-36. Neste número da *RDC* há outros artigos sobre a ordenação das mulheres na Igreja católica.

Lumière et Vie 224 (set. 1995): La non-ordination des femmes. Un moratoire contesté. Número monográfico sobre a ordenação da mulher. Escrevem sobre o tema: Suzanne Tunc, Didier Gonneaud, Michèle Rosset, Dominique Stein, Chantal Amiot, Suzanne Mattineau, Margareta Dubois-Ingelson, Isabelle Chareire. Há também uma tomada de posição do grupo Femmes et Ministères: Lettre à Monseigner Jean-Guy Hamelin, Conference des Évêques catholiques du Canada, 101-103.

LÜDECKE, Norbert. Also doch ein Dogma? Fragen sum Verbind-lickeitsanspruch der Lehre über die Unmöglickeit der Priesterweihe für Frauen aus kanonistischer Perspektive, *Trierer Theologische Zeitschrift* 105/3 (1996) 161-211.

MOINGT, Joseph. Sur un débat clos. *Revue de Science Religieuse* 82 (1994) 321-323.

NIENTIEDT, Klaus. Wie verbindlich? "Ordinatio sacerdotalis" provoziert Lehramtsdiskussion. *Herder-Korrespondenz* 46 (1996) 461-466.

RAMING, Ida. Endgültiges Nein zum Priestertum der Frau? Zum Apostolischen Schreiben Papst Johannes Paulus II "Ordinatio sacerdotalis". *Orientierung* 58 (1994) 190-193.

RATZINGER, Joseph. Comentario a la carta apostólica "Ordinatio sacerdotalis". *L'Osservatore Romano* (ed. española) 23, p. 327-328.

RUH, Ulrich. Lehramt im Abseits? *Herder-Korrespondenz* 48 (1994) 325-327.

SLEDZIEWSKI, Elisabeth G. "Ordinatio sacerdotalis": frileuse pentecôte. *Revue de Droit Canonique* 46 (1996) 21-27.

The Ordination of the Women to the Priesterhood: The Synod Debate 11 November 1992. London, Church House, 1993.

TORJESEN, Karen Jo. *Cuando las mujeres eran sacerdotes*. Córdoba, El Almendro, 1996.

VAN IERSEL, Basil. Glosa de actualidad. Sobre las mujeres hay que callar en la Iglesia (libremente, según 1Cor 14,34). *Concilium* 255 (1994) 931-934. Uma nota de caráter humorístico, que no entanto aborda um problema sério.

WALDENFELS, Hans. "Unfehlbar". Überlegungen zur Verbindlichkeit christlicher Lehre. *Stimmen der Zeit* 214 (1996) 147-159.

CONCLUSÕES

1. O tema dos ministérios da mulher na Igreja e do possível acesso aos ministérios ordenados é de grande importância, como o demonstra o grande número de intervenções do magistério e dos sínodos dos bispos nos últimos anos. Também nas demais Igrejas cristãs, sobretudo na Comunhão Anglicana, tem sido objeto de estudo e de discussão há mais de trinta anos.

2. A Igreja andou, geralmente, um tanto a reboque na evolução da sociedade civil e nas conclusões da ciência e da exegese. Basta recordar os diversos documentos da Pontifícia Comissão Bíblica de princípios do século XX. Na sociedade civil, a mulher foi conquistando a igualdade de direitos com o homem em todas as frentes, mesmo que a realidade nem sempre concorde com a teoria. Na Igreja católica, porém, esse reconhecimento é muito lento e a mulher foi excluída também daquelas tarefas eclesiais para as quais não existe qualquer impedimento dogmático. Não foram mudadas normas disciplinares que discriminam injustamente a mulher. Essas afirmações foram feitas pelas próprias autoridades eclesiásticas em diversas ocasiões[1].

1. Remetemos às intervenções de diversos bispos nos sínodos de 1971, 1977 e 1987. Veja-se o capítulo III.

3. As mulheres constituem hoje dois terços dos católicos praticantes e, não obstante, têm muito pouca participação nos cargos de responsabilidade e decisão e são excluídas também dos ministérios não-ordenados, tais como o leitorado e o acolitado. Afortunadamente, estão exercendo um trabalho evangélico e de caridade maravilhosa em todos os campos da Igreja, e isso é verdadeiramente importante. Porém, não se pode ignorar que, freqüentemente, seu trabalho e suas possibilidades de ação são obstruídos pelas limitações da legislação atual.

4. A existência de um diaconato feminino na Igreja antiga, equiparável, do ponto de vista sacramental, ao dos diáconos é um dado histórico suficientemente provado. Por que esse fato não teve nenhum eco nos documentos oficiais de nenhuma iniciativa ou realização na Igreja católica? As demais Igrejas cristãs, e inclusive a Igreja ortodoxa, propuseram a restauração da ordem das diaconisas[2], ao passo que a Igreja católica não deu até agora nenhum passo nesse sentido.

5. A hierarquia católica acredita que, "por fidelidade à vontade do Senhor", não pode mudar nada na tradição de não admitir a mulher ao sacerdócio. Isso é discutível, porém não resta dúvida de que em outros ministérios não se pode aduzir essa razão; não obstante, adota-se a mesma atitude de reservá-los aos homens.

6. O argumento de uma tradição bimilenária é importante e tem muito peso. Todavia, não se pode argüir fundando-se no fato de que Jesus não incluiu nenhuma mulher no grupo dos Doze, porque formavam um grupo especial com uma simbologia precisa, que imediatamente desapareceu. Tampouco se pode atribuir à vontade de Jesus tudo o que a Igreja efetuou depois de sua morte, em um tempo, em uma cultura e em certas circunstâncias determinadas. O argumento da tradição contra a ordenação sacerdotal da mulher apresenta dificuldades sérias, porém não insolúveis. Novos tempos, novas relações sociais e nova concepção antropológica permitem novas atitudes e novas instituições eclesiais. Assim ocorreu com a criação dos sete diáconos, com a ordenação de presbíteros e com a missão dos gentios.

7. A meu ver, não se pode dizer que Jesus deu uma constituição fundamental à sua Igreja, se esta se entende como uma ordem jurídica. Reuniu um grupo de discípulos e confiou-lhes sua Palavra, sua missão. Prometeu-lhes e lhes deu seu Espírito, que permanecerá com eles para sempre e os conduzirá à verdade plena. Isto é o fundamental, o invariável e o sempre atual.

---

2. No Congresso teológico interortodoxo de Rodas, em novembro de 1988. Veja-se o capítulo VI, 5.

8. Estudando serenamente a questão, sem preconceitos dogmáticos, sem ter tomado partido de antemão por nenhuma das duas posturas possíveis (admissão ou rejeição do sacerdócio da mulher), pode-se chegar à convicção de que não existem objeções fundamentais para excluir a mulher do sacerdócio. Os argumentos teológicos ou de conveniência utilizados para ilustrar tal rejeição não fazem mais que entorpecer a visão da realidade. Existem, ao contrário, muitos indícios a favor da ordenação da mulher, desde que sejam levados em conta os princípios de igualdade de todos os batizados diante de Deus e do caminho que Jesus abriu às mulheres, admitindo-as entre seus discípulos e seguidores e confiando-lhes a missão transcendental de anunciar a ressurreição aos próprios apóstolos. Se a Igreja tivesse seguido essa orientação de abertura e de participação iniciada por Jesus, não teríamos os problemas de hoje.

9. A última carta apostólica do papa, a *Ordinatio sacerdotalis*, de 22 de maio de 1994, não pode nos surpreender, porque é a postura que sempre defendeu. Além da carta apostólica *Mulieris dignitatem* (n. 26) e da exortação apostólica *Christifideles laici* (n. 51), em carta ao primado da Inglaterra afirmava que a Igreja católica, tal como a Igreja ortodoxa e as antigas Igrejas orientais, considera a ordenação das mulheres como uma ruptura da tradição e que "ela não tem competência alguma para autorizá-la". E a seguir acrescenta: "Estou ao corrente de que, no que concerne à Igreja da Inglaterra, não foi tomada qualquer decisão definitiva sobre a discutida ordenação das mulheres"[3]. De fato, a Igreja da Inglaterra tomou a decisão definitiva no sínodo geral, em 11 de novembro de 1992. João Paulo II tomou a mesma decisão, embora no sentido oposto, em 22 de maio de 1994.

10. Indiquei com freqüência que bispos, sacerdotes e fiéis devem viver em comunhão com o papa, a quem compete velar pela integridade da fé e pela unidade da Igreja. Porém, não é menos certo que o papa deve procurar viver em comunhão com toda a Igreja, com os bispos, sacerdotes e fiéis, para que possa ser verdadeiramente o representante de todos. O papa não está sobre a Igreja, mas a serviço da Igreja, e ele próprio é membro da Igreja.

11. Em diversas partes desta obra, indiquei que a Igreja católica quis resolver o problema a partir de cima, a golpe de autoridade. A atitude justa teria sido levar

3. Carta de João Paulo II ao doutor R. Runcie, de 8 de dezembro de 1988. Cf. A. GONZÁLEZ MONTES, *Enchirid. Oecum.* 2, p. 775-776.

em conta os diversos estudos feitos sobre o tema, consultar as faculdades eclesiásticas e as conferências episcopais sobre a questão, permitindo-lhes expressar livremente suas opiniões depois de madura e séria reflexão, e aceitar os resultados das pesquisas que se fizeram sobre a Bíblia e a tradição. Aqui entra em jogo o conceito dinâmico de tradição, pois não se pode tomar como vontade divina irreformável o que provém de um uso eclesial, ainda que seja muito prolongado. A diferença no processo seguido pelas Igrejas da Comunhão Anglicana e pela Igreja católica é evidente. Indiquei que não me parece admissível que cada Igreja ou província da Comunhão Anglicana possa decidir por si mesma uma questão de tamanha transcendência. Deveria ter sido uma determinação conjunta de todas as Igrejas que compõem a Comunhão Anglicana. Todavia, tampouco me parece correto o modo de proceder de Paulo VI ou de João Paulo II, que tomaram atitudes em virtude de sua própria autoridade, sem consultar a Igreja universal.

BIBLIOGRAFIA GERAL

ALCALÁ, Manuel. El feminismo y las religiosas. *CONFER* 22 (1983) 81-98.

______. El problema de la ordenación ministerial de la mujer a partir del Vaticano II. In: VARGAS-MACHUCA, A. (ed.). *Teología y mundo contemporáneo*. Homenaje a Karl Rahner en su 70 cumpleaños. Madrid, 1975, p. 577-612.

______. *La mujer y los ministerios en la Iglesia*. Salamanca, 1982.

______. Mujer y ministerios eclesiales a la luz de la pluriformidad teológica. *Communio* IV (1982) 261-270.

______. Obispos clandestinos. *Vida Nueva* 1814 (nov. 1991) 23-30 (= 2163-2170).

______. Ordenaciones femeninas y discriminación sexual. *Razón y Fe* 227 (1993) 81-87.

ALCOBENDAS, Mª PILAR. Presencia de la mujer en la Iglesia. *Moralia* 21 (1989) 233-242.

ALONSO DÍAZ, José. Restricción en algunos textos paulinos de las reivindicaciones de la mujer en la Iglesia. *Estudios Eclesiásticos* 50 (1975) 77-94.

ARANA, Mª José. Sacerdocio. In: NAVARRO PUERTO, Mercedes (ed.). *10 mujeres escriben teología*. Estella, 1993, p. 299-338.

______. SALAS, María. *Mujeres sacerdotes. Por qué no?* Reflexiones históricas, teológicas y ecuménicas. Madrid, 1994.

AUBERT, Jean-Marie. *La mujer. Antifeminismo y cristianismo*. Barcelona, 1976, espec. p. 171-210.

AUBERT, Marie-Josèphe. *Des Femmes Diacres*. Un nouveau chemin pour l'Église. Paris, 1986.

BAUTISTA, Esperanza. *La mujer en la Iglesia primitiva*. Estella, 1993.

BANDERA, Armando. *Redención, mujer y sacerdocio*. Madrid, 1995.

BECKWITH, Roger. Crise imminente dans la Communion anglicaine? *Istina* 34 (1989) 133-138.

BEINERT, Wolfgang. Dogmatische Überlegungen zum Thema Priestertum der Frau. *Theol. Quartalschrift* 173 (1993) 186-204 (anterior à OS).

BOSC, Juan. El ministerio de la mujer en las Iglesias cristianas. *Escritos del Vedat* 4 (1974) 239-247.

CONGREGACIÓN PARA LA DOCTRINA DE LA FE. Declaração "Inter insigniores" sobre a admissão das mulheres ao sacerdócio. *Acta Apostolicae Sedis* 69 (1977) 98-116.

_____. *El sacramento del orden y la mujer*. De la "Inter insigniores" a la "Ordinatio sacerdotalis". Madrid, 1997 (contém uma introdução e comentários do cardeal J. Ratzinger).

DAL COVOLO, Enrico. La condizione della donna nella Chiesa antica (sécs. II-III). *Ricerche Teologiche* 4 (1993) 289-304.

DASSMANN, Ernst et al. *Projekttag Frauenordination*. Bonn, 1997.

DELORME, Jean (ed.). *El ministerio y los ministerios según el Nuevo Testamento*. Madrid, 1975, espec. p. 466-471.

DOMÍNGUEZ ASENSIO, José Arturo. La mujer y el ministerio sacerdotal: un problema de criteriología teológica. *Communio* 26 (1993) 199-230.

DOMÍNGUEZ PÉREZ, Héctor. La ordenación sacerdotal de la mujer. *Proyección* 40 (1993) 193-208.

FERNÁNDEZ, Domiciano. Las diaconizas: un ministerio olvidado que pide su reconocimiento en la Iglesia actual. *Vida Religiosa* 66 (1989) 456-461.

_____. La ordenación de las diaconizas. *Proyección* 42 (1995) 111-126.

_____. La ordenación sacerdotal de la mujer en la Comunión anglicana y su repercusión en las demás Iglesias cristianas. *Naturaleza y Gracia* 42 (1995) 103-128.

_____. Ministerios de la mujer en el Nuevo Testamento. *Proyección* 42 (1995) 287-302.

_____. Servicios y tareas de la mujer en la Iglesia antigua. *Naturaleza y Gracia* 43 (1996) 7-38.

_____. Recepción de la "Ordinatio sacerdotalis". *Naturaleza y Gracia* 44 (1997) 7-42.

FIELD, Jacqueline. Women and ministry: the Presbiterian Church of England. *The Heithroup Journal* 31 (1990) 150-164.

Frauenordination. *Theologische Quartalschrift* 173 (1993) 161-244 (número monográfico).

GALOT, Jean. *La donna e i ministeri nella Chiesa*. Assis, 1973.

GARCÍA PAREDES, José Xto. Rey. La mujer consagrada en la ministerialidad de la Iglesia. In: *Algunas mujeres nos han sobresaltado*. Madrid, 1993, p. 249-303.

GIBSON, Elsie. *Femmes et ministères dans l'Église*. Tournai, 1971.

GOLDIE, Rosemarie. Attualità della dichiarazione "Inter insigniores". *Unitas* 32 (1977) 164-187.

GÓMEZ PINA, Eva. La mujer en la Iglesia. *Ecclesia* 2342 (1987) 1557-1558.

GONZÁLEZ MONTES, Adolfo. Eclesiologia, ministerios y admisión de las mujeres a la ordenación. *Diálogo Ecuménico* 26 (1991) 128-138.

GRELOT, Pierre. Y aura t-il des femmes prêtres dans l'Église? *Nouvelle Revue Théologique* 111 (1989) 848-851.

GRYSON, Roger. *Le ministère des femmes dans l'Église ancienne*. Gembloux, 1972.

GUERRA GÓMEZ, Manuel. *El sacerdocio femenino* (em las religiones grecorromanas y en el cristianismo de los primeros siglos). Roma, 1986.

HANNON, V. *La mujer y el sacerdocio*. Bilbao, 1974.

HAUKE, Manfred. *Die Problematik um das Frauenpriestertum vor dem Hintergrund der Schöpfungs-und Erlösungs-ordnung*. Paderborn, 1982.

HEINE, Susanne. *Frauen der frühen Christenheit*. Göttingen, 1986.

HILL, Christopher. Argomenti contro l'ordinazione delle donne al sacerdozio nel contesto del dialogo tra anglicani e cattolici romani. In: MILITELLO, C. (org.). *Donna e ministero*. Roma, 1991, p. 161-180.

HOURCADE, Jeanne. *La femme dans l'Église*. Étude anthropologique et Théologique des ministères fémenines. Paris, 1986.

La donna nella Chiesa "ministra" o "mediatrice"? *Sacra Doctrina* 39 (1944) 1-284 (número monográfico).

La donna nel pensiero cristiano antico. Genova, 1992.

LANG, Judith. *Ministros de la gracia*. Las mujeres en la Iglesia primitiva. Madrid, 1991.

LAURENTIN, René. Jesús y las mujeres: una revolución ignorada. *Concilium* n. 154 (1980) 93-103.

LIGIER, Louis. La question du sacerdoce des femmes dans l'Église. *La Documentation Catholique* 75 (1978) 478-488.

LOHFINK, Gerhard. Weibliche Diakone im Neuem Testament. *Diakonia* 11 (1980) 385-400.

MARA, Maria Grazia. I Padri della Chiesa e la donna. *Parole di vita* 30 (1985) 411-419.

MARLIANGEAS, Bernard-Dominique. *Clés pour une théologie du ministère. In persona Christi. In persona Ecclesiae*. Paris, 1988.

MARTIMORT, Aimé-Georges. *Les diaconesses*. Essai historique. Roma, 1982.

MARTINELLI, Maria. La mujer y los ministerios en la Iglesia. *Phase* 13 (1973) 447-463.

MAZZUCO, Clementina. *E fui fatta maschio*... La donna nel cristianesimo primitivo (sécs. I-II). Torino, 1989.

MEER, Haye van der. *Priestertum der Frau?* Eine theologiegeschichtliche Untersuchung. Freiburg, 1969.

MILITELLO, Cettina (org.). *Donna e ministero*. Roma, 1991.

Misión de la mujer en la Iglesia. Madrid, 1978 (BAC popular n. 12). Texto latino e espanhol de *Inter insigniores*, com comentários de J. Ratzinger, U. Von Balthasar e outros autores.

MORA ALBERTI, Antonia María. La raíz del antifeminismo en la Iglesia. *Vida Nueva* 1829 (15 fev. 1992) 335-342.

OTRANTO Giorgio. Note sul sacerdozio femminile nell'antichità in margine a una testimonianza di Gelasio I. *Vetera Christianorum* 18 (1982) 341-360.

RAMING, Ida. Inferioridad de la mujer según el derecho vigente. *Concilium* 12/1 (1976) 68-77.

______. *Der Ausschluss der Frau vom Priesterlichen Amt. Gottgewollte Tradition oder Diskriminierung?* Köln/ Wien, 1973.

RANKE-HEINEMANN, Uta. La mujer en el Nuevo Testamento, en la tradición católica y en Lutero. *Revista Agustiniana* 24 (1983) 555-569.

RATZINGER, Josef, VON BALTHASAR, Urs et al. *Misión de la mujer en la Iglesia*. Madrid, 1978.

REPOULÉ, François. Le probleme des femmes-prêtres em Suède. *Lumière et Vie* 43 (1959) 65-99.

RICCI, C. Alle origini della comunita cristiana a Roma. La presenza femminile. *Studi Romani* 40 (1992) 245-254.

SALAS, María. *De la promoción de la mujer a la teología feminista*. Cincuenta años de historia. Santander, 1993.

SANZ, Andrés. María y la mujer en el Nuevo Testamento. *Ephemerides Mariologicae* 35 (1985) 189-194 (recensão do livro *Die Frau im Urchristentum*).

SCHÜSSLER-FIORENZA, Elisabeth. Neutestamentliche-frühchristliche Argumente zum Thema Frau und Amt. *ThQ* 173 (1993) 173-185 (um extrato desse artigo: Mujer y ministerio en el cristianismo primitivo. *Selecciones de Teología* 33 [1994] 327-337).

THILS, Gustave. *En dialogue avec l'"Entretien avec la foi"*. Feminité et masculinité. Louvain-la-Neuve, 1986.

THOTTATTHILL, Stephen. *Identity and relationship of women and men in the Church and Society*: Thinking within the World Council of Churches. Roma, 1990.

TORJESEN, Karen Jo. *Cuando las mujeres eran sacerdotes*. El liderazgo de las mujeres en la Iglesia primitiva y el escándalo de su subordinación con el auge del cristianismo. Córdoba, 1996.

TORTRAS, Antonio. Mujeres presbíteros o mujeres diáconos? Apuntes para una ordenación de la mujer. *Estudios Eclesiásticos* 55 (1980) 35-368.

VANHOYE Albert. El testimonio del Nuevo Testamento sobre la no admisión de las mujeres a la ordenación sacerdotal. *L'Osservatore Romano*, ed. esp., 12 mar. 1993, p. 11.

______, CROUZEL Henri. Les ministères dans l'Église. Réflexions à propôs d'un ouvrage récent. *Nouvelle Revue Théologique* 106 (1984) 722-748.

VILLASECA OLLER, Josefa. Una carta sobre la mujer no exclusivamente para ella. *Ecclesia* 2405 (1989) 6-7.

Edições Loyola

DISTRIBUIDORES DE EDIÇÕES LOYOLA

Se o(a) senhor(a) não encontrar qualquer um de nossos livros em sua livraria preferida ou em nossos distribuidores, faça o pedido por reembolso postal à:

Rua 1822 nº 347, Ipiranga – CEP 04216-000 – São Paulo, SP
Caixa Postal 42.335 – CEP 04218-970 – São Paulo, SP
Tel.: 11 6914-1922 – **Fax:** 11 6163-4275
vendas@loyola.com.br **www.loyola.com.br**

BAHIA

LIVRARIA E DISTRIBUIDORA MULTICAMP LTDA.
Rua Direita da Piedade, 203 – Piedade
Tel.: (71) 2101-8010 / 2101-8009
Telefax: (71) 3329-0109
40070-190 Salvador, BA
multicamp@uol.com.br

MINAS GERAIS

ASTECA DISTRIBUIDORA DE LIVROS LTDA.
Rua Costa Monteiro, 50 e 54
Bairro Sagrada Família
Tel.: (31) 3423-7979 • Fax: (31) 3424-7667
31030-480 Belo Horizonte, MG
distribuidora@astecabooks.com.br

MÃE DA IGREJA LTDA.
Rua São Paulo, 1054/1233 – Centro
Tel.: (31) 3213-4740 / 3213-0031
30170-131 Belo Horizonte, MG
maedaigrejabh@wminas.com

RIO DE JANEIRO

ZÉLIO BICALHO PORTUGAL CIA. LTDA.
Vendas no Atacado e no Varejo
Av. Presidente Vargas, 502 – sala 1701
Telefax: (21) 2233-4295 / 2263-4280
20071-000 Rio de Janeiro, RJ
zeliobicalho@prolink.com.br

EDITORA VOZES LTDA – SEDE
Rua Frei Luis, 100 – Centro
25689-900 Petrópolis, RJ
Tel.: (24) 2233-9017 • Fax: (24) 2246-5552
vozes62@uol.com.br

RIO GRANDE DO SUL

LIVRARIA E EDITORA PADRE REUS
Rua Duque de Caxias, 805
Tel.: (51) 3224-0250 • Fax: (51) 3228-1880
90010-282 Porto Alegre, RS
livrariareus@livraria-padre-reus.com.br

SÃO PAULO

DISTRIBUIDORA LOYOLA DE LIVROS LTDA.
Vendas no Atacado
Rua São Caetano, 959 – Luz
Tel.: (11) 3322-0100 • Fax: (11) 3322-0101
01104-001 São Paulo, SP
vendasatacado@livrarialoyola.com.br

LIVRARIAS PAULINAS
Via Raposo Tavares, km 19,145
Tel.: (11) 3789-1425 / 3789-1423
Fax: (11) 3789-3401
05577-300 São Paulo, SP
expedicao@paulinas.org.br

REVENDEDORES DE EDIÇÕES LOYOLA

AMAZONAS

EDITORA VOZES LTDA.
Rua Costa Azevedo, 105 – Centro
Tel.: (92) 3232-5777 • Fax: (92) 3233-0154
69010-230 Manaus, AM
vozes61@uol.com.br

LIVRARIAS PAULINAS
Av. 7 de Setembro, 665
Tel.: (92) 3633-4251 / 3233-5130
Fax: (92) 3633-4017
69005-141 Manaus, AM
livmanaus@paulinas.org.br

BAHIA

EDITORA VOZES LTDA.
Rua Carlos Gomes, 698A –
Conjunto Bela Center – loja 2
Tel: (71) 3329-5466 • Fax: (71) 3329-4749
40060-410 Salvador, BA
vozes20@uol.com.br

LIVRARIAS PAULINAS
Av. 7 de Setembro, 680 – São Pedro
Tel.: (71) 3329-2477 / 3329-3668
Fax: (71) 3329-2546
40060-001 Salvador, BA
livsalvador@paulinas.org.br

BRASÍLIA

EDITORA VOZES LTDA.
SCLR/Norte – Q. 704 – Bloco A n. 15
Tel.: (61) 3326-2436 • Fax: (61) 3326-2282
70730-516 Brasília, DF
vozes09@uol.com.br

LIVRARIAS PAULINAS
SCS – Q. 05 / Bl. C / Lojas 19/22 – Centro
Tel.: (61) 3225-9595 • Fax: (61) 3225-9219
70300-500 Brasília, DF
livbrasilia@paulinas.org.br

CEARÁ

EDITORA VOZES LTDA.
Rua Major Facundo, 730
Tel.: (85) 3231-9321 • Fax: (85) 3231-4238
60025-100 Fortaleza, CE
vozes23@uol.com.br

LIVRARIAS PAULINAS
Rua Major Facundo, 332
Tel.: (85) 226-7544 / 226-7398
Fax: (85) 226-9930
60025-100 Fortaleza, CE
livfortaleza@paulinas.org.br

ESPÍRITO SANTO

LIVRARIAS PAULINAS
Rua Barão de Itapemirim, 216 – Centro
Tel.: (27) 3223-1318 / 0800-15-712
Fax: (27) 3222-3532
29010-060 Vitória, ES
livvitoria@paulinas.org.br

GOIÁS

EDITORA VOZES LTDA.
Rua 3, nº 291
Tel.: (62) 3225-3077 • Fax: (62) 3225-3994
74023-010 Goiânia, GO
vozes27@uol.com.br

LIVRARIA ALTERNATIVA
Rua 70, nº 124 – Setor Central
Tel.: (62) 3229-0107 / 3224-4292
Fax: (62) 3212-1035
74055-120 Goiânia, GO
distribuidora@livrariaalternativa.com.br

LIVRARIAS PAULINAS
Av. Goiás, 636
Tel.: (62) 224-2585 / 224-2329
Fax: (62) 224-2247
74010-010 Goiânia, GO
livgoiania@paulinas.org.br

MARANHÃO

EDITORA VOZES LTDA.
Rua da Palma, 502 – Centro
Tel.: (98) 3221-0715 • Fax: (98) 3222-9013
65010-440 São Luís, MA
livrariavozes@terra.com.br

LIVRARIAS PAULINAS
Rua de Santana, 499 – Centro
Tel.: (98) 232-3068 / 232-3072
Fax: (98) 232-2692
65015-440 São Luís, MA
fspsaoluis@elo.com.br

MATO GROSSO

EDITORA VOZES LTDA.
Rua Antônio Maria Coelho, 197A
Tel.: (65) 3623-5307 • Fax: (65) 3623-5186
78005-970 Cuiabá, MT
vozes54@uol.com.br

MINAS GERAIS

ASTECA DISTRIBUIDORA DE LIVRO LTDA.
Av. Dr. Cristiano Guimarães, 2127
sala 108 – Planalto
Tel.: (31) 3443-3990
31720-300 Belo Horizonte, MG

EDITORA VOZES LTDA.
Rua Sergipe, 120 – loja 1
Tel.: (31) 3226-9010 • Fax: (31) 3226-7797
30130-170 Belo Horizonte, MG
vozes04@uol.com.br

Rua Tupis, 114
Tel.: (31) 3273-2538 • Fax: (31) 3222-4482
30190-060 Belo Horizonte, MG
vozes32@uol.com.br

Rua Espírito Santo, 963
Tel.: (32) 3215-9050 • Fax: (32) 3215-8061
36010-041 Juiz de Fora, MG
vozes35@uol.com.br

LIVRARIAS PAULINAS
Av. Afonso Pena, 2142
Tel.: (31) 3269-3700 • Fax: (31) 3269-3730
30130-007 Belo Horizonte, MG
livbelohorizonte@paulinas.org.br

Rua Curitiba, 870 – Centro
Tel.: (31) 3224-2832 • Fax: (31) 3224-2208
30170-120 Belo Horizonte, MG
gerencialivbelohorizonte@paulinas.org.br

PARÁ

LIVRARIAS PAULINAS
Rua Santo Antônio, 278 – B. do Comércio
Tel.: (91) 3241-3607 / 3241-4845
Fax: (91) 3224-3482
66010-090 Belém, PA
livbelem@paulinas.org.br

PARANÁ

EDITORA VOZES LTDA.
Rua Pamphilo de Assumpção, 554 – Centro
Tel.: (41) 3333-9812 • Fax: (41) 3332-5115
80220-040 Curitiba, PR
vozes21@uol.com.br

Rua Emiliano Perneta, 332 – loja A
Telefax: (41) 3233-1392
80010-050 Curitiba, PR
vozes64@uol.com.br

Rua Senador Souza Naves, 158-C
Tel.: (43) 3337-3129 • Fax: (43) 3325-7167
86020-160 Londrina, PR
vozes41@uol.com.br

LIVRARIAS PAULINAS
Rua Voluntários da Pátria, 225
Tel.: (41) 3224-8550 • Fax: (41) 3223-1450
80020-000 Curitiba, PR
livcuritiba@paulinas.org.br

Av. Getúlio Vargas, 276 – Centro
Tel.: (44) 226-3536 • Fax: (44) 226-4250
87013-130 Maringá, PR
livmaringa@paulinas.org.br

PERNAMBUCO, PARAÍBA, ALAGOAS, RIO GRANDE DO NORTE E SERGIPE

EDITORA VOZES LTDA.
Rua do Príncipe, 482
Tel.: (81) 3423-4100 • Fax: (81) 3423-7575
50050-410 Recife, PE
vozes10@uol.com.br

LIVRARIAS PAULINAS
Rua Duque de Caxias, 597 – Centro
Tel.: (83) 241-5591 / 241-5636 • Fax: (83) 241-6979
58010-821 João Pessoa, PB
livjpessoa@paulinas.org.br

Rua Joaquim Távora, 71
Tel.: (82) 326-2575 • Fax: (82) 326-6561
57020-320 Maceió, AL
livmaceio@paulinas.org.br

Rua João Pessoa, 224 – Centro
Tel.: (84) 212-2184 • Fax: (84) 212-1846
59025-200 Natal, RN
livnatal@paulinas.org.br

Rua Frei Caneca, 59 – Loja 1
Tel.: (81) 3224-5812 / 3224-6609
Fax: (81) 3224-9028 / 3224-6321
50010-120 Recife, PE
livrecife@paulinas.org.br

RIO DE JANEIRO

EDITORA VOZES LTDA.
Rua México, 174 – Sobreloja – Centro
Telefax: (21) 2215-0110 / 2533-8358
20031-143 Rio de Janeiro, RJ
vozes42@uol.com.br

LIVRARIAS PAULINAS
Rua 7 de Setembro, 81-A
Tel.: (21) 2232-5486 • Fax: (21) 2224-1889
20050-005 Rio de Janeiro, RJ
livjaneiro@paulinas.org.br

Rua Dagmar da Fonseca, 45
Loja A/B – Bairro Madureira
Tel.: (21) 3355-5189 / 3355-5931
Fax: (21) 3355-5929
21351-040 Rio de Janeiro, RJ
livmadureira@paulinas.org.br

Rua Doutor Borman, 33 – Rink
Tel.: (21) 2622-1219 • Fax: (21) 2622-9940
24020-320 Niterói, RJ
livniteroi@paulinas.org.br

ZÉLIO BICALHO PORTUGAL CIA. LTDA.
Rua Marquês de S. Vicente, 225 – PUC
Prédio Cardeal Leme – Pilotis
Telefax: (21) 2511-3900 / 2259-0195
22451-041 Rio de Janeiro, RJ

Centro Tecnologia – Bloco A – UFRJ
Ilha do Fundão – Cidade Universitária
Telefax: (21) 2290-3768 / 3867-6159
21941-590 Rio de Janeiro, RJ
livrarialiança@prolink.com.br

RIO GRANDE DO SUL

EDITORA VOZES LTDA.
Rua Riachuelo, 1280
Tel.: (51) 3226-3911 • Fax: (51) 3226-3710
90010-273 Porto Alegre, RS
vozes05@uol.com.br

LIVRARIAS PAULINAS
Rua dos Andradas, 1212 – Centro
Tel.: (51) 3221-0422 • Fax: (51) 3224-4354
90020-008 Porto Alegre, RS
livpalegre@paulinas.org.br

RONDÔNIA

LIVRARIAS PAULINAS
Rua Dom Pedro II, 864 – Centro
Tel.: (69) 3224-4522 • Fax: (69) 3224-1361
78900-010 Porto Velho, RO
fsp-pvelho@ronet.org.br

SANTA CATARINA

EDITORA VOZES
Rua Jerônimo Coelho, 308
Tel.: (48) 3222-4112 • Fax: (48) 3222-1052
88010-030 Florianópolis, SC
vozes45@uol.com.br

SÃO PAULO

DISTRIB. LOYOLA DE LIVROS LTDA.
Vendas no Varejo
Rua Senador Feijó, 120
Telefax: (11) 3242-0449
01006-000 São Paulo, SP
senador@livrarialoyola.com.br

Rua Barão de Itapetininga, 246
Tel.: (11) 3255-0662 • Fax: (11) 3231-2340
01042-001 São Paulo, SP
loyola_barao@terra.com.br

Rua Quintino Bocaiúva, 234 – Centro
Tel.: (11) 3105-7198 • Fax: (11) 3242-4326
01004-010 São Paulo, SP
atendimento@livrarialoyola.com.br

EDITORA VOZES LTDA.
Rua Senador Feijó, 168
Tel.: (11) 3105-7144 • Fax: (11) 3105-7948
01006-000 São Paulo, SP
vozes03@uol.com.br

Rua Haddock Lobo, 360
Tel.: (11) 3256-0611 • Fax: (11) 3258-2841
01414-000 São Paulo, SP
vozes16@uol.com.br

EDITORA VOZES LTDA.
Rua dos Trilhos, 627 – Mooca
Tel.: (11) 6693-7944 • Fax: (11) 6693-7355
03168-010 São Paulo, SP
vozes37@uol.com.br

Rua Barão de Jaguara, 1097
Tel.: (19) 3231-1323 • Fax: (19) 3234-9316
13015-002 Campinas, SP
vozes40@uol.com.br

CENTRO DE APOIO AOS ROMEIROS
Setor "A", Asa "Oeste"
Rua 02 e 03 – Lojas 111 / 112 e 113 / 114
Tel.: (12) 564-1117 • Fax: (12) 564-1118
12570-000 Aparecida, SP
vozes56@uol.com.br

LIVRARIAS PAULINAS
Rua Domingos de Morais, 660 – V. Mariana
Tel.: (11) 5081-9330
Fax: (11) 5549-7825 / 5081-9366
04010-100 São Paulo, SP
livdomingos@paulinas.org.br

Rua XV de Novembro, 71
Tel.: (11) 3106-4418 / 3106-0602
Fax: (11) 3106-3535
01013-001 São Paulo, SP
liv15@paulinas.org.br

LIVRARIAS PAULINAS
Av. Marechal Tito, 981 – São Miguel Paulista
Tel.: (11) 6297-5756 • Fax: (11) 6956-0162
08010-090 São Paulo, SP
livsmiguel@paulinas.org.br

PORTUGAL

MULTINOVA UNIÃO LIV. CULT.
Av. Santa Joana Princesa, 12 E
Tel.: 00xx351 21 842-1820 / 848-3436
1700-357 Lisboa, Portugal

DISTRIB. DE LIVROS VAMOS LER LTDA.
Rua 4 de infantaria, 18-18A
Tel.: 00xx351 21 388-8371 / 60-6996
1350-006 Lisboa, Portugal

EDITORA VOZES
Av. 5 de outubro, 23
Tel.: 00xx351 21 355-1127
Fax: 00xx351 21 355-1128
1050-047 Lisboa, Portugal
vozes@mail.telepac.pt

Este livro foi composto nas famílias tipográficas
Joanna MT e Hardwood LP
e impresso em papel *Offset 75g/m²*

Edições Loyola

editoração impressão acabamento

rua 1822 nº 347
04216-000 são paulo sp
T 55 11 6914 1922
F 55 11 6163 4275
www.loyola.com.br